POÉSIES

DE

F. MALHERBE

Il a été tiré vingt-cinq exemplaires numérotés sur papier de Hollande.
Prix : 7 francs.

OUVRAGES DE M. L. BECQ DE FOUQUIÈRES

POÉSIES CHOISIES DE P. DE RONSARD, publiées avec notes et index concernant la langue et la versification de Ronsard. 1 vol. Bibliothèque-Charpentier, 1873.—Prix. . . . . 3 fr. 50

POÉSIES D'ANDRÉ CHÉNIER. Édition critique. Étude sur la vie et les œuvres d'André Chénier, bibliographie des œuvres posthumes, aperçu sur les œuvres inédites, variantes, notes, commentaires et index. 2ᵉ édition, revue et corrigée. 1 vol. grand in-18. Paris, Charpentier et Cᵉ, 1872.—Prix. . . . . 6 fr. »

ŒUVRES EN PROSE D'ANDRÉ CHÉNIER. Nouvelle édition, revue sur des textes originaux, précédée d'une Étude sur la vie et les écrits politiques d'André Chénier, et sur la conspiration de Saint-Lazare, accompagnée de notes historiques et d'un Index. 1 vol. Bibliothèque-Charpentier, 1872.—Prix. . . . . 3 fr. 50

ŒUVRES DE FRANÇOIS DE PANGE (1792-1796), recueillies et publiées avec une Étude sur sa vie et ses œuvres, des notes et une table analytique. 1 vol. Bibliothèque-Charpentier, 1872. . . 3 fr. 50

LES JEUX DES ANCIENS, leur description, leur origine, leurs rapports avec la religion, l'histoire, les arts et les mœurs. Ouvrage accompagné de gravures sur bois d'après l'antique. 2ᵉ édition. 1 vol. grand in-8. Paris, Didier, 1872.—Prix . . . . 8 fr. »

ASPASIE DE MILET. Étude historique et morale. 1 vol. in-12. Paris, Didier, 1872. — Prix. . . . . 3 fr. 50

POÉSIES
DE
F. MALHERBE

ACCOMPAGNÉES DU

COMMENTAIRE D'ANDRÉ CHÉNIER

NOUVELLE ÉDITION

contenant

LA VIE DE MALHERBE, PAR RACAN
DES EXTRAITS DE TALLEMANT DES RÉAUX, DE BALZAC, ETC.
DES EXTRAITS DES LETTRES DE MALHERBE
DES NOTES DE MÉNAGE, DE CHEVREAU, DE SAINT-MARC, ETC.
DES OBSERVATIONS LITTÉRAIRES DE SAINTE-BEUVE
DES REMARQUES PHILOLOGIQUES EMPRUNTÉES A M. LITTRÉ
UNE INTRODUCTION, DES NOTES NOUVELLES
ET DES INDEX

PAR

L. BECQ DE FOUQUIÈRES

PARIS

CHARPENTIER ET Cie, LIBRAIRES-ÉDITEURS

28, QUAI DU LOUVRE, 28

1874

Tous droits réservés

INTRODUCTION

I

François de Malherbe naquit à Caen en 1555. Il appartenait à une ancienne famille de magistrats, et son père était conseiller du roi au siége présidial de Caen. Il fit ses premières études dans sa ville natale et alla achever son éducation à Paris, puis à l'étranger, dans les universités de Bâle et de Heidelberg. Il revint près des siens en 1576, à l'âge de vingt et un ans; mais, peu de temps après, il s'éloigna pour de longues années, sans qu'on sache exactement la cause de ce départ. Racan dit que ce fut le déplaisir qu'eut Malherbe de voir son père abjurer la religion catholique, qui lui suggéra cette résolution. Mais cette abjuration est entourée d'obscurité; la date en est incertaine, et même elle a pu être révoquée en doute. La famille de Malherbe était nombreuse et dans une position de fortune médiocre; il est donc probable que l'aversion de Malherbe pour la magistrature.

jointe à la nécessité de se pourvoir d'une profession en rapport avec sa condition, fut la cause unique d'un éloignement qui devait durer dix ans.

Il fut attaché, comme secrétaire, à Henri d'Angoulême, fils naturel de Henri II, grand prieur de France et gouverneur de Provence. Nous ne possédons que peu de renseignements sur le long séjour qu'il fit en Provence ; cette partie de sa vie ne fut sans doute marquée par aucun événement considérable. Malherbe se livra d'abord, il faut l'en croire, à tous les écarts d'une jeunesse forte et fougueuse ; puis, vers la fin de 1581, il se maria : il épousa une veuve, à peu près de son âge, nommée Madeleine de Carriolis, dont le père était président au parlement de Provence. Il eut trois enfants ; Henri, l'aîné, naquit en 1585.

L'année suivante, Malherbe était en Normandie, lorsqu'il apprit la mort tragique de Henri d'Angoulême. Avec son protecteur, il perdait en même temps ses espérances de fortune. Il résolut de rester à Caen, et fit venir sa femme auprès de lui.

Treize années s'écoulèrent, années peu connues, que remplissent seuls quelques événements de famille : la mort de son fils Henri, en 1587, et, en 1591, la naissance de sa fille Jourdaine. Mais cette enfant n'était pas non plus destinée à vivre. Elle mourut de la peste, à Caen, en 1599. Son père seul était auprès d'elle, sa mère était dans ce moment à Aix. Malherbe regretta et pleura cette fille, mais sa douleur ne fut pas toujours sans faste. Quelques mois après, Malherbe quitta de nouveau la Normandie et alla s'établir en Provence, où, l'année suivante, sa femme lui donna un troisième enfant, Marc

Antoine, auquel Malherbe devait encore avoir la douleur de survivre.

Ce fut à cette époque, 1600, que Malherbe présenta à Marie de Médicis, à son passage à Aix, une ode *Sur sa bienvenue en France*. Dès lors, l'histoire de sa vie se confond avec celle de ses œuvres. Du Perron parla à Henri IV, avec les plus grands éloges, de Malherbe, qu'il lui dépeignit comme le rénovateur de la poésie française. Le roi s'en souvint; et, quatre ans plus tard, il pria M. des Yveteaux de lui présenter Malherbe, qui venait d'arriver à Paris. Il lui commanda des vers, et Malherbe composa la belle ode intitulée : *Prière pour le roi Henri le Grand allant en Limousin*. La fortune littéraire du poëte était assurée. Le roi l'attacha à M. de Bellegarde, qui lui fit une pension de mille livres. Malherbe ne quitta plus la cour. Sa femme était restée en Provence, et ne devait le revoir que deux fois, à d'assez longs intervalles. Leurs relations continuèrent, furent même affectueuses ; mais enfin Malherbe s'arrangeait aisément d'une séparation. Il est certain qu'il manquait de tendresse ; il remplissait mieux le rôle d'un chef de famille que celui d'un époux ou d'un père. D'ailleurs, s'il aimait les femmes, il n'aima réellement jamais.

A la mort de Henri IV, Marie de Médicis lui continua ses faveurs, et se montra plus généreuse même que le feu roi. Malherbe, au surplus, réglait sa conduite sur celle des courtisans les plus attentifs ; son service de gentilhomme de la chambre l'attachait à la reine ; il suivait la cour dans tous ses voyages et il était de toutes les fêtes. Enfin les suprêmes éclats de sa muse furent consacrés à illustrer la prise de la Rochelle par le roi Louis XIII et la grandeur naissante de Richelieu.

Ses dernières années furent empoisonnées par la mort de son fils, Marc-Antoine, alors conseiller au parlement d'Aix. Ce jeune homme, d'humeur assez querelleuse, s'était vu frapper par une sentence capitale à la suite d'un duel où il avait tué son adversaire. On assoupit l'affaire, et des lettres de grâce permirent à Marc-Antoine de retourner en Provence. Peu de temps après, ce fut lui qui succomba dans une rencontre avec Paul de Fortia, seigneur de Piles, et son beau-frère, Gaspard de Bovet, baron de Bormes. La douleur de Malherbe fut grande, mais surtout bruyante, et manqua de dignité. Après avoir poursuivi de sa vengeance les meurtriers de son fils, et les avoir traînés devant les tribunaux, il fut sur le point d'accepter une honteuse transaction pécuniaire.

Ce fut dans un voyage qu'il fit pour se rendre à la Rochelle, auprès du roi, au sujet de cette malheureuse affaire, qu'il tomba malade. A son retour à Paris, le mal dont il avait été atteint fit de rapides progrès, et il mourut le 16 octobre 1628, à l'âge de soixante-treize ans, ayant auprès de lui un de ses parents, Porchères d'Arbaud et le poëte Yvrande. Racan, retenu au siége de la Rochelle, ne put assister à ses derniers moments.

II

On a pu s'apercevoir, même dans cette esquisse succincte, qu'il y a de nombreuses lacunes dans la biographie du poëte. Le peu que l'on sait de certain sur lui, sur ses ancêtres, sur ses affaires de famille, est dû à des recherches récentes. Ce n'est guère qu'à partir de 1606 qu'on peut suivre Malherbe dans les détails intimes de sa vie, grâce à la correspondance qu'il entretint avec Peiresc, dont il avait fait la connaissance en 1604.

La biographie que Racan nous a laissée ne fait beaucoup d'honneur, il faut l'avouer, ni au biographe ni au poëte. Ce n'est guère qu'une suite d'anecdotes peu intéressantes, dont quelques-unes sont assez scandaleuses, et de soi-disant traits d'esprit où l'esprit manque trop souvent. Cependant, à travers tous ces hors-d'œuvre, on arrive à se faire une idée assez juste de l'humeur et du caractère de Malherbe. Franc, ouvert, fidèle dans ses engagements, probe en un mot, Malherbe fut un ami sûr et constant, mais, dans son cercle intime, despote et jaloux de son autorité. Ses manières étaient simples, cordiales, mais brusques. Le long séjour qu'il fit à la cour ne parvint même jamais à effacer les angles un peu vifs de son caractère. Il n'avait rien de la souplesse qui fait les courtisans; mais il avait les manières franches et la confiance en soi qui suppriment les distances. Son tempérament fougueux ne s'accommodait guère des nuances du sentiment. Dans ses vers, il a pu languir d'espoir; mais, dans la réalité de la vie, l'espoir n'est que l'attente, et il ne savait pas attendre auprès des femmes.

Le commerce qu'il entretint avec les rois développa les beaux côtés de son caractère entier, hautain, très-sensible au faste et à la grandeur. Le Louvre et Fontainebleau sont les décors naturels qui conviennent à son génie poétique. Mais un Malherbe n'eût pas réussi à plaire à un Louis XIV; à celui-ci il fallait les flatteries plus ingénieuses et plus délicates d'un Racine. Auprès de Henri IV, Malherbe devait se sentir à l'aise; car tous deux avaient ce bon sens familier qui ne nuit ni aux poëtes ni aux rois.

Au point de vue littéraire, ce qui domine en lui, c'est la grandeur lyrique. Il a su faire vibrer des cordes nationales et patriotiques qui devaient singulièrement plaire à un Richelieu; toutefois, il manque une corde généreuse à sa lyre : jamais, en effet, il n'a adressé de poétique appel à la clémence royale et à la tolérance religieuse.

Son œuvre poétique est très-mélangée : beaucoup de pièces médiocres ou même sans valeur, mais quelques pièces qui atteignent à la perfection littéraire, et dans beaucoup d'autres des passages excellents dont quelques-uns nous procurent, simplement et sans effort, le sentiment du sublime. D'ailleurs, ayant l'inspiration rare et courte, et n'ayant point eu une jeunesse poétique et féconde, Malherbe a eu le bonheur de ne laisser qu'un petit volume de vers (un peu plus de cinq mille) auquel il est malaisé de rien retrancher, de sorte que l'excellent et le bon emportent le médiocre et le mauvais. En outre, ayant contribué dans une large mesure à l'institution de la belle langue du dix-septième siècle, ses fautes et surtout ses progrès constants sont intéressants à constater.

Le génie de Malherbe n'est point contestable, mais il s'impose à notre admiration plus qu'il ne s'insinue dans notre cœur. Peu sensible aux beautés de la nature, peu accessible aux séductions de l'idéal, se refusant à jamais être le jouet des neuf belles fées, Malherbe était dominé en tout par le souci du positif et du réel, en politique proscrivant l'opinion, en poésie dédaignant la fantaisie. *Il réduisit la muse aux règles du devoir.*

Mais il trompa ses amis, ses disciples, son temps et la postérité en leur laissant croire qu'il avait créé de toutes pièces une langue et une poétique nouvelles, en opposition avec la langue et la poétique du seizième siècle. Il fit preuve envers ses devanciers et, il faut le dire, ses maîtres, d'une dureté et d'un mépris, auxquels il était peut-être insensiblement arrivé, mais qu'il n'avait pas toujours ressentis. Que fit-il pendant les quarante années qu'il se prépara dans le silence au rôle de restaurateur des lettres françaises? Il lut et relut ces poëtes, qui resteront la gloire la plus pure du siècle qu'il voyait finir, il en fit ses compagnons de solitude; il fit de leurs œuvres ses livres de chevet, les étudia, les mania, les annota, ainsi que l'attestent les commentaires volumineux dont il couvrit les marges de son Desportes. Malheureusement il ne put s'assimiler ce qui, dans leur nature primesautière et enthousiaste, contrastait avec sa propre nature, et il laissa ainsi se perdre des qualités de grâce ingénue, d'ardeur juvénile et d'indépendance poétique, bien que, peut-être sans se l'avouer, il ait dû à Ronsard ses tours les plus heureux, quelques-unes de ses meilleures strophes et plus d'un mouvement lyrique.

Mais, ceci dit, c'est avec une remarquable sûreté de coup d'œil qu'il sut discerner, dans l'ensemble un peu feuillu et diffus de tant de belles œuvres, ce qui était à conserver ou à rejeter de cette langue, trop flottante et trop riche d'ajustements de différents styles ; qu'il sut, par un labeur constant, délaissant le vain, le faux, le clinquant, s'approprier le juste, le vrai, le simple et l'utile ; qu'il marqua d'un ongle sévère tant de négligences de langue et de versification ; et qu'il parvint à dégager ce qui devait faire un des mérites principaux de la littérature du dix-septième siècle : la clarté du discours, l'harmonie du langage et le choix de l'expression.

Le rôle et l'influence de Malherbe furent légitimes et considérables, mais il serait injuste d'oublier ce qu'il a dû au siècle qui l'a précédé. Dans la mémoire des hommes Ronsard conservera les traits purs et gracieux de la jeunesse, dont il a les intempérantes chaleurs et les défauts séduisants ; Malherbe restera sous les traits d'un homme mûr, dont l'expérience a calmé les passions et qui doit son influence plus grande à la raison de son âge et à la dignité de sa vie. La poésie française va ainsi se transformant de Ronsard à Malherbe, perdant avec la jeunesse plus d'une grâce, plus d'un sourire, mais s'embellissant dans l'arrière-saison d'une imposante majesté. Tel un beau poulain farouche, dont les bonds et es écarts nous causent à la fois du charme et de l'effroi ; il grandit et bientôt éteint ses premiers feux ; la main de l'écuyer maîtrise ses emportements ; et il nous offre l'image de la modération unie à la force quand il règle et cadence ses pas dans un noble carrousel.

III

L'œuvre de Malherbe se compose de poésies et d'ouvrages en prose.

Les œuvres en prose comprennent : une Instruction de Malherbe à son fils, publiée seulement en 1846, par M. de Chennevières, instruction *des plus normandes*, a dit Sainte-Beuve ; des Épitaphes assez fastueuses ; une Traduction du XXXIIIe livre de Tite Live, du Traité des Bienfaits et de la plus grande partie des Épîtres de Sénèque ; des Lettres adressées pour le plus grand nombre à Peiresc et quelques-unes à Racan, Balzac, la vicomtesse d'Auchy, etc., lettres fort intéressantes pour l'histoire du temps, et dont la majeure partie ne fut publiée qu'en 1822 ; enfin, un Commentaire très-considérable sur Desportes. Ses traductions sont d'un écrivain attentif et exercé. Ses lettres sont d'un style moins châtié ; mais elles ont beaucoup de naturel, et elles nous donnent une idée assez exacte de la bonhomie et de la brusquerie habituelles de Malherbe dans la conversation. Nous ne nous arrêterons pas davantage sur les Œuvres en prose. Nous ne pouvons que renvoyer le lecteur à la belle et savante édition des Œuvres complètes donnée par M. L. Lalanne.

INTRODUCTION.

Les poésies de Malherbe ne furent pas réunies de son vivant. Elles furent publiées dans différents recueils du temps dont on trouvera l'indication à la suite de chaque pièce. Quelques-unes furent successivement retrouvées en tête d'ouvrages oubliés, auxquels elles servaient de dédicace. La première édition ne parut qu'en 1630, deux ans après la mort de Malherbe.

Les principales éditions, celles qui se font surtout remarquer par les annotations savantes, mais souvent bien longues, qui les accompagnent, sont celles de Ménage (1666), de Chevreau (1722), de Saint-Marc (1757). Cette dernière est une véritable édition critique. C'est Saint-Marc qui a, le premier, relevé les variantes fournies par les Recueils, soumis à une étude minutieuse le commentaire sur Desportes et, enfin, rangé les poésies de Malherbe dans un ordre chronologique.

La dernière édition est due à M. L. Lalanne. Elle fait partie de la Collection des grands écrivains. Elle parut en 1862 et dans les années suivantes. Elle comprend les Œuvres complètes et forme cinq volumes in-octavo dont le dernier renferme un Lexique dressé par M. Regnier fils. Nous avons naturellement beaucoup profité du travail remarquable de M. Lalanne, et c'est le texte amélioré par lui que, sauf avertissement contraire, nous avons adopté dans cette édition.

Malherbe a été l'objet d'un grand nombre de travaux bibliographiques, biographiques et critiques de la part de MM. Bazin, Roux-Alphéran, Miller, Hauréau, Hippeau et Mancel. Il a inspiré des chapitres d'histoire littéraire et de remarquables articles. Il nous suffira de citer le chapitre consacré à Malherbe par M. Nisard dans son

Histoire de la littérature française et l'article définitif publié par Sainte-Beuve dans la *Revue européenne* et qu'on trouvera dans le tome treizième et dernier des *Nouveaux Lundis*.

Le commentaire d'André Chénier fut retrouvé en 1842 par M. Tenant de Latour. Il était écrit sur les marges d'un exemplaire de Malherbe, édition Barbou, Paris, 1776. La même année, MM. Antoine et Tenant de Latour le publièrent, joint à une charmante édition de Malherbe, faisant partie de la collection Charpentier et depuis longtemps épuisée. On doit aux éditeurs de la reconnaissance pour cette publication si intéressante pour les lettres.

A la suite de cette édition se trouvait ajouté un recueil de poésies de la fin du seizième siècle, intitulé *le Bouquet des fleurs de Sénèque*, réimprimé en 1834 et attribué à Malherbe par l'abbé de la Rue. Cette attribution ne peut être acceptée, car elle ne repose sur aucun fondement. Nous partageons complétement à ce sujet l'opinion développée par M. Lalanne.

Dans la nouvelle édition que nous offrons au public, nous avons inséré dans son entier le commentaire d'André Chénier. Il fait honneur à la fois à celui qui l'a écrit et à celui qui en a été l'objet. Voici le jugement qu'en a porté Sainte-Beuve : « De ces remarques d'André Chénier sur Malherbe, bon nombre sont exquises, toutes sentent l'homme du métier et l'élève délicat des anciens ; mais quelques-unes semblent bien jeunes et ne sont pas encore d'un maître. » Mais il était peut-être utile d'ajouter qu'André Chénier était, en effet, bien jeune quand il commença ce commentaire au hasard de la lecture. Une de ses notes porte la date de 1781 ; il avait alors dix-neuf ans.

Il nous paraît superflu d'ajouter quelques éclaircissements sur cette nouvelle édition, que le nom de Sainte-Beuve, joint à celui d'André Chénier, recommandera suffisamment, nous l'espérons, auprès du public. On verra que, de parti pris, nous avons fait de fréquents emprunts au *Dictionnaire de la langue française* de M. Littré. C'est, en effet, une base certaine sur laquelle tous les éditeurs d'œuvres françaises devront désormais appuyer leurs travaux. C'est un monument que nous devons contribuer, s'il y a lieu, à compléter et à améliorer dans ses plus minimes parties, tâche commune à tous que nous devons remplir comme un devoir national.

Paris, janvier 1874.

VIE DE M. DE MALHERBE

PAR RACAN[1]

* Messire François de Malherbe naquit à Caen en Normandie, environ l'an 1555. Il étoit de l'illustre maison de Malherbe Saint-Agnan, qui a porté les armes en Angleterre sous un duc Robert de Normandie, et s'étoit rendue plus illustre en Angleterre qu'au lieu de son origine, où elle s'étoit tellement rabaissée que le père dudit sieur Malherbe n'étoit qu'assesseur à Caen. Il se fit de la religion un peu avant que de mourir. Son fils, dont nous parlons, en reçut un si grand déplaisir, qu'il se résolut de quitter son pays, et s'alla habituer en Provence, à la suite de Monsieur le Grand Prieur, qui en étoit gouverneur. Alors il entra en sa maison à l'âge de dix-sept ans, et le servit jusques à ce qu'il fut assassiné par [Altoviti]. A.

* Pendant son séjour en Provence, il s'insinua aux bonnes grâces de la veuve d'un conseiller et fille d'un président dont je ne sais point les noms[2], qu'il épousa depuis, et en eut plusieurs enfants, qui sont tous morts avant lui. Les plus remarquables, ce sont une fille, qui mourut de la peste à l'âge de cinq ou six ans, laquelle il assista jusques à la mort, et un

---

1. Les paragraphes précédés d'un astérisque sont ceux que Tallemant des Réaux a empruntés à Racan, en en modifiant souvent la rédaction. Les lettres qui suivent les paragraphes renvoient aux passages ajoutés et intercalés par Tallemant, passages qu'on trouvera en partie plus loin. Nous avons introduit quelques corrections dans le texte ; les mots corrigés sont toujours entre crochets.
2. Madeleine de Carriolis, déjà veuve de deux maris.

fils qui fut tué malheureusement à l'âge de [vingt-sept] ans par M. de Piles.

* Les actions les plus remarquables de sa vie et dont je me puis souvenir, sont que, pendant la Ligue, lui et un nommé La Roque, qui faisoit joliment des vers et qui est mort à la suite de la reine Marguerite, poussèrent M. de Sully deux ou trois lieues si vertement, qu'il en a toujours gardé du ressentiment contre le sieur de Malherbe, et c'étoit la cause, à ce qu'il disoit, qu'il n'avoit jamais su avoir de bienfaits du roi Henri IV pendant que le sieur de Sully a été dans les finances.

* Je lui ai aussi ouï conter plusieurs fois qu'en un partage de fourrage ou butin qu'il avoit fait, il y eut un capitaine d'infanterie assez fâcheux qui le maltraita d'abord jusques à lui ôter son épée, ce qui fut cause que ce capitaine eut, pour un temps, les rieurs de son côté; mais enfin ayant fait en sorte de ravoir son épée, il obligea ce capitaine insolent d'en venir aux mains avec lui, et d'abord lui donna un coup d'épée au travers du corps qui le mit hors du combat, et fit tourner la chance, et tous ceux qui l'avoient méprisé retournèrent de son côté.

* Il m'a encore dit plusieurs fois qu'étant habitué à Aix, depuis la mort de Monsieur le Grand-Prieur, son maître, il fut commandé de mener deux cents hommes de pied devant la ville de Martigues, qui étoit infectée de contagion, et que les Espagnols assiégeoient par mer et les Provençaux par terre, pour empêcher qu'ils ne communiquassent le mauvais air, et qui la tinrent assiégée par lignes de communication si étroitement qu'ils réduisirent le dernier vivant à mettre le drapeau noir sur la ville devant que de lever le siége. Voilà ce que je lui ai ouï dire de plus remarquable en sa vie avant notre connaissance[1].

* Son nom et son mérite furent connus de Henri le Grand par le rapport avantageux que lui en fit M. le cardinal du Perron. Un jour le roi lui demanda s'il ne faisoit plus de vers; il lui dit que depuis qu'il lui avoit fait l'honneur de l'employer en ses affaires, il avoit tout à fait quitté cet exercice, et qu'il ne falloit point que personne s'en mêlât après M. de Malherbe, gentilhomme de Normandie, habitué en Pro-

---

1. On ne trouve aucune trace de ces événements dans les historiens du temps.

vence ; qu'il avoit porté la poésie françoise à un si haut point que personne n'en pouvoit jamais approcher. B.

* Le roi se ressouvint de ce nom de Malherbe ; il en parloit souvent à M. des Yveteaux, qui étoit alors précepteur de M. de Vendôme. Ledit sieur des Yveteaux, toutes les fois qu'il lui en parloit, lui offroit de le faire venir de Provence ; mais le roi, qui étoit ménager, craignoit que le faisant venir de si loin, il seroit obligé de lui donner récompense, du moins de la dépense de son voyage ; ce qui fut cause que M. de Malherbe n'eut l'honneur de faire la révérence au roi que trois ou quatre ans après que M. le cardinal du Perron lui en eut parlé ; et par occasion étant venu à Paris pour ses affaires particulières, M. des Yveteaux prit son temps pour donner avis au roi de sa venue, et aussitôt il l'envoya querir. C'étoit en l'an 1605. Comme il étoit sur son partement pour aller en Limousin, il lui commanda de faire des vers sur son voyage ; ce qu'il fit, et les lui présenta à son retour. C'est cette excellente pièce qui commence :

O Dieu, dont les bontés de nos larmes touchées...

* Le roi trouva ces vers si admirables qu'il désira de le retenir à son service, et commanda à M. de Bellegarde de le garder jusques à ce qu'il l'eût mis sur l'état de ses pensionnaires. M. de Bellegarde lui donna sa table, et l'entretint d'un homme et d'un cheval, et mille livres d'appointements.

* Ce fut où Racan, qui étoit lors page de la chambre sous M. de Bellegarde, et qui commençoit à rimailler de méchants vers, eut la connoissance de M. de Malherbe, de qui il a appris ce qu'il a témoigné depuis savoir de la poésie françoise, ainsi qu'il l'a dit plus amplement en une lettre qu'il a écrite à M. Conrart.

Cette connoissance et l'amitié qu'il contracta avec M. de Malherbe dura jusques à sa mort, arrivée en 1628, [treize] jours avant la prise de la Rochelle, comme nous dirons ci-après.

* A la mort d'Henri le Grand, arrivée en 1610, la reine Marie de Médicis donna cinq cents écus de pension à M. de Malherbe, ce qui lui donna moyen de n'être plus à charge à M. de Bellegarde. Depuis la mort d'Henri le Grand, il a fort peu travaillé, et je ne sache que les odes qu'il a faites pour la reine-mère, quelques vers de ballet, quelques sonnets au roi, à Monsieur et à des particuliers, et la dernière pièce qu'il fit avant que de mourir, qui commence :

> Donc un nouveau labeur...

* Pour parler de sa personne et de ses mœurs, sa constitution étoit si excellente que je me suis laissé dire par ceux qui l'ont connu en sa jeunesse que ses sueurs avoient quelque chose d'agréable comme celles d'Alexandre.

* Sa conversation étoit brusque; il parloit peu, mais il ne disoit mot qui ne portât; en voici quelques-uns :

* Pendant la prison de monsieur le prince, le lendemain que madame la princesse, sa femme, fut accouchée de deux enfants morts, pour avoir été incommodée de la fumée qu'il faisoit en sa chambre au bois de Vincennes, il trouva un conseiller de Provence, de ses amis, en une grande tristesse chez M. le garde des sceaux du Vair; il lui demanda la cause de son affliction. Le conseiller lui répond que les gens de bien ne pouvoient avoir de joie après le malheur qui venoit d'arriver de la perte de deux princes du sang par les mauvaises couches de madame la princesse. M. de Malherbe lui répartit ces propres mots : « Monsieur, Monsieur, cela ne vous doit point affliger ; ne vous souciez que de bien servir, vous ne manquerez jamais de maître. » I.

* Une autre fois, un de ses neveux l'étoit venu voir au retour du collége, où il avoit été neuf ans. Après lui avoir demandé s'il étoit bien savant, il lui ouvrit son *Ovide*, et convia son neveu de lui en expliquer quelques vers ; à quoi son neveu se trouvant empêché, après l'avoir laissé tâtonner un quart d'heure avant que de pouvoir expliquer un mot de latin, M. de Malherbe ne lui dit rien, sinon : « Mon neveu, croyez-moi, soyez vaillant: vous ne valez rien à autre chose. »

* Un jour, dans le cercle [1], quelque homme prude, en l'abordant, lui fit un grand éloge de madame la marquise de Guercheville, qui étoit lors présente comme dame d'honneur de la reine, et après lui avoir conté toute sa vie et la constance qu'elle avoit eue aux poursuites amoureuses du feu roi Henri le Grand, il conclut son panégyrique par ces mots, en la montrant à M. de Malherbe : « Voilà ce qu'a fait la vertu. » M. de Malherbe, sans hésiter, lui montra de la même sorte

---

1. Dans le cercle de la reine.

la connétable de Lesdiguières, qui avoit son placet[1] auprès de la reine, et lui dit : « Voilà ce qu'a fait le vice. »

* Un gentilhomme de ses parents faisoit tous les ans des enfants à sa femme, dont M. de Malherbe se plaignoit, en lui disant qu'il craignoit que cela n'apportât de l'incommodité à ses affaires, et qu'il n'eût pas le moyen de les élever selon leur condition ; à quoi le parent lui répondit qu'il ne pouvoit avoir trop d'enfants pourvu qu'ils fussent gens de bien. M. de Malherbe lui dit fort sèchement qu'il n'étoit point de cet avis, et qu'il aimoit mieux manger un chapon avec un voleur qu'avec trente capucins.

* Quand son fils fut assassiné par M. de Piles, il alla exprès au siége de la Rochelle en demander justice au roi, de qui n'ayant pas eu toute la satisfaction qu'il espéroit, il disoit tout haut dans la cour d'Estrées, qui étoit alors le logis du roi, qu'il vouloit demander le combat contre M. de Piles. Des capitaines des gardes et autres gens de guerre qui étoient là se sourioient de le voir à cet âge parler d'aller sur le pré, et le sieur de Racan, comme son ami, le voulut tirer à part pour lui donner avis qu'il se faisoit moquer de lui, et qu'il étoit ridicule, à l'âge de soixante-treize ans qu'il avoit, de se battre contre un homme de vingt-cinq ans. Sans attendre qu'il achevât sa remontrance, il lui répliqua brusquement : « C'est pour cela que je le fais : je hasarde un sol contre une pistole. » ZZ.

Une année que la Chandeleur avoit été un vendredi, ayant gardé quelque reste de gigot du mouton du jeudi, dont il faisoit une grillade le samedi matin, sur les sept à huit heures, et comme après la Chandeleur l'Église ne permet plus de manger de viande le samedi, le sieur de Racan, entrant dans sa chambre à l'heure qu'il faisoit ce repas extraordinaire, lui dit : « Quoi, Monsieur, vous mangez de la viande? Notre-Dame n'est plus en couche. » M. de Malherbe se contenta de lui répondre assez brusquement à son ordinaire, que les dames ne se levoient pas si matin. J.

* Sa façon de corriger son valet étoit assez plaisante. Il lui donnoit dix sols par jour, qui étoient honnêtement en ce temps-là, pour sa vie, et vingt écus de gages ; et quand son valet l'avoit fâché, il lui faisoit une remontrance en ces termes : « Mon ami, quand on 'a offensé son maître, on offense

1. Son tabouret.

Dieu; et quand on offense Dieu, il faut, pour avoir absolution de son péché, jeûner et donner l'aumône ; c'est pourquoi je retiendrai cinq sols de votre dépense, que je donnerai aux pauvres à votre intention, pour l'expiation de vos péchés. »

* Étant allé visiter madame de Bellegarde au matin, un peu après la mort du maréchal d'Ancre; comme on lui dit qu'elle étoit allée à la messe, il demanda si elle avoit encore quelque chose à demander à Dieu, après qu'il avoit délivré la France du maréchal d'Ancre.

* Un jour que M. de Mésiriac, avec deux ou trois de ses amis, lui apporta un livre d'arithmétique d'un auteur grec nommé Diophante, que M. de Mésiriac avoit commenté, et ses amis lui louant extraordinairement ce livre, comme un travail fort utile au public, M. de Malherbe leur demanda s'il feroit amender le pain et le vin. R.

* Il fit presque une même réponse à un gentilhomme de la religion qui l'importunoit de controverse, lui demandant pour toute réplique si on boiroit de meilleur vin, et si on vivroit de meilleur blé à la Rochelle qu'à Paris. L.

* Il n'estimoit aucun des anciens poëtes françois, qu'un peu Bertaut; encore disoit-il que ses stances étoient *nichil au dos* [1], et que pour trouver une pointe à la fin, il faisoit les trois premiers vers insupportables.

* Il avoit été l'ami de Regnier le satirique, et l'estimoit en son genre à l'égal des Latins ; mais la cause de leur divorce arriva de ce qu'étant allés dîner ensemble chez M. Desportes, oncle de Regnier, ils trouvèrent que l'on avoit déjà servi les potages. M. Desportes reçut M. de Malherbe avec grande civilité, et offrant de lui donner un exemplaire de ses *Psaumes* qu'il avoit nouvellement faits, il se mit en devoir de monter en sa chambre pour l'aller querir. M. de Malherbe lui dit qu'il les avoit déjà vus, que cela ne valoit pas qu'il prît la peine de remonter, et que son potage valoit mieux que ses *Psaumes*. Il ne laissa pas de dîner avec M. Desportes, sans se dire mot, et aussitôt qu'ils furent sortis de table, ils se séparèrent et ne se sont jamais vus depuis. Cela donna lieu à Regnier de faire la satire contre Malherbe, qui commence :

Rapin, le favori d'Apollon et des Muses... C.

---

1 Pour *nihil au dos*, rien au dos; seulement parées par devant, par allusion aux pourpoints dont le derrière était fait d'étoffe grossière.

Il n'estimoit point du tout les Grecs, et particulièrement il s'étoit déclaré ennemi du galimatias de Pindare. D.

* Pour les Latins, celui qu'il estimoit le plus étoit Stace. qui a fait *la Thébaïde*, et après Sénèque le Tragique, Horace, Juvénal, Ovide, Martial.

* Il estimoit fort peu les Italiens, et disoit que tous les sonnets de Pétrarque étoient *à la grecque*, aussi bien que les épigrammes de mademoiselle de Gournay. E.

* Il se faisoit presque tous les jours, sur le soir, quelque petite conférence, où assistoient particulièrement Colomby, Maynard, Racan, Dumoustier, et quelques autres dont les noms n'ont pas été connus dans le monde; et, un jour, un habitant d'Aurillac, où Maynard étoit alors président, vint heurter à la porte en demandant : « Monsieur le président est-il point ici ? » Cela obligea M. de Malherbe à se lever brusquement pour courir répondre à cet habitant : « Quel président demandez-vous ? Apprenez qu'il n'y a point ici d'autre président que moi. » F.

* Quelqu'un lui disant que M. Gaumin avoit trouvé le secret d'entendre le sens de la langue punique, et qu'il y avoit fait le *Pater noster*, il dit à l'heure même assez brusquement, à son ordinaire : « Je m'en vais à cette heure y faire le *Credo* ; » et à l'instant il prononça une douzaine de mots qui n'étoient d'aucune langue, en disant : « Je vous soutiens que voilà le *Credo* en langue punique : qui est-ce qui me pourra dire le contraire ? »

* Il s'opiniâtra fort longtemps avec un nommé M. de la Loy à faire des sonnets licencieux [1]. Colomby n'en voulut jamais faire et ne les pouvoit approuver ; Racan en fit un ou deux, mais ce fut le premier qui s'en ennuya, et comme il en vouloit divertir M. de Malherbe, en lui disant que ce n'étoit pas un sonnet si l'on n'observoit les règles ordinaires de rimer les deux premiers quatrains, M. de Malherbe lui disoit : « Eh bien, Monsieur, si ce n'est un sonnet, c'est une sonnette. » Toutefois à la fin il s'en ennuya, et n'y a eu que Maynard, de tous ses écoliers, qui a continué à en faire jusques à la mort. M. de Malherbe les quitta lui-même, lorsque Colomby ni Racan ne l'en persécutoient plus. C'étoit son ordinaire de s'aheurter d'abord contre le conseil de ses amis,

---

1. C'est-à-dire irréguliers.

ne voulant pas être pressé, pour y revenir après que l'on ne l'en pressoit plus.

* Il avoit aversion contre les fictions poétiques, et en lisant une épître de Regnier à Henri le Grand qui commence :

> Il étoit presque jour, et le ciel souriant...

et où il feint que la France s'enleva en l'air pour parler à Jupiter et se plaindre du misérable état où elle étoit pendant la Ligue, il demandoit à Regnier en quel temps cela étoit arrivé, et disoit qu'il avoit toujours demeuré en France depuis cinquante ans et qu'il ne s'étoit point aperçu qu'elle se fût enlevée hors de sa place.

* Il avoit un frère [puîné] avec lequel il a toujours été en procès, et comme un de ses amis le plaignoit de cette mauvaise intelligence, et que c'étoit un malheur assez ordinaire d'avoir procès avec ses proches, M. de Malherbe lui dit qu'il ne pouvoit pas en avoir avec les Turcs et les Moscovites, avec qui il n'avoit rien à partager. M.

* Il perdit sa mère environ l'an 1615, qu'il étoit âgé de plus de soixante ans, et comme la reine mère envoya un gentilhomme pour le consoler, il dit à ce gentilhomme qu'il ne pouvoit se revancher de l'honneur que lui faisoit la reine qu'en priant Dieu que le roi son fils pleurât sa mort aussi vieux qu'il pleuroit celle de sa mère. G.

Il ne pouvoit souffrir que les pauvres, en demandant l'aumône, dissent : « Noble gentilhomme ; » et disoit que cela étoit superflu, et que s'il étoit gentilhomme il étoit noble.

* Quand les pauvres lui disoient qu'ils prieroient Dieu pour lui, il leur répondoit qu'il ne croyoit pas qu'ils eussent grand crédit envers Dieu, vu le mauvais état auquel il les laissoit en ce monde, et qu'il eût mieux aimé que M. de Luynes ou quelque autre favori lui eût fait la même promesse.

* Un jour que M. de Termes reprenoit Racan d'un vers qu'il a changé depuis, où il y avoit, parlant d'un homme champêtre :

> Le labeur de ses bras rend sa maison prospère,

Racan lui répondit que M. de Malherbe avoit usé de ce mot *prospère* de la même sorte en ce vers :

> O que la fortune prospère [1]...

---

1. V. p. 88.

M. de Malherbe, qui étoit présent, lui dit assez brusquement : « Eh bien, mort Dieu ! si je fais un pet, en voulez-vous faire un autre ? » S.

* Quand on lui montroit quelques vers où il y avoit des mots superflus et qui ne servoient qu'à la mesure ou à la rime, il disoit que c'étoit une bride de cheval attachée avec une aiguillette.

* Un homme de robe longue, de condition, lui apporta des vers assez mal polis, qu'il avoit faits à la louange d'une dame, et lui dit, avant que de les lui montrer, que des considérations l'avoient obligé à faire ces vers. M. de Malherbe les lut avec mépris, et lui demanda, après qu'il eut achevé, s'il avoit été condamné à être pendu ou à faire ces vers-là, parce que à moins de cela il ne devoit point exposer sa réputation en produisant des ouvrages si ridicules[1]. T.

* S'étant vêtu un jour extraordinairement, à cause du grand froid qu'il faisoit, il avoit encore étendu sur sa fenêtre trois ou quatre aunes de frise verte ; et comme on lui demanda ce qu'il vouloit faire de cette frise, il répondit brusquement, à son ordinaire : « Je pense qu'il est avis à ce froid qu'il n'y a plus de frise dans Paris ; je lui montrerai bien que si. »

* En ce temps, ayant mis à ses jambes une si grande quantité de bas, presque tous noirs, qu'il ne se pouvoit chausser également qu'avec des jetons, Racan arriva en sa chambre comme il étoit en cet état là, et lui conseilla, pour se délivrer de la peine de se servir de jetons, de mettre à chacun de ses bas un ruban de quelque couleur, ou une marque de soie qui commençât par une lettre de l'alphabet, comme au premier un ruban ou une lettre de soie amaranthe, au second un bleu, au troisième un cramoisi, et ainsi des autres. M. de Malherbe approuva le conseil et l'exécuta à l'heure même, et le lendemain, venant dîner chez M. de Bellegarde, en voyant Racan il lui dit, au lieu de bonjour : « J'en ai jusques à l'L ; » de quoi tout le monde fut surpris, et Racan même eut de la peine à comprendre d'abord ce qu'il vouloit lui dire, ne se souvenant pas alors du conseil qu'il lui avoit donné, pour expliquer cette énigme. P.

* Il disoit aussi à ce propos que Dieu n'avoit fait le froid que pour les pauvres et pour les sots, et que ceux qui avoient

---

1. Nous omettons ici, à dessein, une anecdote obscène. On la trouvera dans les *Œuvres de Racan*, éd. Jannet, tome I, p. 266.

le moyen de se bien chauffer et bien habiller ne devoient point souffrir de froid.

* Quand on lui parloit des affaires d'État, il avoit toujours ce mot en la bouche, qu'il a mis dans l'épître liminaire de Tite Live adressée à M. de Luynes : qu'il ne falloit point se mêler de la conduite d'un vaisseau où l'on n'étoit que simple passager. Q.

* Un jour que le roi Henri le Grand montra à M. de Malherbe la première lettre que le feu roi Louis XIII lui avoit écrite, et M. de Malherbe y ayant remarqué qu'il avoit signé *Loïs* sans *u* pour *Louis*, il demanda assez brusquement au roi si Monsieur le dauphin avoit nom *Loïs ?* De quoi le roi se trouvant étonné, voulut savoir la cause de cette demande. Alors M. de Malherbe lui fit voir qu'il avoit signé *Loïs* et non pas *Louis*. Cela donna sujet d'envoyer querir celui qui montroit à écrire à Monsieur le Dauphin, pour lui enjoindre de lui faire mieux orthographier son seing avec un *u*, et c'est pourquoi M. de Malherbe disoit qu'il étoit cause que le feu roi avoit nom *Louis*.

* Comme les États généraux se tenoient à Paris, il y eut une grande contestation entre le tiers état et le clergé, qui donna sujet à cette belle harangue de M. le cardinal du Perron, et cette affaire s'échauffant, les évêques menaçoient de se retirer et de mettre la France en interdit. M. de Bellegarde entretenant M. de Malherbe de l'appréhension qu'il avoit d'être excommunié, M. de Malherbe lui dit, pour le consoler, qu'au contraire il s'en devoit réjouir, et que, devenant tout noir, comme sont les excommuniés, cela le délivreroit de la peine qu'il prenoit tous les jours de se peindre la barbe et les cheveux.

* Une autre fois il disoit à M. de Bellegarde : « Vous faites bien le galant et l'amoureux des belles dames ; lisez-vous encore à livre ouvert ? » qui étoit sa façon de parler pour dire s'il étoit toujours prêt à les servir. M. de Bellegarde lui dit qu'oui ; à quoi M. de Malherbe répondit en ces mots : « Pardieu ! Monsieur, j'aimerois mieux vous ressembler de cela que de votre duché et pairie. »

* Un jour Henri le Grand lui montra des vers qu'on lui avoit donnés, qui commençoient :

> Toujours l'heur et la gloire
> Soient à votre côté !

De vos faits la mémoire
Dure à l'éternité !

M. de Malherbe, sur-le-champ, et sans en lire davantage, les retourne en cette sorte :

Que l'épée et la dague
Soient à votre côté ;
Ne courrez point la bague
Si vous n'êtes botté ;

Et là dessus se retira sans faire aucun jugement.

* Je ne sais si le festin qu'il fit à six de ses amis et où il faisoit le septième pourroit avoir place en sa vie. D'abord il n'en avoit prié que quatre, savoir ; M. de Fouquerolles, enseigne ou lieutenant aux gardes du corps ; M. de la Masure, gentilhomme de Normandie, qui étoit à la suite de M. de Bellegarde ; M. de Colomby et M. Patris : ce dernier est à présent au service de S. A. R., capitaine de son château de Limours. Mais le jour de devant que se dut faire le festin, Yvrande et Racan revinrent de Touraine, de la maison de Racan, venant descendre chez M. de Malherbe. A l'heure même qu'il les vit, il commanda à son valet d'acheter encore deux chapons, et les pria de dîner le lendemain chez lui. Enfin, pour le faire court, tout le festin ne fut que de sept chapons bouillis, dont il leur en fit servir à chacun un, outre celui qu'il garda pour lui, et leur dit : « Messieurs, je vous aime tous également ; c'est pourquoi je vous veux traiter de même, et ne veux point que vous ayez d'avantage l'un sur l'autre. » R.

Tout son contentement étoit d'entretenir ses amis particuliers, comme Racan, Colomby, Yvrandre et autres, du mépris qu'il faisoit de toutes les choses que l'on estime le plus dans le monde. En voici un exemple : il disoit souvent à Racan que c'étoit folie de se vanter d'être d'une ancienne noblesse, et que plus elle étoit ancienne, plus elle étoit douteuse ; et qu'il ne falloit qu'une femme lascive pour pervertir le sang de Charlemagne et de saint Louis ; que tel qui se pensoit être issu d'un de ces grands héros étoit peut-être venu d'un valet de chambre ou d'un violon. II.

* Il ne s'épargnoit pas lui-même en l'art où il excelloit, et disoit souvent à Racan : « Voyez-vous, Monsieur, si nos vers vivent après nous, toute la gloire que nous en pouvons espérer est qu'on dira que nous avons été deux excellents ar-

rangeurs de syllabes, et que nous avons eu une grande puissance sur les paroles, pour les placer si à propos chacune en leur rang, et que nous avons été tous deux bien fous de passer la meilleure partie de notre âge en un exercice si peu utile au public et à nous, au lieu de l'employer à nous donner du bon temps, ou à penser à l'établissement de notre fortune. »

* Il avoit aussi un grand mépris pour tous les hommes en général, et après avoir fait le récit du péché de Caïn et de la mort d'Abel son frère, il disoit après : « Voilà un beau début! Ils n'étoient que trois ou quatre au monde, et il y en a un qui a tué son frère! Que pouvoit espérer Dieu des hommes après cela pour se donner tant de peine de les conserver? N'eût-il pas mieux fait d'en éteindre dès l'heure l'engeance pour jamais? »

C'étoient les discours ordinaires qu'il avoit avec ses plus familiers amis; mais ils ne se peuvent exprimer avec la grâce qu'il les prononçoit, parce qu'ils tiroient leur plus grand ornement de son geste et du ton de sa voix.

* M. l'archevêque de Rouen l'ayant prié de dîner chez lui pour entendre le sermon qu'il devoit faire en une église proche de son logis; aussitôt que M. de Malherbe eut dîné, il s'endormit dans une chaire[1], et comme Monsieur de Rouen le pensa réveiller pour le mener au sermon, il le pria de l'en dispenser en lui disant qu'il dormiroit bien sans cela.

* Il parloit fort ingénument de toutes choses, et avoit un grand mépris pour les sciences, particulièrement pour celles qui ne servent que pour le plaisir des yeux et des oreilles, comme la peinture, la musique et même la poésie, encore qu'il y fût excellent; et un jour, comme Bordier se plaignoit à lui qu'il n'y avoit des récompenses que pour ceux qui servoient le roi dans les armées et dans les affaires d'importance, et que l'on étoit trop ingrat à ceux qui excelloient dans les belles-lettres, M. de Malherbe lui répondit que c'étoit faire fort prudemment, et que c'étoit sottise de faire des vers pour en espérer autre récompense que son divertissement, et qu'un bon poëte n'étoit pas plus utile à l'État qu'un bon joueur de quilles.

* Un jour qu'il se retiroit fort tard de chez M. de Bellegarde avec un flambeau allumé devant lui, il rencontra M. de

---

1. Chaise.

Saint-Paul, gentilhomme de condition, parent de M. de Bellegarde, qui le vouloit entretenir de quelques nouvelles de peu d'importance ; il lui coupa court en lui disant : « Adieu, adieu, vous me faites ici brûler pour cinq sols de flambeau, et tout ce que vous me dites ne vaut pas six blancs. »

* Dans ses *Heures*, il avoit effacé des litanies des saints tous les noms particuliers, et disoit qu'il étoit superflu de les nommer tous les uns après les autres, et qu'il suffiroit de les nommer en général : *Omnes sancti et sanctæ Dei, orate pro nobis.*

* Il avoit aussi effacé plus de la moitié de son Ronsard et en cotoit à la marge les raisons. Un jour, Yvrande, Racan, Colomby et autres de ses amis le feuilletoient sur sa table, et Racan lui demanda s'il approuvoit ce qu'il n'avoit point effacé : « Pas plus que le reste, » dit-il. Cela donna sujet à la compagnie, et entre autres à Colomby, de lui dire que si l'on trouvoit ce livre après sa mort, on croiroit qu'il auroit trouvé bon ce qu'il n'auroit point effacé ; sur quoi il lui dit qu'il disoit vrai, et tout à l'heure acheva d'effacer le reste.

* Il étoit assez mal meublé, logeant ordinairement en chambre garnie, et n'avoit que sept ou huit chaires de paille ; et comme il étoit fort visité de ceux qui aimoient les belles-lettres, quand les chaires étoient toutes remplies, il fermoit sa porte par dedans, et si quelqu'un y venoit heurter, il lui crioit : « Attendez, il n'y a plus de chaires ; » et disoit qu'il valoit mieux ne les point recevoir que de leur donner l'incommodité d'être debout.

Il se vantoit avec autant de vanité d'avoir sué trois fois la v... que s'il eût gagné trois batailles, et faisoit le récit assez plaisamment du voyage qu'il fit à Nantes pour trouver un homme qui avoit la réputation d'être expert en cette cure de maladie vénérienne. C'étoit la raison pourquoi on l'appeloit chez M. de Bellegarde *le père Luxure*. O.

Il a toujours été fort adonné aux femmes, et se vantoit en sa conversation ordinaire de ses bonnes fortunes et des merveilles qu'il y avoit faites.

Un jour, en entrant dans l'hôtel de Sens, il trouva dans la salle deux hommes qui jouoient au trictrac, et qui disputant d'un coup se donnoient tous deux au diable qu'ils avoient gagné. Au lieu de les saluer, il ne fit que dire : « Viens, diable, viens, tu ne saurois faillir : il y en a l'un ou l'autre à toi. »

* Il y eut une grande contestation entre ceux qu'il appeloit

du pays d'*adieusias*, qui étoient tous ceux delà la Loire, et ceux du pays de deçà, qu'il appeloit du pays de *Dieu vous conduise* : savoir s'il falloit appeler le petit vase de quoi l'on se sert pour manger du potage une *cuiller* ou une *cuillère*. La raison de ceux du pays d'*adieusias*, d'où étoit Henri le Grand, ayant été nourri en Béarn, étoit que *cuiller*, étant féminin, devoit avoir une terminaison féminine. Le pays de *Dieu vous conduise* alléguoit, outre l'usage, que cela n'étoit pas sans exemple de voir des choses féminines qui avoient une terminaison masculine, entre autres une *perdrix*, une *met* à boulanger ou de pressoir. Enfin cette dispute dura si long-temps qu'elle obligea le roi à en demander l'avis à M. de Malherbe, lequel ne craignit point de contester, et lui dire qu'il falloit dire *cuiller*, et non pas *cuillère*, et le renvoya aux crocheteurs du port au foin, comme il avoit accoutumé; et comme le roi ne se sentoit pas condamné du jugement de M. de Malherbe, il lui dit ces mêmes mots : « Sire, vous êtes le plus absolu roi qui aye jamais gouverné la France, et si vous ne sauriez faire dire deçà la Loire une *cuillère*, à moins que de faire défense, à peine de cent livres d'amende, de la nommer autrement. ».

* Un jour M de Bellegarde, qui étoit, comme l'on sait, Gascon, lui envoya demander lequel étoit le mieux dit de *dépensé* ou *dépendu* ; il répondit sur le champ que *dépensé* étoit plus françois, mais que *pendu*, *dépendu*, *rependu*, et tous les composés de ce vilain mot qui lui vinrent en la bouche, étoient plus propres pour les Gascons.

Quand on lui demandoit son avis de quelque mot françois, il renvoyoit ordinairement aux crocheteurs du port au foin, et disoit que c'étoient ses maîtres pour le langage ; ce qui peut-être a donné lieu à Regnier de dire :

> Comment! il faudroit donc, pour faire une œuvre grande
> Qui de la calomnie et du temps se défende,
> Et qui nous donne rang parmi les bons auteurs,
> Parler comme à Saint-Jean parlent les crocheteurs?

* Un jour il récitoit à Racan des vers qu'il avoit nouvellement faits, et après il lui en demanda son avis. Racan s'en excusa, lui disant qu'il ne les avoit pas bien entendus et qu'il en avoit mangé la moitié; dont se sentant piqué, parce qu'il étoit fâché de ce qu'on lui disoit un peu trop librement son défaut d'être bègue, il lui dit en colère : « Mort Dieu! si vous me fâchez, je les mangerai tous; ils sont à moi puisque je les ai faits, j'en puis faire ce que je voudrai. » N.

Il ne vouloit pas que l'on fît des vers qu'en sa langue originaire, et disoit que nous n'entendions point la finesse des langues que nous n'avions apprises que par art, et, à ce propos, pour se moquer de ceux qui faisoient des vers latins, il disoit que si Virgile et Horace revenoient au monde, ils bailleroient le fouet à Bourbon et à Sirmond [1]. U.

Il disoit souvent, et principalement quand on le reprenoit de ne suivre pas bien le sens des auteurs qu'il traduisoit ou paraphrasoit, qu'il n'apprêtoit pas les viandes pour les cuisiniers; comme s'il eût voulu dire qu'il se soucioit fort peu d'être loué des gens de lettres qui entendoient les livres qu'il avoit traduits, pourvu qu'il le fût des gens de la cour; et c'étoit de cette même sorte que Racan se défendoit de ses censures, en avouant qu'elles étoient fort justes, mais que les fautes qu'il lui reprenoit n'étoient connues que de trois ou quatre personnes qui le hantoient, et qu'il faisoit ses vers pour être lus dans le cabinet du roi et dans les ruelles des dames plutôt que dans sa chambre ou dans celles des autres savants en poésie.

* Il avouoit pour ses écoliers les sieurs de Touvant, Colomby, Maynard et de Racan. Il en jugeoit diversement, et disoit en termes généraux que Touvant faisoit fort bien des vers, sans dire en quoi il excelloit; que Colomby avoit fort bon esprit, mais qu'il n'avoit point le génie à la poésie; que Maynard étoit celui de tous qui faisoit le mieux des vers, mais qu'il n'avoit point de force et qu'il s'étoit adonné à un genre de poésie auquel il n'étoit pas propre, voulant dire ses épigrammes, et qu'il n'y réussiroit pas, parce qu'il n'avoit pas assez de pointe; pour Racan, qu'il avoit de la force, mais qu'il ne travailloit pas assez ses vers; que le plus souvent, pour mettre une bonne pensée, il prenoit de trop grandes licences, et que de ces deux derniers on feroit un grand poëte.

La connoissance qu'avoit eue Racan avec M. de Malherbe étoit lorsqu'il étoit page de la chambre chez M. de Bellegarde, âgé au plus de dix-sept ans; c'est pourquoi il respectoit toujours M. de Malherbe comme son père, et M. de

---

1. Nous omettons ici, à dessein, une anecdote contenant un quatrain obscène, anecdote et quatrain qu'on trouvera dans les *OEuvres de Racan*, éd. Jannet, tome I, p. 275.

Malherbe vivoit avec lui comme son fils. Cela donna sujet à Racan, à son retour de Calais, où il fut porter les armes en sortant de page, de demander avis à M. de Malherbe de quelle sorte il devoit se conduire dans le monde, et lui fit la déduction de quatre ou cinq sortes de vies qu'il pouvoit faire. La première et la plus honorable étoit de suivre les armes ; mais d'autant qu'il n'y avoit alors point de guerre qu'en Suède ou en Hongrie, il n'avoit pas moyen de la chercher si loin, à moins que de vendre tout son bien pour faire son équipage et les frais de voyage.

La seconde étoit de demeurer dans Paris pour liquider ses affaires, qui étoient fort brouillées, et celle-là lui plaisoit le moins.

La troisième étoit de se marier, sur la créance qu'il avoit de trouver un bon parti dans l'espérance que l'on auroit de la succession de madame de Bellegarde, qui ne lui pouvoit manquer : à cela il disoit que cette succession seroit peut-être longue à venir, et que, cependant, épousant une femme qui l'obligeroit, si elle étoit de mauvaise humeur, il seroit contraint d'en souffrir.

Il lui proposoit aussi de se retirer aux champs à faire petit pot ; ce qui n'eût pas été séant à un homme de son âge, et ce n'eût pas aussi été vivre selon sa condition.

Sur toutes ces propositions dont Racan lui demandoit conseil, M. de Malherbe, au lieu de lui répondre directement à sa demande, commença par une fable[1] en ces mots :

« Il y avoit, dit-il, un bonhomme, âgé d'environ cinquante ans, qui avoit un fils qui n'en avoit que treize ou quatorze. Ils n'avoient, pour tous deux, qu'un petit âne pour les porter en un long voyage qu'ils entreprenoient. Le premier qui monta sur l'âne, ce fut le père ; mais après deux ou trois lieues de chemin, le fils commençant à se lasser, il le suivit à pied de loin et avec beaucoup de peine, ce qui donna sujet à ceux qui les voyoient passer de dire que ce bonhomme avoit tort de laisser aller à pied cet enfant qui étoit encore jeune, et qu'il eût mieux porté cette fatigue-là que lui. Le bonhomme mit donc son fils sur l'âne et se mit à le suivre à pied. Cela fut encore trouvé étrange par ceux qui les virent, lesquels disoient que ce fils étoit bien ingrat et de mauvais naturel, d'aller sur l'âne et de laisser aller son père à pied. Ils s'avisèrent

1. Mise en vers par la Fontaine, *Fable*, III, 1.

donc de monter tous deux sur l'âne, et alors on y trouvoit encore à dire : « Ils sont bien cruels, disoient les passants, « de monter ainsi tous deux sur cette pauvre petite bête, qui à « peine seroit suffisante d'en porter un seul. » Comme ils eurent ouï cela, ils descendirent tous deux de dessus l'âne et le touchèrent devant eux. Ceux qui les voyoient aller de cette sorte se moquoient d'eux d'aller à pied, se pouvant soulager d'aller l'un ou l'autre sur le petit âne. Ainsi ils ne surent jamais aller au gré de tout le monde; c'est pourquoi ils se résolurent de faire à leur volonté, et laisser au monde la liberté d'en juger à sa fantaisie. Faites-en de même, dit M. de Malherbe à Racan pour toute conclusion; car quoi que vous puissiez faire, vous ne serez généralement approuvé de tout le monde, et l'on trouvera toujours à redire en votre conduite. »

* Encore qu'il reconnût, comme nous avons déjà dit, que Racan avoit de la force en ses vers, il disoit qu'il étoit hérétique en poésie, pour ne se tenir pas assez étroitement dans ses observations, et voici particulièrement de quoi il le blâmoit :

* Premièrement, de rimer indifféremment aux terminaisons en *ant* et en *ent*, comme *innocence* et *puissance*, *apparent* et *conquérant*, *grand* et *prend*; et vouloit qu'on rimât pour les yeux aussi bien que pour les oreilles. Il le reprenoit aussi de rimer le simple et le composé, comme *temps* et *printemps*, *séjour* et *jour*. Il ne vouloit pas aussi qu'il rimât les mots qui avoient quelque convenance, comme *montagne* et *campagne*, *défense* et *offense*, *père* et *mère*, *toi* et *moi*. Il ne vouloit pas non plus que l'on rimât les mots qui dérivoient les uns des autres, comme *admettre*, *commettre*, *promettre*, et autres, qu'il disoit qui dérivoient de *mettre*. Il ne vouloit point encore qu'on rimât les noms propres les uns contre les autres, comme *Thessalie* et *Italie*, *Castille* et *Bastille*, *Alexandre* et *Lysandre;* et sur la fin il étoit devenu si rigide en ses rimes qu'il avoit même peine à souffrir que l'on rimât les verbes de la terminaison en *er* qui avoient tant soit peu de convenance, comme *abandonner*, *ordonner* et *pardonner*, et disoit qu'ils venoient tous trois de *donner*. La raison qu'il disoit pourquoi il falloit plutôt rimer des mots éloignés que ceux qui avoient de la convenance est que l'on trouvoit de plus beaux vers en les rapprochant qu'en rimant ceux qui avoient presque une même signification; et s'étudioit fort à chercher des rimes rares et stériles, sur la créance qu'il avoit qu'elles lui faisoient produire quelques nouvelles pensées, outre qu'il disoit que cela sentoit son grand poëte de tenter les rimes difficiles qui n'avoient point encore été rimées. Il ne vouloit point qu'on rimât sur *malheur* ni *bonheur*, parce qu'il disoit que les Parisiens n'en prononçoient que l'*u*, comme s'il y avoit *bonhur, malhur*, et de le rimer à *honneur* il le trouvait trop proche. Il ne vouloit non plus que l'on rimât à *flame*, parce qu'il l'écrivoit et le prononçoit ainsi avec deux *m : flamme*, et le faisoit long en le prononçant ; c'est pourquoi il ne le pouvoit rimer qu'à *épigramme*. Il reprenoit aussi Racan quand il rimoit *qu'ils ont eu* avec *vertu* ou *battu*, parce qu'il disoit que l'on prononçoit à Paris *ont eu* en trois syllabes, en faisant une de l'*e* et l'autre de l'*u* du mot *eu*.

Outre les réprimandes qu'il faisoit à Racan pour ses rimes, il le reprenoit encore de beaucoup de choses pour la construction de ses vers et de quelques façons de parler trop hardies qui seroient trop longues à dire, et qui auroient meilleure grâce dans un art poétique que dans sa vie. C'est pourquoi je me contenterai de faire encore une remarque de ce point dont ils étoient en contestation.

* Au commencement que M. de Malherbe vint à la cour, qui fut en 1605, comme nous avons déjà dit, il n'observoit pas encore de faire une pause au troisième vers des stances de six, comme il se peut voir en la Prière qu'il fit pour le roi allant en Limousin, où il y a deux ou trois stances où le sens est emporté, et au psaume *Domine, Dominum noster*, en cette stance et peut-être quelques autres dont je ne me souviens pas à présent :

> Sitôt que le besoin excite son désir,
> Qu'est-ce qu'en ta largesse il ne trouve à choisir ?
> Et par ton mandement, l'air, la mer et la terre
>   N'entretiennent-ils pas
> Une secrète loi de se faire la guerre
> A qui de plus de mets fournira ses repas ?

* Il demeura toujours en cette négligence pendant la vie de Henri le Grand, comme il se voit encore en la pièce qui commence :

> Que n'êtes-vous lassées, V.

en la seconde stance dont le premier verset :

> Que ne cessent mes larmes,

qu'il fit pour Madame la princesse, et je ne sais s'il n'a point encore continué cette même négligence jusques en 1612, aux vers qu'il fit pour la place Royale : tant y a que le premier qui s'aperçut que cette observation étoit nécessaire pour la perfection des stances de six fut Maynard, et c'est peut-être la raison pour laquelle M. de Malherbe l'estimoit l'homme de France qui savoit le mieux faire des vers. D'abord Racan, qui jouoit un peu du luth et aimoit la musique, se rendit en faveur des musiciens, qui ne pouvoient faire leur reprise aux stances de six, s'il n'y avoit un arrêt au troisième vers. Mais quand M. de Malherbe et Maynard voulurent qu'aux stances de dix, outre l'arrêt du quatrième vers, on en fît encore un au septième, Racan s'y opposa, et ne l'a jamais presque observé. Sa raison étoit que les stances de dix ne se chantent presque jamais, et quand elles se chanteroient on ne les chanteroit pas en trois reprises ; c'est pourquoi il suffisoit d'en faire une au quatrième. Voilà la plus grande contestation qu'il a eue contre M. de Malherbe et ses écoliers, et pourquoi on a été prêt de le déclarer hérétique en poésie.

* M. de Malherbe vouloit aussi que les élégies eussent un sens parfait de quatre vers en quatre vers, même de deux en deux, s'il se pouvoit ; à quoi Racan ne s'est jamais accordé.

* Il ne vouloit pas que l'on nombrât en vers de ces nombres vagues comme *mille* ou *cent tourments*, et disoit assez plaisamment, quand il voyoit quelqu'un nombrer de cette sorte : « Peut-être n'y en avoit-il que quatre-vingt-dix-neuf. » Mais il estimoit qu'il y avoit de la grâce à nombrer nécessairement, comme en ce vers de Racan :]

        Vieilles forêts de trois siècles agées.

C'est encore une des censures à quoi Racan ne se pouvoit rendre de ne point nombrer par *cent* ou par *mille* pour dire infiniment, et néanmoins il n'a osé s'en licencier[1] que depuis sa mort.

* A ce propos de nombrer, quand on lui disoit que quelqu'un avoit les fièvres en plurier, il demandoit aussitôt : « Combien en a-t-il de fièvres ? »

Ses amis familiers, qui voyoient de quelle sorte il travailloit, disent avoir remarqué trois sortes de styles dans sa prose :

1. S'en donner la permission.

Le premier étoit en ses lettres familières, qu'il écrivoit à ses amis sans aucune préméditation, qui, quoique fort négligées, avoient toujours quelque chose d'agréable qui sentoit son honnête homme.

Le second étoit en celles où il ne travailloit qu'à demi, où l'on croit avoir remarqué beaucoup de dûreté et de pensées indigestes qui n'avoient aucun agrément.

Le troisième étoit dans les choses que par un long travail il mettoit en leur perfection, où sans doute il s'élevoit beaucoup au-dessus de tous les écrivains de son temps.

Ces trois divers styles se peuvent remarquer en ses lettres familières à Racan et à ses autres amis, pour le premier; pour la seconde, en ses lettres d'amour, qui n'ont jamais été fort estimées; et pour la troisième, en la *Consolation à la princesse de Conti*, qui est presque le seul ouvrage de prose qu'il ait achevé.

* Il se moquoit de ceux qui disoient qu'il y avoit du nombre en la prose, et disoit que de faire des périodes nombreuses, c'étoit faire des vers en prose. Cela a fait croire à quelques-uns que les *Epîtres de Sénèque* n'étoient point de lui, parce que les périodes en sont un peu nombreuses. X.

Celle pour qui il a fait des vers sous le nom de Caliste étoit la vicomtesse d'Auchy, dont le bel esprit a paru jusques à sa mort; et sa Rodanthe était madame la marquise de Rambouillet. Voici la raison pourquoi il lui donna ce nom-là :

Un jour ils s'entretenoient, Racan et lui, de leurs amours, qui n'étoient qu'amours honnêtes, c'est-à-dire du dessein qu'ils avoient de choisir quelque dame de mérite et de qualité pour être le sujet de leurs vers. M. de Malherbe lui nomma madame de Rambouillet, et Racan madame de Termes, qui étoit alors veuve. Il se trouva que toutes deux avoient nom Catherine, savoir : la première, que M. de Malherbe avoit choisie, Catherine de Vivonne; et celle de Racan, Catherine Chabot. Le plaisir que prit M. de Malherbe en cette conversation lui fit promettre d'en faire une églogue, ou entretien de bergers, sous les noms de *Mélibée* pour lui et *Arcas* pour Racan, et je me suis étonné qu'il ne s'en est trouvé quelque commencement dans ses manuscrits, car je lui en ai ouï réciter près de quarante vers.

* Prévoyant donc que ce même nom de Catherine, servant pour toutes deux feroit de la confusion dans cette églogue qu'il se promettoit de faire, il passa tout le reste de l'après-

dînée, avec Racan, à chercher des anagrammes sur ce nom qui eussent de la douceur pour mettre dans les vers ; ils n'en trouvèrent que trois : *Arthénice, Eracinthe* et *Carinthie*. Le premier fut jugé le plus beau ; mais Racan s'en étant servi dans sa pastorale, qu'il fit incontinent après, M. de Malherbe méprisa les deux autres, et prit *Rodanthe*, ne se souciant plus d'en prendre qui fussent anagrammes de *Catherine*. Y.

* M. de Malherbe étoit alors marié et fort avancé en âge ; c'est pourquoi son amour ne produisit que quelques vers, entre autres ceux qui commencent :

Chère beauté, que mon âme ravie, etc.

Et ces autres que Boisset mit en air :

Ils s'en vont, ces rois de ma vie.

Il fit aussi quelques lettres sur le même nom de Rodanthe : mais Racan, qui avoit trente-quatre ans moins que lui, et qui éloit alors garçon, madame de Termes étant d'ailleurs veuve, il se trouva engagé à changer son amour poétique en une véritable et légitime et fit quelques voyages en Bourgogne pour cet effet. C'est ce qui donna lieu à M. de Malherbe de lui écrire une lettre, où il y a des vers, pour le divertir de cette passion, sur ce qu'il avoit appris que madame de Termes se laissoit cajoler par M. Vignier, qui l'a épousée depuis, et quand il sut que Racan étoit résolu de se marier en son pays, il le manda aussitôt à madame de Termes, en une lettre qui est imprimée. Z.

Il disoit, quand on lui parloit de l'enfer et du paradis : « J'ai vécu comme les autres, je veux mourir comme les autres, et aller où vont les autres. »

* Il mourut à Paris, comme nous l'avons dit ci-devant, vers la fin du siége de la Rochelle, où Racan commandoit la compagnie de M. d'Effiat, ce qui fut cause qu'il n'assista point à sa mort et qu'il en a su que ce qu'il en avoit ouï dire à M. de Porchères d'Arbaud. Il ne lui a point célé que pendant sa maladie il n'eût eu beaucoup de difficulté à le faire résoudre à se confesser, lui disant qu'il n'avoit accoutumé de se confesser qu'à Pâques. Il étoit pourtant fort soumis aux commandements de l'Église, et quoiqu'il fût fort avancé en âge, il ne mangeait pas volontiers de la viande aux jours défendus, sans permission ; car ce qu'il en mangea le samedi d'après la Chandeleur, ce fut par mégarde. Il alloit à la messe toutes les fêtes et tous les dimanches, et ne manquoit point à se confesser et communier à Pâques, en sa paroisse. Il parloit toujours de Dieu et des choses saintes avec grand respect, et un de ses amis lui fit un jour avouer devant Racan qu'il avoit une fois fait vœu d'aller d'Aix à la Sainte-Baume, tête nue, pour la maladie de sa femme. Néanmoins il lui échappoit quelquefois de dire que la religion des honnêtes gens étoit celle de leur prince; et il avoit souvent ces mots en la bouche : *Bonus animus, bonus Deus, bonus cultus.* C'est pourquoi Racan s'enquit fort soigneusement de quelle sorte il étoit mort. Il apprit que celui qui l'acheva de résoudre à se confesser fut Yvrande, gentilhomme qui avoit été nourri page de la grande écurie, et qui étoit son écolier en poésie, aussi bien que Racan. Ce qu'il lui dit pour le persuader de recevoir les sacrements fut qu'ayant toujours fait profession de vivre comme les autres hommes, il falloit mourir ainsi comme les autres ; et M. de Malherbe lui demandant ce que cela vouloit dire, Yvrande lui dit que quand les autres mouroient, ils se confessoient, communioient et recevoient les autres sacrements de l'Église. M. de Malherbe avoua qu'il avoit raison et envoya quérir le vicaire de Saint-Germain, qui l'assista jusqu'à la mort.

* On dit qu'une heure avant que de mourir, après avoir été deux heures à l'agonie, il se réveilla comme en sursaut pour reprendre son hôtesse, qui lui servoit de garde, d'un mot qui n'étoit pas bien françois à son gré ; et comme son confesseur lui en fit réprimande, il lui dit qu'il ne pouvoit s'en empêcher, et qu'il vouloit jusques à la mort maintenir la pureté de la langue françoise.

EXTRAITS

DE

TALLEMANT DES RÉAUX, BALZAC, ETC.

Extraits de Tallemant des Réaux (Hist. de Malherbe[1]).

A. M. le Grand-Prieur fut tué par un nommé Altoviti, qui avoit été corsaire, alors capitaine de galère, après avoir enlevé une fille de qualité, la belle de Rieux-Chasteauneuf, qu'Henry III° pensa épouser. Ce fut elle qui luy dit qu'il parlast pour luy, un jour qu'il luy parloit pour un autre. Henry III° le tenoit comme espion auprès de M. le Grand-Prieur, qui, l'ayant descouvert, alla chez luy en dessein de lui faire affront. Mais Altoviti, blessé à mort par ce prince, luy donna un coup de poignard dont il mourut. Il est vrai qu'il receut cent coups après sa mort, car les gens du Gouverneur se jettèrent tous sur luy.

Un jour, ce M. le Grand-Prieur, qui avoit l'honneur de faire des meschans vers, dit à du Perrier : « Voylà un sonnet; si je dis à Malherbe que c'est moy qui l'ay fait, il dira qu'il ne vaut rien; je vous prie, dittes-luy qu'il est de vostre façon. » Du Perrier monstra ce sonnet à Malherbe en présence de M. le Grand-Prieur. « Ce sonnet, luy dit Malherbe, est tout comme si c'estoit M. le Grand-Prieur qui l'eust fait. »

B. Il avoit trente ans quand il fit cette pièce à M. du Perrier, qui commence :

Ta douleur, du Perrier, sera donc éternelle?

---

1. Éd. P. Paris, 1854, t. I, p. 270-306. V. p. XIII, note 1.

Ses premiers vers estoient pitoyables ; j'en ay veû quelques-uns, et entre autres une elégie qui débute ainsy[1] :

> Doncques tu ne vis plus, Geneviefve, et la mort
> En l'avril de tes ans, te montre son effort, etc.

Il n'avoit pas beaucoup de génie ; la meditation et l'art l'ont fait poëte. Il luy falloit du temps pour mettre une piece en estat de paroistre. On dit qu'il fut trois ans à faire l'Ode pour le premier président de Verdun, sur la mort de sa femme, et que le président estoit remarié avant que Malherbe luy eust donné ces vers.

Balzac dit en une de ses lettres que Malherbe disoit que quand on avoit fait cent vers ou deux feuilles de prose, il falloit se reposer dix ans. Il dit aussy que le bonhomme barbouilla une demy-rame de papier pour corriger une seule stance. C'est une de celles de l'Ode à M. de Bellegarde ; elle commence ainsy :

> Comme en cueillant une guirlande
> L'homme est d'autant plus travaillé, etc.

C. Des Portes, Bertaut et des Yveteaux mesme, critiquerent tout ce qu'il fit. Il s'en mocquoit, et dit que, s'il s'y mettoit, il feroit de leurs fautes des livres plus gros que leurs livres mesmes[2].

Des Yveteaux lui disoit que c'estoit une chose desagreable à l'oreille que ces trois syllabes : *ma la pla* toutes de suitte, dans un vers :

> Enfin cette beauté m'a la place rendue.

« Et vous, luy respondit-il, vous avez bien mis : *pa ra bla la fla*. — Moi ? reprit des Yveteaux, vous ne sauriez me le monstrer. — N'avez-vous pas mis, répliqua Malherbe :

> Comparable à la flamme ? »

D. Virgile n'avoit pas l'honneur de luy plaire. Il y trouvoit beaucoup de choses à redire. Entre autres ce vers où il y a :

> . . . Euboïcis Cumarum allabitur oris,

ui sembloit ridicule. « C'est, disoit-il, comme si quelqu'un

---

1. Pièce perdue.
2. Il a tenu parole pour Desportes.

alloit mettre *aux rives françaises de Paris.* » Ne voylà-t-il pas une belle objection ?

E. De tous leurs ouvrages [des Italiens] il ne pouvoit souffrir que l'*Aminte* du Tasse.

F. Lingendes, qui estoit pourtant assez poly, ne voulut jamais subir la censure de Malherbe, et disoit que ce n'estoit qu'un tyran et qu'il abattoit l'esprit aux gens.

G. Il estoit fort vieux quand sa mere mourut ; il delibera longtemps s'il devoit en prendre le dueil, et disoit : « Je suis en propos de n'en rien faire ; car regardez le gentil orfelin que je ferois ! » Enfin pourtant il s'habilla du dueil.

H. A l'hotel de Rambouillet, on amena un jour je ne scay quel homme qui disloquoit tout le corps aux gens et les remettoit sans leur faire mal. On l'esprouva sur un laquais. Malherbe, qui y estoit, voyant tout cela, luy dit : « Demettez-moy le coude. » Il ne sentit point de mal ; après il se le fit remettre aussy sans douleur. « Cependant, dit-il, si cet homme fust mort, tandis que j'avois comme cela le coude desmy, on auroit crié au curieux impertinent. »

I. Allant disner chez un homme qui l'en avoit prié, il trouva à la porte de cet homme un valet qui avoit des gants dans ses mains ; il estoit onze heures. « Qui estes-vous, mon amy ? luy dit-il. — Je suis le cuisinier, monsieur. — Vertu Dieu ! reprit-il en se retirant bien viste, que je ne disne pas chez un homme dont le cuisinier, à onze heures, a des gants dans ses mains ! »

Estant allé avec feu du Moustier et Racan aux Chartreux pour voir un certain pere Chazerey, on ne voulut leur permettre de luy parler qu'ils n'eussent dit chacun un *Pater* ; après, le Pere vint et s'excusa de ne pouvoir les entretenir. « Faittes-moy donc rendre mon *Pater,* » dit Malherbe.

Racan le trouva une fois qui comptoit cinquante sols. Il mettoit, dix, dix et cinq, et après dix, dix et cinq. « Pourquoy cela ? dit Racan. — C'est, respondit-il, que j'avois dans ma teste cette stance :

Que d'épines, Amour, etc.

où il y a deux grands vers et un demy vers, puis deux grands vers et un demy vers. »

Chez M. de Bellegarde on servit un jour un faisan avec la teste, la queue et les aisles; il les prit et les jetta dans le feu. Le maistre-d'hostel luy dit : « Eh bien ! — Mort-dieu ! respondit Malherbe, mettez-y donc un escriteau et non pas toutes ces viédazeries. »

Une autre fois il osta les chesnets du feu. C'estoient des chesnets qui representoient de gros satyres barbus : « Mort-dieu ! dit-il, ces gros bougres se chauffent tout à leur aise, tandis que je meurs de froid. »

J. (*Ici Tallemant des Réaux a intercalé l'anecdote sur madame des Loges, rapportée par Balzac.*)

K. Il appeloit M. de Mezeriac, M. de Miseriac.

L. Un président de Provence avoit mis une mechante devise sur sa cheminée, et croyant avoir fait merveilles, il dit à Malherbe : « Que vous en semble? — Il ne falloit, répondit Malherbe, que la mettre un peu plus bas. »

Il dit à un homme qui lui monstra un meschant poëme où il y avoit pour titre : POEME AU ROY, qu'il n'y avoit qu'à adjouter : *pour se torcher le c...*

Quand il soupoit de jour, il faisoit fermer les fenestres et allumer de la chandelle. « Autrement, disoit-il, c'est disner deux fois. »

M. On luy disoit qu'il n'avoit pas suivy dans un pseaume le sens de David. « Je le croy bien, dit-il; suis-je le valet de David ? J'ay bien fait parler le bonhomme autrement qu'il n'avoit fait. »

N. Il n'estoit pas tousjours si facheux, et il a dit de luy-mesme qu'il estoit de *Balbut* en *Balbutie*. (*Ici des Réaux, à propos de la mauvaise récitation de Malherbe, emprunte à Balzac un passage qu'on trouvera plus loin.*)

Il disoit à M. Chapelain qui luy demandoit conseil sur la maniere d'escrire qu'il falloit suivre : « Lisez les livres imprimez, et ne dites rien de ce qu'ils disent. »

Ce mesme M. Chapelain le trouve un jour sur un lict de repos qui chantoit :

D'où venez-vous, Jeanne?
Jeanne, d'où venez...?

et ne se levá point qu'il n'eust achevé : « J'aimerois mieux, luy dit-il, avoir fait cela que toutes les œuvres de Ronsard. » Racan dit qu'il luy a ouy dire la mesme chose d'une chanson où il y a à la fin :

> Que me donnerez-vous?
> — Je feray l'endormie.

O. Il disoit qu'il se connoissoit en deux choses, en musique et en gants.

P. Chez madame des Loges, il monstra un jour quatorze tant que chemises, chemisettes ou doublures.

Tout l'esté il avoit de la panne, mais il ne portoit pas trop régulierement son manteau sur les deux epaules.

Q. Une fois, estant malade, il envoya querir Thevenin, l'oculiste, qui estoit à M. de Bellegarde. Thevenin lui proposa de faire venir quelque medecin, et luy ayant nommé M. Robin : « Voylà un plaisant Robin! dit Malherbe, je ne veux point de cet homme-là. — Hé bien! voulez-vous M. Guenebaut? — Non, c'est un nom de chien courant : *Guenebaut! to! to! Guenebaut!* — Voulez-vous donc M. d'Acier? — Encore moins, il est plus dur que le fer. — Il faut donc M. Provin? » Il y consentit.

M. Morant, trezorier d'Espagne, qui estoit de Caen, promit à Malherbe et à un gentilhomme de ses amys, qui estoit aussy de Caen, de leur faire toucher à chacun quatre cents livres pour je ne sçay quoy, et en cela il leur faisoit une grande grace. Il les convia mesme à disner. Malherbe n'y voulut point aller, s'il ne leur envoyoit son carrosse. Enfin le gentilhomme l'y fit aller à cheval. Après disné, on leur compte leur argent. En revenant, il prend une vision à Malherbe d'achepter un coffre-fort. « Et pourquoy? dit l'autre. — Pour serrer mon argent. — Et il coustera la moitié de vostre argent! — N'importe, dit-il, deux cents livres sont autant, à moy, que mille à un autre. » Et il fallut lui achepter un coffre-fort.

Patris le trouva une fois à table : « Monsieur, luy dit-il, j'ai tousjours eû de quoy disner, mais jamais de quoy laisser rien au plat. »

R. Pour aborder M. de la Vieuville, surintendant des finances, et luy rendre grâces de quelque chose, il s'avisa d'une belle précaution. Dez qu'on disoit à cet homme : *Monsieur, je vous...* il croyoit qu'on alloit adjouster *demande*, et il ne veuloit plus escouter. Malherbe y alla, et luy dit : « Monsieur, remercier je vous viens. »

Retournons à sa poésie. Il luy arrivoit quelque fois de mettre une pensée en plusieurs lieux différents, et il vouloit qu'on le trouvast bon : « Car, disoit-il, ne puis-je pas mettre sur mon buffet un tableau qui aura esté sur ma cheminée ?»

Mais Racan lui disoit que ce portrait n'estoit jamais qu'en un lieu à la fois, et que cette mesme pensée demeuroit en mesme temps en diverses pièces.

On luy demanda une fois pourquoy il ne faisoit pas d'élégies : « Parce que je fais des odes, dit-il, et qu'on doit croire que qui saute bien pourra bien marcher. »

S. A un homme qui luy vint monstrer des anagrammes, il le pria, pour se moquer de luy, de luy en faire pour un de ses amis qui s'appelle *Oddo d'O*.

T. Il se prenoit pour le maistre de tous les autres, et avec raison. Balzac, dont il faisoit grand cas et dont il disoit : « Ce jeune homme ira plus loin pour la prose que personne n'a encore esté en France, » luy apporta le sonnet de Voiture pour *Uranie*, sur lequel on a tant escrit depuis. Il s'estonna qu'un aventurier qui n'avoit point été nourry sous la discipline, qui n'avoit point pris attache ny ordre de luy, eust fait un si grand progrez dans un pays dont il disoit qu'il avoit la clef.

V. Il escrivoit à madame d'Auchy sous le nom de Caliste, et il mettoit au bas qu'il luy baisoit les piez. Les rieurs disoient que c'étoit à cause qu'elle portoit le nom d'un pape.

Quand il eut fait cette chanson qui commence :

Cette Anne si belle, etc.

qui est une chanson pitoyable, Bautru la retourna ainsy :

Ce divin Malherbe,
Cet esprit parfait,
Donnez-lui de l'herbe :
N'a-t-il pas bien fait ?

Pour s'excuser, il disoit, tantost qu'on l'avoit trop pressé, tantost que c'estoit pour les empescher de luy demander

sans cesse des vers pour des récits de ballet; puisqu'il les
falloit ainsy pour s'accommoder à l'air ; et il enrageoit de
n'avoir pas une bonne raison à dire.

On a aussy retourné ces couplets où il y a à la reprise :

> Cela se peut facilement,

et puis :

> Cela ne se peut nullement;

Mais c'estoient des couplets que madame de Bellegarde
avoit faits, et que Malherbe avoit seulement r'accommodez. La
parodie en est plaisante ; elle est dans le *Cabinet satirique* [1].

V. Mais à une autre pièce qu'il fit pour ce prince amoureux, il a observé exactement de finir le sens au troisiesme
vers ; c'est :

> Que d'espines, Amour, etc.

X. On voit par une de ses lettres que c'estoit un amoureux
un peu rude. Il a avoué à madame de Rambouillet, qu'ayant
eu soupçon que la vicomtesse d'Auchy (c'est *Caliste* dans ses
Œuvres) aimoit un autre autheur, et l'ayant trouvée seule
sur son lict, il lui prit les deux mains d'une des siennes, et
de l'autre la soufletta jusqu'à la faire crier au secours. Puis
quand il vit que le monde venoit, il s'assit comme si de rien
n'estoit. Depuis il luy en demanda pardon.

Y. Madame de Rambouillet dit qu'elle n'a jamais ouy parler
de *Rodante*, mais qu'un jour Malherbe luy dit : « Ah ! madame,
si vous estiez femme à faire des vers, j'ay trouvé le plus beau
nom du monde en retournant le vostre. » Elle adjouste que
quelque temps après il luy dit qu'il estoit fort en colère contre Racan, qu'il luy avoit volé ce beau nom, et qu'il vouloit
faire une pièce qui commenceroit ainsy :

> Celle pour qui je fis le beau nom d'Artenice,

Afin qu'on sceust que c'estoit luy qui l'avoit trouvée dans

---

1. On la trouvera dans l'édition de Tallemant des Réaux, donnée
par M. Paulin Paris, I, p. 320.

ses lettres. Elle dit que dans cette petite élégie qui commence :

> Et maintenant encore à cet âge penchant
> Où mon peu de lumière est si près du couchant, etc.,

Malherbe vouloit parler d'elle, quand il dit :

> Cette jeune bergère à qui les Destinées
> Sembloient avoir donné mes dernières années, etc.

Elle ma assuré que ce sont les seuls vers qu'il ayt fait pour elle.

Elle m'a conté que Malherbe ne l'ayant pas trouvée, s'estoit amusé un jour à causer chez elle avec une fille, et qu'on tira par hazard un coup de mousquet dont la balle passa entre luy et cette demoiselle. Le lendemain, il revint voir madame de Rambouillet, et comme elle luy faisoit quelque civilité sur cet accident : « Je voudrois, luy dit-il, avoir esté tué de ce coup. Je suis vieux, j'ay assez vescu ; et puis on m'eust peut-estre fait l'honneur de croire que M. de Rambouillet l'auroit fait faire. »

Z. Environ en ce temps-là, son filz fut assassiné à Aix, où il estoit conseiller. Malherbe ne vouloit pas qu'il le fust ; cela luy sembloit indigne de luy. Il ne s'y résolut qu'après qu'on luy eut représenté que M. de Foix, nommé à l'archevesché de Thoulouse, estoit bien conseiller au Parlement de Paris, luy qui estoit allié de toutes les maisons souveraines l'Europe. Voicy comme ce pauvre garçon fut tué. Deux hommes d'Aix ayant querelle prirent la campagne ; leurs amys coururent après ; les deux partis se rencontrèrent en une hostellerie ; chascun parla à l'avantage de son amy. Le filz de Malherbe estoit insolent, les autres ne le purent souffrir ; ils se jettèrent dessus et le tuèrent. Celuy qu'on en accusoit s'appeloit Piles. Il n'estoit pas seul sur Malherbe, les autres l'aidèrent à le despescher. Or on soupçonnoit celuy, pour qui Piles estoit, d'estre de race de juifs ; c'est ce que veut dire Malherbe en un sonnet qu'il a fait sur la mort de son filz.

ZZ. Le bonhomme gagna à ce voyage le mal dont il mourut à son retour à Paris, un peu devant la prise de la Rochelle.

EXTRAITS DIVERS.

Extr. de Tallemant des Réaux (Hist de Senneterre).

Il [le comte de Soissons] avoit eu quelque inclination pour elle [la reine d'Angleterre], fondée sur l'espérance de l'espouser et ce fut pour elle que Malherbe fit, au nom de monsieur le comte, ces vers qui commençoient ainsi :

Ne délibérons plus, allons droit à la mort[1]...

Ext. de Tallemant des Réaux (Hist. de la Vesse d'Auchy).
Il y a des vers de Malherbe pour elle, où il dit :

Amour est dans ses yeux, il y trempe ses dards[2].

Madame de Rambouillet disoit qu'il avoit raison, car ses yeux pleuroient presque toujours, et l'Amour y pouvoit trouver de quoy tremper ses dards tout à son aise...
Comme elle estoit fort vaine, tous les auteurs, et principalement les poëtes, estoient receus à luy en conter. Lingendes fit des vers sur sa voix ; mais il ne faut prendre cela que poétiquement, car elle n'a jamais eu la réputation de bien chanter. Malherbe, nouvellement arrivé à la cour, comme le maistre de tous, estoit le mieux avec elle.

Ex. de Tallemant des Réaux (Hist. de Melle de Gournay).

Elle sçavoit et elle faisoit des vers, mais meschans. Malherbe s'estant mocqué de quelques-uns de ses ouvrages, elle, pour se venger, alla regratter la traduction qu'il avoit faite d'un livre de Tite Live qu'on trouva en ce temps-là, où il avoit traduit : *Fecere ver sacrum* par *ils firent l'exécution du printemps sacré.*

Extr. de Tallemant des Réaux (Historiette de Balzac).

Malherbe dit un jour à Gomberville, à propos des premières lettres de Balzac : « Pardieu ! pardieu ! toutes ces badineries-là me sont venues à l'esprit ; mais je les ay rebuttées. »

Extrait de Balzac (Entretien xxxviii).

Malherbe étoit un des courtisans les plus assidus de ma-

1. V. la pièce XCVI.
2. V. la pièce XXXV.

dame des Loges[1], et la visitoit réglément de deux jours l'un. Un de ces jours-là, ayant trouvé sur la table du cabinet le gros livre du ministre du Moulin contre le cardinal du Perron, et l'enthousiasme l'ayant pris à la seule lecture du titre, il demanda une plume et du papier sur lequel il escrivit ces dix vers :

> Quoique l'auteur de ce gros livre
> Semble n'avoir rien ignoré,
> Le meilleur est tousjours de suivre
> Le prône de nostre curé.
> Toutes ces doctrines nouvelles
> Ne plaisent qu'aux folles cervelles ;
> Pour moi, comme une humble brebis,
> Sous la houlette je me range :
> Il n'est permis d'aimer le change
> Qu'en fait de femmes et d'habits.

Madame des Loges ayant lu les vers de Malherbe, piquée d'honneur et de zèle, prit la même plume, et de l'autre côté écrivit ces autres vers :

> C'est vous dont l'audace nouvelle
> A rejeté l'antiquité,
> Et du Moulin ne vous rappelle
> Qu'à ce que vous avez quitté.
> Vous aimez mieux croire à la mode :
> C'est bien la foi la plus commode
> Pour ceux que le monde a charmés.
> Les femmes y sont vos idoles ;
> Mais à grand tort vous les aimez
> Vous qui n'avez que des paroles.

Extrait de Balzac (*Entretien* XXXVII).

Il disoit les plus jolies choses du monde ; mais il ne les disoit point de bonne grâce, et il étoit le plus mauvais recitateur de son temps[2]. Nous l'appelions l'anti-mondory. Il gâtoit ses beaux vers en les prononçant ; outre qu'on ne l'entendoit presque pas, à cause de l'empêchement de sa langue

---

1. La même anecdote est racontée par Tallemant des Réaux. Mais Ménage attribue à Racan et à Gombaud les vers que Balzac et Tallemant prêtent à Malherbe et à madame des Loges.

2. Aussi, dans le cercle de la reine, il ne lisait pas lui-même ses vers ; il les faisait lire. Il s'établissait dans un coin où il ne pouvait pas toujours maitriser ses mouvements d'impatience. Voyez page XLIV.

et de l'obscurité de sa voix. Il crachoit pour le moins six fois en récitant une stance de quatre vers, et ce fut ce qui obligea le cavalier Marin à dire de lui qu'il n'avoit jamais vu d'homme plus humide ni de poëte plus sec [1].

Extrait de Balzac (Entretien xviii).

Malherbe se piquoit extraordinairement de noblesse; et ce n'est pas sans peine qu'il consentit à traiter pour son fils d'un office de conseiller au parlement de Provence. Ses amis lui représentèrent en cette occasion que M. de Foix, nommé à l'archevêché de Toulouse, étoit auparavant conseiller au parlement de Paris; et qu'après un gentilhomme parent des rois, et allié de toutes les maisons souveraines de l'Europe, le fils d'un gentilhomme de Caen, quoique de la race de ceux qui suivirent en Angleterre Guillaumme le Conquérant, pouvoit sans scrupule exercer une charge de conseiller: cet exemple le décida.

Extrait de Balzac (Entretien xxxvii).

On lui parla d'accomodements [2], et un conseiller de Provence, son ami particulier, lui porta paroles de dix mille écus; il en rejeta la proposition, et nous dit l'après-dinée ce qui s'étoit passé le matin, entre lui et son ami. Mais nous leur fîmes considerer que la vengeance qu'il désiroit étant apparemment impossible, à cause du crédit que sa partie avait à la cour, qu'il ne devoit pas refuser cette légère satisfaction qu'on lui présentoit que nous appelâmes:

Solatia luctus
Exigua ingentis, misero sed debita patri.

« Hé bien! dit-il, je croirai vostre conseil, je pourrai prendre de l'argent puisqu'on m'y force: mais je proteste que je ne garderai pas un teston pour moy de ce qu'on me baillera: j'employerai le tout à faire bastir un mausolée à mon filz. » Il usa du mot de *mausolée*, au lieu de celui de tombeau, et fit le poëte partout.

1. Rapportée aussi par Tallemant des Réaux, qui ajoute que « à cause de sa crachotterie il se mettoit tousjours auprès de la cheminée. »
2. Au sujet des meurtriers de son fils. La même anecdote dans Tallemant des Réaux.

Extrait de Balzac (Socrate chrétien).

Vous vous souvenez du vieux pédagogue de la cour qu'on appeloit autrefois le tyran des mots et des syllabes, et qui s'appeloit lui-même, lorsqu'il étoit en belle humeur, le grammairien en lunette et en cheveux gris. N'ayons point dessein d'imiter ce que l'on conte de ridicule de ce vieux docteur. Notre ambition se doit proposer de meilleurs exemples. J'ai pitié d'un homme qui fait de si grandes affaires entre *pas* et *point* ; qui traite l'affaire des participes et des gérondifs comme si c'étoit celle de deux peuples voisins l'un de l'autre et jaloux de leurs frontières. Ce docteur en langue vulgaire avoit accoutumé de dire que depuis tant d'années il travailloit à dégasconner la cour et qu'il n'en pouvoit venir à bout. La mort l'attrapa sur l'arondissement d'une période, et l'an climatérique l'avoit surpris délibérant si *erreur* et *doute* étoient masculins ou féminins. Avec quelle attention vouloit-il qu'on l'écoutât quand il dogmatisoit de l'usage et de la vertu des particules ?

Extrait de mademoiselle de Gournay [1].

O que bien étoit payé de sa defférence et soubmission à cette docte parcelle de la cour celuy qui, faisant lire au cercle du cabinet royal une pièce parlant à la Renommée qu'elle louoit de ses veilles continues, oyoit trente belles bouches sonner ce mot de haut prix aux oreilles d'une grande princesse : « Mon Dieu, Madame, qu'il vous connoist bien ! vous ne dormez guères. » Il battoit du pied tout enflammé de furie à trois pas de là, grommelant d'un ton le plus aspre qu'il pouvoit sans estre ouy de telles panégiristes : « Foin des bêtes ! » Mais quelle bestise devoit-il plus accuser que la sienne de chercher, comme il faisoit sur tous, la visée et la touche de son art poétique en tels lieux ?

Extrait de Pelisson (Hist. de l'Académie).

Malherbe tenoit pour maxime que les adjectifs terminés en *e* masculin ne devoient jamais estre mis devant un substantif, mais après ; qu'on pouvoit dire : *Ce redoutable monarque*,

1. *Les Advis ou les Presens de la demoiselle de Gournay*, Paris, 1641, p. 421, dans le chapitre intitulé : *Défense de la poésie et du langage des poëtes*. Il s'agit de la pièce LVII : « Nymphe qui jamais ne sommeilles... »

mais non *ce redouté monarque*. J'ay souvent ouy dire à M. de Gombaud qu'avant qu'on eust encore fait cette reflexion, M. de Malherbe et luy se promenant ensemble un jour, et parlant de certains vers de mademoiselle Anne de Rohan où il y avoit :

Quoy! faut-il que Henry, ce redoubté monarque...

M. de Malherbe asseura plusieurs fois que cette fin lui desplaisoit, sans qu'il pust dire pourquoy : que cela l'obligea d'y penser avec attention, et que sur l'heure, en ayant descouvert la raison, il la dit à M. de Malherbe qui en fut aussy aise que s'il eust trouvé un trésor, et en forma depuis cette règle générale[1].

Extrait de Segrais :

Madame de Rambouillet avoit pour lui beaucoup d'estime : « Il parle peu, disoit-elle ; mais il ne dit rien qui ne mérite d'être écrit. »

Extrait du recueil de Moisant de Brieux.

Un jour que Malherbe se promenoit à Caen avec M. le Picard, conseiller au baillage de cette ville, un pauvre vient à passer et leur demanda l'aumône. Malherbe, qui avoit l'âme assez tendre, et qui étoit charitable, le rebuta en disant : « Voyez-vous bien ce coquin ; il est velu depuis la plante des pieds jusqu'au sommet de la tête, velu par le cou, velu par les bras et les mains, velu par les jambes, velu par tout le corps : *Ergo aut robustus, aut dives, aut lascivus* ; s'il est fort, qu'il travaille ; s'il est riche, il n'a besoin de rien ; s'il est libertin, je ne dois pas fournir à ses débauches. »

1. Rapporté aussi par Ménage.

EXTRAITS

DES

LETTRES DE MALHERBE

RELATIFS A SES POÉSIES

PIÈCE XIII

Lettre à Peiresc, du 10 octobre 1606 :

« Je n'écrirai point à M. du Périer jusques à ce que j'aye parlé à lui, ou que *les Muses ralliées*[1] soient imprimées. Il verra ici que je suis son serviteur de cœur et d'âme. »

Lettre à Peiresc, du 9 novembre 1606 :

« M. du Périer, avec votre congé, trouvera ici une très-affectionnée prière que je lui fais de m'aimer toujours; mais que *les Muses ralliées* soient imprimées, je me souviendrai de ce que je lui ai promis, et lui écrirai. »

Lettre à Peiresc, du 17 décembre 1606 :

« M. du Périer, avec votre congé, verra ici que je suis toujours son affectionné serviteur... Je lui écrirai par le pre-

---

1. C'est le sous-titre du recueil intitulé : *Parnasse des plus excellents poëtes de ce temps.*, dans lequel parut la pièce XIII.

mier, et lui envoyerai *les Muses ralliées*, là où il verra la pièce qu'il désire; cependant il m'aimera toujours s'il lui plaît. »

Lettre à Peiresc, de janvier 1607 :

« *Les Muses ralliées* ne sont point encore achevées; il y aura deux grands tomes : dites-le, s'il vous plaît, à M. du Périer, car j'ai oublié de le lui écrire et sa lettre est fermée. »

Lettre à Peiresc, du 12 novembre 1607 :

« Je vous envoye... *les Muses ralliées* et une douzaine de manchettes, comme vous m'avez écrit. »

PIÈCE XVII

Voy. pièce LXVII.

PIÈCE XIX

Lettre à madame la princesse douairière :

« Ne pouvant mieux faire, je vous apporte l'offrande d'un chétif sonnet que je fis tout aussitôt que je sus qu'au lieu de revenir par deçà, vous tourniez le visage vers la Provence. Il vous sera peut-être rendu trop tard; mais le principal est qu'il vous fasse croire que je mets la gloire de votre nom entre les plus dignes sujets où je me saurois employer. »

PIÈCE XXII

Lettre à Peiresc, de février 1606 :

« Monsieur, lundi au soir, M. le Grand me commanda de faire des vers pour les dames. Je fis ce que je pus pour m'en excuser, mais il n'y eut ordre. Vous pouvez penser si un homme qui a mauvaises jambes, comme j'ai, peut faire beaucoup de chemin en si peu de temps. J'en fis pourtant, car il fallut obéir; mais ce furent des vers de nécessité : ils ne laissèrent pas d'être loués; le mal est que je ne les loue pas

e

et que je ne veux pas qu'on les voye. Toutefois, pour ce que je ne vous saurois rien nier, vous les aurez sitôt que j'aurai le moyen de les écrire. »

PIÈCES XXI ET XXIII

Lettre à Peiresc, du 15 octobre 1606 :

« Vous verrez bientôt près de quatre cents vers que j'ai faits sur le roi. J'y suis fort embesogné, parce qu'il m'a dit que je lui monstre que je l'aime et qu'il me fera du bien. *Vedremo qual che ne seguira* [1]. »

Lettre à Peiresc, du 17 décembre 1606 :

« Mes vers sont faits, mais ils ne sont pas encore présentés : il y a deux pièces, l'une médiocre et l'autre bonne, et si bonne que je ne fis jamais rien de si bien; vous les aurez par le premier. »

Lettre à Peiresc, du 2 janvier 1607 :

« Je vous envoye demie douzaine de copies [2] de mes vers; il y en aura, s'il vous plaît, une pour M. le président de la Ceppède, l'autre pour M. de Saint-Cannat, et la troisième pour M. du Périer. Je ne doute point que vous n'aimiez l'ouvrage, car je sais trop comme vous aimez l'ouvrier. » — *P. S.* « Monsieur, depuis ma lettre écrite, je me suis avisé de publier davantage mes folies et les faire voir à plus grand nombre de mes amis; vous en verrez les noms écrits au dos de chaque copie. Je ne les ai point fait relier, afin que le port en fut plus aisé. »

PIÈCES XXVII ET XXVIII

Lettre à Peiresc, du 28 juillet 1607 :

« Monsieur, je suis lassé d'écrire; voilà pourquoi voulant envoyer deux sonnets à Monsieur le premier président et à

---

1. « Nous verrons ce qui en adviendra. »
2. *Copies* signifie ici *exemplaires*.

vous, je n'en ai fait qu'une copie, vous la lui baillerez, s'il vous plaît, et en ferez faire une pour vous, si vous jugez qu'ils le vaillent. Adieu, Monsieur, excusez ma poltronnerie. »

Lettre à Peiresc, du 25 mai 1608 :

« Je vous envoye un méchant sonnet que je donnai au roi, lequel il estima plus que son mérite; vous le ferez voir, s'il vous plaît, à Monsieur le premier président. Je suis trop pressé pour en faire plus d'une copie, ni pour vous écrire davantage. »

PIÈCE XXIX

Lettre à Peiresc, du 8 mars 1608 :

« Nous n'avons ici rien de nouveau, car la mort de M. de Montpensier est déjà vieille; elle a empêché Monsieur le dauphin de danser un ballet, combien qu'il fut venu exprès ici pour cela. Le roi en eut le plaisir à Saint-Germain le soir du premier jeudi de carême; et certainement, sans cajolerie, ceux qui y étoient présents disent que de bien grandes personnes eussent été fort empêchées de s'en acquitter si dignement. Les personnages du ballet étoient Monsieur le dauphin, Madame, M. le chevalier de Vendôme, mademoiselle de Vendôme, M. et mademoiselle de Verneuil, et quatre ou cinq autres petits garçons de leur âge. »

PIÈCE XXXVI

Lettre à Caliste[1], du 24 mai 1608 :

« J'avois commencé des vers quand vous partîtes d'ici, pour vous témoigner le déplaisir que j'en avois. Je suis après de les achever, et les vous envoyerai tout aussitôt, avec le plus bel air du monde, qui y est déjà fait. »

1. C'est la vicomtesse d'Auchy. M. Lalanne croit qu'il s'agit de la pièce XXXIV.

PIÈCES XXXVIII ET XXXIX

Lettre à Caliste :

« A cette heure que la résolution est prise de demeurer encore dix ou douze jours en ce malheureux lieu[1] (je parle selon le compte ordinaire, car selon le mien ce seront dix ou douze siècles), il est temps, Madame, de vous faire connoître de quelle âme je veux religieusement obéir au commandement qu'il vous a plu me faire de me souvenir de vous. Cette lettre vous en va porter le témoignage, qui vous sera confirmé par les vers qui l'accompagnent. Je les commençai samedi au soir, et les achevai le lendemain à la même heure. La journée où je les fis, qui étoit la Pentecôte, me feroit volontiers dire que cette diligence extraordinaire fut un miracle que le Saint-Esprit voulut que je fisse à la gloire de votre nom. Mais je sais bien que vous aimez mieux mériter des louanges que les recevoir ; et puis en des effets dont l'amour peut être cause, je me ferois tort de la rechercher ailleurs. Vous jugerez qui sera le meilleur de ces ouvrages. Pour moi, je donne ma voix à celui qui aura la vôtre, étant bien raisonnable que puisque je les ai faits pour vous plaire, je fasse plus d'honneur à celui qui aura plus près approché de mon intention. Nos goûts ne s'accordent pas toujours en prose, je ne sais ce qu'ils feront en rime. »

PIÈCES XLV, XLVII, XLVIII, XLIX, L, LI

Lettre à Peiresc, du 2 *février* 1609 :

« Je ne vous mande rien du ballet de la reine, pource que je me connois fort peu aux descriptions de telles choses ; et sans le commandement que la reine me fit de le voir je ne fusse pas sorti de mon logis. Tant y a que je suis extrêmement aise de l'avoir vu, pource que le désespoir de voir jamais rien de si beau ni de si magnifique me dégoûtera de me travailler plus en semblables occasions... Je vous viens de

---

1. Fontainebleau.

dire que la reine m'avoit commandé de voir son ballet : à cette heure même, Leurs Majestés m'ont envoyé querir pour m'en demander mon avis. Vous pouvez penser que je n'ai pas fait le froid à le louer, comme certainement cela a fait perdre l'envie de faire des ballets, et y en avoit tout plein de couvés qui n'écloront point. Le roi m'a entretenu de quelque autre galanterie dépendante du ballet [1], qui étoit la vraie occasion pourquoi il m'a envoyé querir exprès par un garçon de la chambre, et le ballet n'a servi que de prétexte. »

PIÈCE XLVI

Lettre à Peiresc, du 21 mars 1609 :

« Marc-Antoine [2] vous fera voir des vers que j'ai faits pour le ballet de Madame. Il se doit danser à Saint-Germain de jeudi prochain en huit jours. »

PIÈCES XLVIII ET XLIX

Lettre à Peiresc, du 19 octobre 1609.

« Marc-Antoine vous fera voir des vers que j'ai faits pour le roi : il les a si extrêmement loués, que je crains qu'il ne pense que nous soyons quittes : ce n'est pas là comme je l'entends ; car s'il trouve des vers qu'il m'a commandés de nouveau aussi bons que les précédents, je suis résolu de lui parler de grille [3], c'est-à-dire d'une pension. Il m'a tant de fois dit qu'il me veut faire du bien, que je crois qu'il ne s'offensera point de ma requête, et puis je la ferai accompagner de la recommandation de la reine, et en ma présence, afin que je sache à qui avoir l'obligation du succès. »

1. Des vers qu'il désirait pour madame de Montmorency.
2. C'est le fils de Malherbe.
3. Paraphe en forme de grille dont les secrétaires du roi faisaient précéder leur signature.

e.

PIÈCE XLIX[1]

Lettre à Peiresc, du 28 octobre 1609 :

« J'ai donné ce soir des vers au roi : M. de Valavez en veut être le porteur, sans cela vous les eussiez eus par ce messager. »

Lettre à Peiresc, du 5 janvier 1610 :

« Je n'écris point à Monsieur le premier président, pource que je me suis retiré trop tard. Vous m'excuserez, s'il vous plaît, en son endroit, et lui ferez voir les vers que je vous envoye. Le sujet vous apprendra pour qui ils sont faits. Ils ont été extrêmement agréables et m'ont fait renouveler force belles promesses : Dieu sait quand j'en verrai quelque effet. »

PIÈCE L

Lettre à Peiresc, du 12 *février* 1610 :

« Vous m'avez vu, ce me semble, quelques couplets d'une méchante chanson que j'avois commencé à faire sur un air que m'avoit baillé M. le marquis d'Oraison. A cette heure que je l'ai achevée, je vous prie, Monsieur, me faire ce bien de prier monsieur le marquis, de votre part et de la mienne, de vous en donner l'air et me l'envoyer par le premier, et tout aussitôt je vous envoyerai les paroles ; j'y ferai mettre ici un autre air, et nous retiendrons le meilleur. La chanson commençoit :

> Infidèle mémoire,
> Pourquoi fais-tu gloire
> De me faire entrevoir
> Une saison prospère,
> Que je désespère
> De jamais plus revoir ?...

1. Cf. la lettre relative à la pièce LXVII.

PIÈCES L, ET LI

Lettre à Peiresc, du 18 février 1610 :

« Il [le roi] m'a commandé ce soir de lui faire une élégie : je me vais mettre après. Je lui ai baillé la chanson pour laquelle je vous avois prié de m'envoyer un certain air sur lequel j'ai pris ma mesure. Je vous fais encore la même prière : ce sera pour le comparer avec celui que Guesdron y fera ; car le roi l'a envoyé querir à l'heure même qu'il a eu lu mes vers, et lui a dit qu'il vouloit qu'il y travaillât dès ce soir. »

Lettre à Peiresc, du 24 mars 1610 :

« Je viens de recouvrer l'air qu'a fait M. Guesdron sur la chanson dont il est question. Je ne m'y connois pas ; mais tout le monde le trouve fort bon, et surtout le roi. Vous en ferez le jugement, et madame d'Oppède, qui lui fera bien de l'honneur de le faire passer par un si beau canal comme le sien. Je suis son très-humble serviteur, et lui baise très-humblement les mains. »

PIÈCE LI

Lettre à Peiresc, du 24 mars 1610 :

« Je ne vais point au Louvre, depuis que le roi m'eut commandé de lui faire une élégie. Je n'irai qu'elle ne soit faite, cela s'appelle jusques à Pâques. »

PIÈCES LII ET LIII

Lettre à Peiresc, du 23-25 mars 1610 :

« Mademoiselle de Conty est décédée et a laissé Monsieur le prince, son père, fort affligé ; car ce pauvre père ne bougeoit d'auprès du berceau : c'étoit, à ce que l'on dit, la plus belle et la plus grande enfant qui se pouvoit voir ; elle est décédée en l'abbaye de Saint-Germain, où elle fut portée aussitôt qu'elle naquit. Madame la princesse avoit résolu d'y faire sa couche, et y avoit tout fait préparer pour cet effet ; mais elle fut surprise de son accouchement dans le Louvre, où elle est encore à cette heure ignorante de l'inconvénient qui lui est arrivé. »

PIÈCE LVI

Lettre à Peiresc, du 9 août 1610 :

« Nos crieurs de livres ne nous tourmentent que d'oraisons funèbres, qui naissent comme champignons en une nuit... Pour les vers, vous avez reçu par M. de Valavez tout ce qui s'en est vu par deçà ; j'en dirai ma ratelée après les autres, mais ce sera assez tôt si assez bien. »

PIÈCE LVII

Lettre à Peiresc, du 23 décembre 1610 :

« Je vous envoye des vers que j'ai donnés à la reine ; ils sont au goût de toute cette cour [1], je désire qu'ils soient au vôtre : s'ils produisent quelque chose de bon pour moi, ils seront au mien ; jusque-là je tiendrai mon jugement suspendu. »

PIÈCE LXIV

Lettre à Peiresc, du 14 juin 1612 :

« Si vous écrivez à M. le président de la Ceppède, je vous prie de l'assurer qu'il aura les vers qu'il désire de moi, lorsque vous lui envoyerez la première feuille de son livre, c'est-à-dire dans un mois. »

1. V. ci-dessus l'anecdote extraite de mademoiselle de Gournay.

PIÈCE LXVII

Lettre à Peiresc, du 21 avril 1614 :

« Il y a trois ou quatre jours que j'envoyai la paraphrase d'un psaume à M. de Valavez : je crois qu'il la vous aura envoyée. »

Lettre à Peiresc, du 3 mai 1614 :

« Je crois que M. de Valavez vous aura fait voir une traduction que j'ai faite du psaume CXXVIII : *Sæpe expugnaverunt me a juventute mea.* Voilà pourquoi je gratifierai ma paresse en cette occasion, avec votre congé. Il y a dix ou douze jours que je la donnai au roi et à la reine. La reine, après l'avoir lue, commanda à madame la princesse de Conty de la lire tout haut. Cela fait, la reine me dit : « Malherbe, « approchez-vous ; » et me dit tout bas à l'oreille : « Prenez « un casque. » Je lui répondis que je me promettois qu'elle me feroit mettre en la capitulation ; là-dessus elle se mit à rire, et me dit qu'elle le feroit. » — *P. S. :* On a fait un air au psaume dont il est question, et en a-t-on fait un à un autre psaume que j'ai fait autrefois : *Domine, Dominus noster, quam admirabile est nomen tuum in universa terra!* et aussi à une chanson que j'avois faite pour le feu roi :

Que d'épines, Amour, accompagnent tes roses !

Quand je les aurai recouverts, je vous les ferai tenir pour les bailler au page de M. le premier président. »

PIÈCE LXVIII

Lettre à M***, du 29 mars 1613 :

« Je ne vous envoie pas de vers, pource que je n'en ai point fait de nouveaux. Ceux que j'avois commencés pour la reine sont encore sur le métier. Ma paresse est telle que vous la connoissez ; et outre cela la fortune lui baille toujours quelque divertissement, qui ne sauroit être si petit que je n'y trouve une excuse fort raisonnable de me reposer. Quand ils seront faits, je vous jure que le premier hors de cour qui les aura, ce sera vous, comme celui de qui je veux honorer et estimer l'amitié autant que de personne qui m'y ait jamais obligé. »

PIÈCE LXXXI

Lettre à Racan, du 4 novembre 1623 :
« Je ne vous envoie point de vers. Ils sont faits et baillés, mais il y a défense de les faire voir, par dessus laquelle je ne veux passer que vous ne soyez ici. Il n'y a que sept stances de six vers, de la mesure de ce premier couplet que j'avois fait pour Montauban. »

PIÈCE XCIX

Lettre à M. du Bouillon-Malherbe, du 28 février 1624 :
« Je vous envoie demi-douzaine de copies d'un sonnet que je donnai au roi il y a cinq ou six jours. Vous en donnerez, s'il vous plaît, une à M. d'Escageul, et l'autre à M. Patris. Des autres, vous en ferez ce que bon vous semblera. L'effet qu'il a eu, ç'a été cinq cents écus que le roi m'a donnés par acquit patent, où j'ai été si favorablement traité, que M. de Champigny, qui l'a contrôlé, l'a voulu envoyer lui-même, par M. des Noyers, son neveu, à M. le garde des sceaux, qui tout aussitôt l'a scellé avec toutes sortes d'éloges, à ce que m'a dit M. des Noyers. »

PIÈCE CIII

Lettre à Racan, du 17 août 1626 :
« Voilà comme j'ai toujours vécu avec les femmes ;

Et maintenant encore en cet âge penchant, etc.

Vous savez trop bien que c'est que de vers pour ne connoître pas que ceux-là sont de ma façon. Si vous en goûtez la rime, goûtez-en encore mieux la raison. »

PIÈCE CVII

Lettre à Peiresc, du 19 décembre 1626 :

« Monsieur le cardinal m'a promis toute sorte de faveur ; vous pouvez penser si j'en dois espérer bonne issue. Sitôt que j'en serai hors, je m'en vais lui rendre en rime ce qu'il m'aura prêté en prose. Je suis vieil, et par conséquent contemptible aux Muses qui sont femmes ; mais en son nom je crois que je ne leur demanderai rien qu'elles ne m'accordent. Quoique je dis et que j'écrive de lui, je pourrai bien le satisfaire, mais moi jamais. Je lui donnai, il y a environ un mois ou cinq semaines, un sonnet que je vous envoye ; vous m'en direz votre avis. »

PIÈCE CXI

Lettre à M. du Bouillon-Malherbe, du 22 décembre 1627 :

« Vous aurez dans quinze ou vingt jours, Dieu aidant, cent ou six vingts vers que je vois envoyer au roi. Ils lui seront présentés par M. le cardinal de Richelieu, que vous croyez bien qui n'y sera pas oublié. »

Lettre au roi, du commencement de 1628 :

« Sire, les bons sujets sont à l'endroit de leur prince comme les bons serviteurs à l'endroit de leur maîtresse. Ils aiment ce qu'il aime, veulent ce qu'il veut, sentent ses douleurs et ses joies, et généralement accommodent tous les mouvements de leur esprit à ceux de la passion. Pour témoigner à Votre Majesté que je suis de ce nombre, je lui envoie des vers que j'ai faits en l'occasion qui se présente. Si je la pouvois servir de ma vie, je la supplie très-humblement de croire que je l'y contribuerois du même cœur que je fais ce malheureux petit ouvrage. »

Lettre à M. le cardinal de Richelieu, du commencement de 1628 :

« Je vous envoie des vers que j'ai faits pour Sa Majesté, où j'ai fait quelque mention de vous, petite à la vérité, autant pour votre mérite comme pour mon désir. Mais par cet ouvrage, Monseigneur, vous jugerez de quoi je suis capable. J'ai deux grands ennemis : l'extrémité de ma vieillesse et le malheur de ma constellation. Pour le premier, il est sans remède ; pour le second, toute mon espérance est en votre protection. »

PIÈCES CXI ET CXII

Lettre à Peiresc, du 3 avril 1628 :

« Vous me dites que si l'imprimeur qui a imprimé mes vers en eût eu encore des exemplaires, vous ne m'en eussiez pas demandé : ce n'est pas, ce me semble, vivre avec moi comme veut celui que je vous suis. Je vous envoye une dernière douzaine d'exemplaires, mais c'est d'une impression faite sans mon sçu et sans mon aveu. Je m'en suis, au commencement, offensé à bon escient ; mais à cette heure que je suis au bout de trois cent cinquante exemplaires que j'avois fait faire, je suis bien aise que cette commodité se soit offerte de satisfaire à mes amis qui en désirent avoir. Je promis hier au roi d'en faire sur la prise de la Rochelle ; mais je vous jure que j'en ferai faire douze ou quinze cents exemplaires, et avec privilége, afin que je ne retombe en ce déplaisir que j'ai eu de voir les fautes faites en cette dernière impression. »

POÉSIES
DE
F. MALHERBE

I

SUR LE PORTRAIT D'ÉTIENNE PASQUIER

PEINT SANS MAINS, EN 1585, PAR JEAN DOVY

ÉPIGRAMME

1585

Il ne faut qu'avec le visage
L'on tire tes mains au pinceau :
Tu les montres dans ton ouvrage,
Et les caches dans le tableau.

1. — Le portrait de l'auteur des *Recherches de la France* inspira beaucoup de vers grecs, latins, français, italiens et provençaux, réunis en 1584 sous ce titre : *la Main, ou Œuvres poétiques faites sur la main d'Étienne Pasquier*. Ce fut à l'occasion de ce volume que Malherbe composa ce quatrain. Henri d'Angoulême, grand prieur de France et gouverneur de Provence, l'envoya à Pasquier, accompagné de deux autres quatrains, dont l'un était de lui, et d'une lettre datée d'Aix, le 8 juillet 1585. *La Main*, augmentée de seize pièces, parut en 1610, à la suite de *la Jeunesse d'Étienne Pasquier*. En 1666, Ménage inséra ce quatrain dans son édition de Malherbe.

2. — *Tirer*, tracer, représenter.

II

A MONSIEUR PERRACHE

SONNET

1585

Le guerrier qui, brûlant, dans les cieux se rendit,
De monstres et de maux dépeupla tout le monde,
Arracha d'un taureau la torche vagabonde,
Et sans vie à ses pieds un lion étendit ;

Antée dessous lui la poussière mordit, 5
Inégal à sa force à nul autre seconde,
Et l'Hydre, si souvent à renaître féconde,
Par un coup de sa main les sept têtes perdit.

De tout ce qui troubloit le repos de la terre
Le Berlan seulement fut exempt de sa guerre, 10
N'osant pas sa vertu poursuivre ce bonheur.

II. — Ce sonnet, signalé par M. Éd. Fournier, dans *l'Artiste* du 15 septembre 1850, fut joint aux œuvres de Malherbe, en 1862 (*Notice bibliographique*, p. cxii). Il se trouve, avec d'autres pièces, en tête d'un ouvrage publié, à Paris, en 1585 et en 1587, et intitulé : *le Triomphe du Berlan, où sont déduites plusieurs des tromperies du jeu et par le repentir sont montrez les moyens d'éviter le pesché*, par le capitaine I. Perrache, gentilhomme provençal.

3. — Le taureau de Crète qui soufflait du feu par les naseaux.

5. — Dans le mot *Antée* l'e muet compte pour une syllabe. C'est le seul exemple qu'il y ait dans Malherbe de cette licence si fréquente avant lui.

10. — *Berlan, brelan*. Exemple de cette double prononciation, signalée par Chifflet. Voir, dans Littré, l'historique du mot.

Perrache qui s'émeut d'une sainte colère,
L'attaque, le combat, et remporte l'honneur
D'avoir fait un travail qu'Alcide n'a su faire.

III

A UNE DAME DE PROVENCE

STANCES

1586

Si des maux renaissants avec ma patience
N'ont pouvoir d'arrêter un esprit si hautain,
Le temps est médecin d'heureuse expérience;
Son remède est tardif, mais il est bien certain.

Le temps à mes douleurs promet une allégeance, 5
Et de voir vos beautés se passer quelque jour ;
Lors je serai vengé, si j'ai de la vengeance
Pour un si beau sujet pour qui j'ai tant d'amour.

Vous aurez un mari sans être guère aimée,
Ayant de ses désirs amorti le flambeau ; 10
Et de cette prison de cent chaînes fermée
Vous n'en sortirez point que par l'huis du tombeau.

III. — Saint-Marc a publié ces stances d'après *le Temple d'Apollon* (1611) et M. Lalanne a suivi le texte donné par *le Cabinet des Muses* (1619).

3. — Ronsard, *Odes*, I, x, a appelé les vers des « médecins enchantés. »

12. — *Huis*, porte; vieux mot français, conservé dans quelques locutions.

Tant de perfections qui vous rendent superbe,
Les restes d'un mari, sentiront le reclus ;
Et vos jeunes beautés flétriront comme l'herbe   15
Que l'on a trop foulée et qui ne fleurit plus.

Vous aurez des enfants des douleurs incroyables,
Qui seront près de vous et crieront à l'entour ;
Lors fuiront de vos yeux les soleils agréables,
Y laissant pour jamais des étoiles autour.   20

Si je passe en ce temps dedans votre province,
Vous voyant sans beautés et moi rempli d'honneur,
Car peut-être qu'alors les bienfaits d'un grand prince
Marieront ma fortune avecque le bonheur,

Ayant un souvenir de ma peine fidèle,   25
Mais n'ayant point à l'heure autant que j'ai d'ennuis,
Je dirai : Autrefois cette femme fut belle,
Et je fus autrefois plus sot que je ne suis.

14. — *Le reclus*, le renfermé.

15. — [Cette image est bonne ; on peut la polir avec succès. Il vaut mieux l'employer en métaphore qu'avec l'attirail d'une comparaison. *Vos jeunes beautés* est charmant. Remarquez *flétrir* au neutre pour *se flétrir*. A. Chénier.] C'est en métaphore et sans l'attirail d'une comparaison qu'avant Malherbe Villon avait employé cette image dans la *Ballade à s'amye* :

> Ung temps viendra qui fera desseicher,
> Jaulnir, lestrir, vostre espanie fleur.

Cf. A. Chénier, *Élégies*, II, viii, 52. — L'édit. de 1862, au lieu de *flétriront* donne *floriront* qui n'offre aucun sens.

22. — Ed. 1862 : « Sans beauté » ; le texte suivi par Saint-Marc est préférable et justifié par les vers 6 et 15.

23. — Henri d'Angoulême, fils naturel de Henri II, grand prieur de France et alors gouverneur de Provence, mort à Aix, le 2 juin 1586.

26. — *A l'heure*, alors ; voy., dans Littré, l'étymologie *d'alors*.

27. — Hiatus.

28. — Ed 1862 : « D'autres fois. »

IV

LES LARMES DE SAINT PIERRE

IMITÉES DE TANSILLE

AU ROI HENRI III

1587

Ce n'est pas en mes vers qu'une amante abusée
Des appas enchanteurs d'un parjure Thésée,
Après l'honneur ravi de sa pudicité,
Laissée ingratement en un bord solitaire,
Fait de tous les assauts que la rage peut faire   5
Une fidèle preuve à l'infidélité.

IV. — Le poëme de Luigi Tansillo parut à Venise en 1560; mais l'édition définitive, très-augmentée (le poëme a 15 à 16 chants), est de 1585. L'imitation faite par Malherbe fut publiée en 1587, puis en 1596 et 1598 et ensuite dans différents recueils. Sur la description des différentes éditions et sur les autres imitations qui furent faites du poëme italien voyez surtout Saint-Marc, p. 419-421. La CLX° lettre de Costar à la marquise de Lavardin est consacrée au poëme de Malherbe. Dans l'éd. de 1862, tome I, p. 321, se trouvent les stances du Tansille imitées par le poëte français. [Quoique le fond des choses soit détestable dans ce poëme, il ne faut point le mépriser. La versification en est étonnante. On y voit combien Malherbe connaissait notre langue, et était né à notre poésie; combien son oreille était délicate et pure dans le choix et l'enchaînement de syllabes sonores et harmonieuses, et de cette musique de ses vers qu'aucun de nos poëtes n'a surpassée. A. CHÉNIER.] Sainte-Beuve, empruntant à Ménage une très-heureuse expression, a porté le même jugement : « A part l'affectation et l'enflure, dit-il, il y a déjà dans cette œuvre de jeunesse un éclat d'images, une fermeté de style et une gravité de ton qui ne pouvait appartenir qu'à la jeunesse de Malherbe. »

6. — Corneille, dans *Cinna*, IV, III, a dit, ce que blâme Voltaire :

Rends un sang infidèle à l'infidélité.

Comparez avec Molière, *Misanthrope*, III, VII. Les oppositions ou

Les ondes que j'épands d'une éternelle veine
Dans un courage saint ont leur sainte fontaine ;
Où l'amour de la terre et le soin de la chair
Aux fragiles pensers ayant ouvert la porte, 10
Une plus belle amour se rendit la plus forte,
Et le fit repentir aussitôt que pécher.

Henri, de qui les yeux et l'image sacrée
Font un visage d'or à cette âge ferrée,
Ne refuse à mes vœux un favorable appui ; 15
Et si pour ton autel ce n'est chose assez grande,
Pense qu'il est si grand, qu'il n'auroit point d'offrande
S'il n'en recevoit point que d'égales à lui.

La foi qui fut au cœur d'où sortirent ces larmes
Est le premier essai de tes premières armes, 20
Pour qui tant d'ennemis à tes pieds abattus,
Pâles ombres d'enfer, poussières de la terre,
Ont connu ta fortune, et que l'art de la guerre
A moins d'enseignements que tu n'as de vertus.

De son nom de rocher, comme d'un bon augure, 25
Un éternel état l'Église se figure ;
Et croit, par le destin de tes justes combats,

---

les répétitions de mots abondent dans cette pièce de Malherbe. Voy.
les vers 8, 20, 95, 138, 155, 165, 179, 242, 252, 297, 566, 596.

14. — *Age* au féminin, comme souvent encore au commencement du dix-septième siècle (Littré); voy. v. 157. Partout autre part, dans ses poésies, il l'a fait du masculin. — *Ferrée*, de fer, *ferreus*. Ronsard a dit, *Odes*, I, xix : « Les enclumes ferrées. »

22. — Ed. 1862 : « Poussière... » Saint-Marc remarque que toutes les éditions avant 1650 donnent le pluriel.

Que ta main relevant son épaule courbée,
Un jour, qui n'est pas loin, elle verra tombée
La troupe qui l'assaut et la veut mettre bas.   30

Mais le coq a chanté pendant que je m'arrête,
A l'ombre des lauriers qui t'embrassent la tête,
Et la source déjà commençant à s'ouvrir,
A lâché les ruisseaux qui font bruire leur trace,
Entre tant de malheurs estimant une grâce,   35
Qu'un monarque si grand les regarde courir.

Ce miracle d'amour, ce courage invincible,
Qui n'espéroit jamais une chose possible
Que rien finît sa foi que le même trépas,
De vaillant fait couard, de fidèle fait traitre,   40
Aux portes de la peur abandonne son maitre,
Et jure impudemment qu'il ne le connoît pas.

A peine la parole avoit quitté sa bouche,
Qu'un regret aussi prompt en son âme le touche;
Et mesurant sa faute à la peine d'autrui,   45
Voulant faire beaucoup, il ne peut davantage
Que soupirer tout bas, et se mettre au visage
Sur le feu de sa honte une cendre d'ennui.

Les arcs qui de plus près sa poitrine joignirent,
Les traits qui plus avant dans le sein l'atteignirent,   50

28. — [Puisse prêter l'épaule au monde chancelant,
a dit le grand Corneille par une image différente dans *la Mort
de Pompée* (I, 1). A. Chénier.]
30. — La troupe (celle des huguenots) qui *l'assaut* (qui l'assaille).
Voyez dans Littré l'ancienne conjugaison du présent et du futur du
verbe *assaillir*. — *Mettre bas*, renverser ; voy. Littré, *Bas*, 3°.
49. — Ménage blâme ceux qui n'osent se servir du mot *poitrine*,

Ce fut quand du Sauveur il se vit regardé ;
Les yeux furent les arcs, les œillades les flèches
Qui percèrent son âme, et remplirent de brèches
Le rempart qu'il avoit si lâchement gardé.

Cet assaut comparable à l'éclat d'une foudre, 55
Pousse et jette d'un coup ses défenses en poudre ;
Ne laissant rien chez lui que le même penser
D'un homme qui, tout nu de glaive et de courage,
Voit de ses ennemis la menace et la rage,
Qui le fer en la main le viennent offenser. 60

Ces beaux yeux souverains qui traversent la terre,
Mieux que les yeux mortels ne traversent le verre,
Et qui n'ont rien de clos à leur juste courroux,
Entrent victorieux en son âme étonnée,
Comme dans une place au pillage donnée, 65
Et lui font recevoir plus de morts que de coups.

La mer a dans son sein moins de vagues courantes,
Qu'il n'a dans le cerveau de formes différentes,
Et n'a rien toutefois qui le mette en repos ;

---

qu'il trouve fort beau. Malherbe lui-même l'a critiqué dans Desportes. Ronsard l'emploie souvent, et dans ses plus gracieuses peintures (par ex. *Odes*, IV, xxvi.)

52. — Vers, remarque Ménage, exactement traduit du vers du Tansille :
      Gli occhi fur gli archi, e i guardi fur gli strali.

58. — *Nu de*, dépouillé de, latinisme. Chevreau en donne un exemple tiré d'Alain Chartier (au *Livre des Quatre dames*), qui est à ajouter à ceux de du Bartas et de Desportes que cite M. Littré (*Nu*, 4°, et Ilist.)

67. — Comparaison familière aux poëtes, dit Ménage. Virgile, dans l'*Énéide* (VIII, 19) : « Magno curarum fluctuat æstu. »

Car aux flots de la peur sa navire qui tremble 70
Ne trouve point de port, et toujours il lui semble
Que des yeux de son maître il entend ce propos :

« Eh bien ! où maintenant est ce brave langage ?
Cette roche de foi ? cet acier de courage ?
Qu'est le feu de ton zèle au besoin devenu ? 75
Où sont tant de serments qui juroient une fable ?
Comme tu fus menteur, suis-je pas véritable ?
Et que t'ai-je promis qui ne soit avenu ?

« Toutes les cruautés de ces mains qui m'attachent,
Le mépris effronté que ces bouches me crachent, 80
Les preuves que je fais de leur impiété,
Pleines également de fureur et d'ordure,
Ne me sont une pointe aux entrailles si dure,
Comme le souvenir de ta déloyauté.

« Je sais bien qu'au danger les autres de ma suite 85
Ont eu peur de la mort et se sont mis en fuite ;
Mais toi, que plus que tous j'aimai parfaitement,
Pour rendre en me niant ton offense plus grande,
Tu suis mes ennemis, t'assembles à leur bande,
Et des maux qu'ils me font prends ton ébattement. » 90

70. — [Lourd et chargé. A. Chénier.]
80. — Ed. 1862 : « Que ces bourreaux me crachent. » Toutes les anciennes éditions donnent *bouches*; c'est depuis l'édition de 1650 qu'on lit *bourreaux*. Voy. Saint-Marc. A propos du mot *Cracher*, Ménage et Chevreau s'étendent en de longues digressions, bien curieuses aujourd'hui, sur les mots qui sont *honnêtes* et sur ceux qui ne le sont pas.

Le nombre est infini des paroles empreintes
Que regarde l'apôtre en ces lumières saintes ;
Et celui seulement que sous une beauté
Les feux d'un œil humain ont rendu tributaire,
Jugera sans mentir quel effet a pu faire   95
Des rayons immortels l'immortelle clarté.

Il est bien assuré que l'angoisse qu'il porte
Ne s'emprisonne pas sous les clefs d'une porte,
Et que de tous côtés elle suivra ses pas ;
Mais pour ce qu'il la voit dans les yeux de son maître, 100
Il se veut absenter, espérant que peut-être
Il la sentira moins en ne la voyant pas.

La place lui déplaît, où la troupe maudite
Son Seigneur attaché par outrages dépite ;
Et craint tant de tomber en un autre forfait,   105
Qu'il estime déjà ses oreilles coupables
D'entendre ce qui sort de leurs bouches damnables,
Et ses yeux d'assister aux tourments qu'on lui fait.

Il part, et la douleur qui d'un morne silence
Entre les ennemis couvroit sa violence,   110
Comme il se voit dehors a si peu de compas,
Qu'il demande tout haut que le sort favorable,
Lui fasse rencontrer un ami secourable,
Qui touché de pitié lui donne le trépas.

92. — *Ces lumières*, ces yeux. Il y a dans le Tansille : « Le due serene luci. » *Luce*, en italien, veut dire lumière, et désigne aussi la prunelle de l'œil.

104. — Éd. 1862 : « Par outrage. »

111. — Éd. 1862 : « A si peu de combats, » ce qui n'offre aucun sens. *A si peu de compas*, c'est-à-dire a si peu de mesure. C'est la leçon donnée par les anciennes éditions.

En ce piteux état il n'a rien de fidèle 115.
Que sa main qui le guide où l'orage l'appelle;
Ses pieds, comme ses yeux, ont perdu leur vigueur;
Il a de tout conseil son âme dépourvue,
Et dit, en soupirant, que la nuit de sa vue
Ne l'empêche pas tant que la nuit de son cœur. 120

Sa vie, auparavant si chèrement gardée,
Lui semble trop longtemps ici-bas retardée;
C'est elle qui le fâche et le fait consumer;
Il la nomme parjure, il la nomme cruelle,
Et toujours se plaignant que sa faute vient d'elle, 125
Il n'en veut faire compte et ne la peut aimer.

« Va, laisse-moi, dit-il, va, déloyale vie;
Si de te retenir autrefois j'eus envie,
Et si j'ai désiré que tu fusses chez moi,
Puisque tu m'as été si mauvaise compagne, 130
Ton infidèle foi maintenant je dédaigne;
Quitte-moi, je te quitte et ne veux plus de toi.

« Sont-ce les beaux desseins, mensongère et méchante,
Qu'une seconde fois ta malice m'enchante,
Et que pour retarder une heure seulement 135

118. — *Conseil*, résolution
131. — Prononcez *dédagne*. Au seizième siècle, on confondait souvent, et surtout en parlant, les sons *a* et *ai*.
132. — Je suis avec Saint-Marc les anciennes éditions. — Ed. 1862 : « Quitte-moi, je te prie, je ne veux plus de toi. » Ménage, pour tourner la difficulté, écrivit en 1666 : « Je te pri', je, etc. » *Je te quitte*, ne signifie pas *je me sépare de toi*, ce qui ne serait pas admissible dans la bouche de saint Pierre (voy. v. 201), mais *je te donne quittance; je te tiens quitte du reste*.

La nuit déjà prochaine à ta courte journée,
Je demeure en danger que l'âme, qui est née
Pour ne mourir jamais, meure éternellement!

« Non, ne m'abuse plus d'une lâche pensee;
Le coup encore frais de ma chûte passée   140
Me doit avoir appris à me tenir debout,
Et savoir discerner de la trêve la guerre,
Des richesses du ciel les fanges de la terre,
Et d'un bien qui s'envole un qui n'a point de bout.

« Si quelqu'un d'aventure en délices abonde,   145
Il se perd aussitôt et déloge du monde;
Qui te porte amitié, c'est à lui que tu nuis;
Ceux qui te veulent mal sont ceux que tu conserves;
Tu vas à qui te fuit, et toujours le réserves
A souffrir, en vivant, davantage d'ennuis.   150

« On voit par ta rigueur tant de blondes jeunesses,
Tant de riches grandeurs, tant d'heureuses vieillesses,
En fuyant le trépas, au trépas arriver;
Et celui qui chétif aux misères succombe,
Sans vouloir autre bien que le bien de la tombe,   155
N'ayant qu'un jour à vivre, il ne peut l'achever!

157. — Hiatus.
144. — *Qui n'a point de bout,* c'est-à-dire qui n'a point de fin, qui est éternel. [Ridicule assemblage de deux similitudes incohérentes. Il accouple de même ailleurs (XXXIII, 1) deux métaphores qui n'ont aucun rapport :
      Quel astre malheureux ma fortune a bâtie!
C'est pourtant un défaut dont il se moquait beaucoup chez les autres. A. Chénier.]
156. — [Voilà trois beaux vers, surtout le dernier qui est divin.

« Que d'hommes fortunés, en leur âge première,
Trompés de l'inconstance à nos ans coutumière,
Du depuis se sont vus en étrange langueur ;
Qui fussent morts contents, si le ciel amiable,   160
Ne les abusant pas en ton sein variable,
Au temps de leur repos eût coupé ta longueur

« Quiconque de plaisir a son âme assouvie,
Plein d'honneur et de bien, non sujet à l'envie,
Sans jamais en son aise un malaise éprouver,   165
S'il demande à ses jours davantage de terme,
Que fait-il, ignorant, qu'attendre de pied ferme
De voir à son beau temps un orage arriver ?

« Et moi, si de mes jours l'importune durée
Ne m'eût en vieillissant la cervelle empirée,   170

A. Chénier.] « Il semble, a dit Sainte-Beuve (*N. L.*, XIII, p. 373), qu'André Chénier est un peu jeune dans toute cette admiration de détail. »

158. — [Je regrette beaucoup ce mot-là surtout après l'usage qu'en a fait Corneille dans *Polyeucte* (IV, II) :

    Et mes yeux éclairés des célestes lumières
    Ne trouvent plus aux siens leurs grâces coutumières.
                    A. Chénier.]

Racan a ce beau vers (*Ps.*, LXXVI) :

    Les astres nous cachaient leur clarté coutumière.

Ronsard, *Odes*, IV, II, avait dit :

    Cessez, flambeaux, là haut,
    Vos clartés coutumières.

« Voltaire, de son temps, dit M. Littré, regrettait que ce mot ne fût plus d'usage. Il a repris faveur et est très-bon aujourd'hui. »

159. — *Du depuis*, « est une locution, dit M. Littré, qui est tout à fait tombée en désuétude, et hors du bon usage. On la trouve dans des auteurs de la première moitié du dix-septième siècle. » Voyez Jaubert, *Glossaire du centre de la France*.

166. — *Terme*, délai, comme dans ce vers de Corneille, *Médée*, IV, II :

    Je n'ai prescrit qu'un jour de terme à son départ.

Ne devois-je être sage, et me ressouvenir
D'avoir vu la lumière aux aveugles rendue,
Rebailler aux muets la parole perdue,
Et faire dans les corps les âmes revenir ?

« De ces faits non communs la merveille profonde,   175
Qui par la main d'un seul étonnoit tout le monde,
Et tant d'autres encor, me devoient avertir
Que, si pour leur auteur j'endurois de l'outrage,
Le même qui les fit, en faisant davantage,
Quand on m'offenseroit me pouvoit garantir.   180

« Mais, troublé par les ans, j'ai souffert que la crainte,
Loin encore du mal, ait découvert ma feinte,
Et sortant promptement de mon sens et de moi,
Ne me suis aperçu qu'un destin favorable
M'offroit en ce danger un sujet honorable   185
D'acquérir par ma perte un triomphe à ma foi.

« Que je porte d'envie à la troupe innocente
De ceux qui, massacrés d'une main violente,
Virent dès le matin leur beau jour accourci !
Le fer qui les tua leur donna cette grâce,   190
Que si de faire bien ils n'eurent pas l'espace,
Ils n'eurent pas le temps de faire mal aussi.

173. — *Rebailler*, redonner, rendre. « Il semble, dit Ménage, que Malherbe ait toujours préféré en prose et en vers le mot de *bailler* à celui de *donner*. »
189. — [Cette image charmante, et devenue commune, est exprimée de la manière la plus fraîche et la plus heureuse. Il suffit presque de ce mauvais poëme-là pour voir que Malherbe était né à la poésie française. A. Chénier.]
191. — *Espace*, temps, délai, comme en latin. Voici une strophe

« De ces jeunes guerriers la flotte vagabonde
Alloit courre fortune aux orages du monde,
Et déjà pour voguer abandonnoit le bord, 195
Quand l'aguet d'un pirate arrêta leur voyage ;
Mais leur sort fut si bon que d'un même naufrage
Ils se virent sous l'onde et se virent au port.

« Ce furent de beaux lis, qui mieux que la nature
Mêlant à leur blancheur l'incarnate peinture 200
Que tira de leur sein le couteau criminel,
Devant que d'un hiver la tempête et l'orage
A leur teint délicat pussent faire dommage,
S'en allèrent fleurir au printemps éternel.

« Ces enfants bienheureux (créatures parfaites, 205
Sans l'imperfection de leurs bouches muettes)
Ayant Dieu dans le cœur ne le purent louer,
Mais leur sang leur en fut un témoin véritable ;
Et moi, pouvant parler, j'ai parlé, misérable,
Pour lui faire vergogne et le désavouer. 210

« Le peu qu'ils ont vécu leur fut grand avantage,
Et le trop que je vis ne me fait que dommage.

de Ronsard (*Odes*, III, IV) qui a quelque rapport à celle de Malherbe et où le mot *espace* est employé de même :

> Ainsi ton oncle, en naissant,
> Périssant
> Fut veu presque en mesme espace,
> Et, comme fleur du printemps,
> En un temps
> Perdit la vie et la grâce.

194. — *Courre*, infinitif ancien du verbe *courir*.
199. — Charmante comparaison que Racine a développée et embellie, dans un chœur d'*Athalie* (II, IX.)
201. — Allusion au massacre des Innocents.
209. — *Misérable*, malheureux. Cf. A Chénier, *Aveugle*, 57 et 98.

Cruelle occasion du souci qui me nuit !
Quand j'avois de ma foi l'innocence première,
Si la nuit de la mort m'eût privé de lumière, 215
Je n'aurois pas la peur d'une immortelle nuit.

« Ce fut en ce troupeau que, venant à la guerre
Pour combattre l'enfer et défendre la terre,
Le Sauveur inconnu sa grandeur abaissa ;
Par eux il commença la première mêlée, 220
Et furent eux aussi que la rage aveuglée
Du contraire parti les premiers offensa.

« Qui voudra se vanter avec eux se compare,
D'avoir reçu la mort par un glaive barbare,
Et d'être allé soi-même au martyre s'offrir ; 225
L'honneur leur appartient d'avoir ouvert la porte
A quiconque osera, d'une à me belle et forte,
Pour vivre dans le ciel, en la terre mourir.

« O désirable fin de leurs peines passées !
Leurs pieds, qui n'ont jamais les ordures pressées, 230
Un superbe plancher des étoiles se font ;
Leur salaire payé les services précède ;
Premier que d'avoir mal ils trouvent le remède,
Et devant le combat ont les palmes au front.

216. — [Trois beaux vers. A. Chénier.]
224. — Desmaretz, dans la préface du *Clovis* (ainsi que le remarque Ménage), blâme ceux qui trouvent le mot *glaive* trop vieux et dédaignent de s'en servir. Voilà un de ces mots qu'au dix-septième siècle la muse tragique a rajeunis.
232. — Imité de ces deux vers du Tasse, dit Ménage :

    Nova cosa parer devra per certo
    Che preceda à i servigi il guiderdone.

233. — *Premier que*, avant que. Voy. Génin, *Lexique de Molière*.

« Que d'applaudissements, de rumeur et de presses, 235
Que de feux, que de jeux, que de traits de caresses,
Quand là-haut en ce point on les vit arriver !
Et quel plaisir encore à leur courage tendre,
Voyant Dieu devant eux en ses bras les attendre,
Et pour leur faire honneur les Anges se lever ! 240

« Et vous, femmes, trois fois, quatre fois bienheureuses,
De ces jeunes amours les mères amoureuses,
Que faites-vous pour eux, si vous les regrettez ?
Vous fâchez leur repos, et vous rendez coupables,
Ou de n'estimer pas leurs trépas honorables, 245
Ou de porter envie à leurs félicités.

« Le soir fut avancé de leurs belles journées ;
Mais qu'eussent-ils gagné par un siècle d'années ?

256. — *Traits de caresses*, élans de caresses. Dans beaucoup d'éditions la virgule, après *traits*, forme non-sens.

237. — *En ce point*, en cet état, c'est-à-dire ayant mérité les palmes avant le combat. *Point* a ici la même signification que dans les expressions *en bon point, mal en point*. Voyez Littré, *Point*, 42°.

240. — [Beau tableau en deux vers ! C'est l'*assurgere* des Latins.

Utque viro Phoebi chorus assurrexerit omnis.

A. Chénier.]

Ce beau tableau tracé par Virgile (*Egl.*, VI, 67) était lui-même une imitation d'un passage de l'*Iliade* (I, 533).

244. — *Vous fâchez*, vous offensez, vous troublez. M. F. Godefroy, dans son *Lexique de Corneille*, remarque qu'au dix-septième siècle, *fâcher* avait un sens plus énergique qu'il ne l'a aujourd'hui.

247. — [Le même vers que j'ai noté p. 12. Peut-être à cette source nous devons le vers divin de la Fontaine :

Rien ne trouble sa fin, c'est le soir d'un beau jour.

Pétrarque a dit en un vers délicieux, par la bouche de Laure :

E compi mia giornata innanzi sera.

Et moi, dans une de mes élégies :

Je meurs : avant le soir j'ai fini ma journée.

A. Chénier.]

2.

Ou que leur avint-il en ce vite départ,
Que laisser promptement une basse demeure, 250
Qui n'a rien que du mal, pour avoir de bonne heure
Aux plaisirs éternels une éternelle part ?

« Si vos yeux pénétrant jusqu'aux choses futures
Vous pouvoient enseigner leurs belles aventures,
Vous auriez tant de bien en si peu de malheurs, 255
Que vous ne voudriez pas pour l'empire du monde
N'avoir eu dans le sein la racine féconde
D'où naquit entre nous ce miracle de fleurs.

« Mais moi, puisque les lois me défendent l'outrage
Qu'entre tant de langueurs me commande la rage, 260
Et qu'il ne faut soi-même éteindre son flambeau ;
Que m'est-il demeuré pour conseil et pour armes,
Que d'écouler ma vie en un fleuve de larmes,
Et la chassant de moi l'envoyer au tombeau ?

« Je sais bien que ma langue ayant commis l'offense, 265
Mon cœur incontinent en a fait pénitence.
Mais quoi ! si peu de cas ne me rend satisfait.
Mon regret est si grand, et ma faute si grande,

Voy. A. Chénier, *Élégies*, I, ix (p. 176), où se trouve cité ce vers de Ronsard, *Am.*, I, xix :

   Avant ton soir se clorra ta journée,

256. — *Voudriez* est de deux syllabes dans ce vers. *Iez*, ou *ier* était toujours alors d'une seule syllabe, même précédé de deux consonnes dont une liquide. Ce fut Corneille qui le premier, dans *le Cid*, rompit avec l'usage en faisant *meurtrier* de trois syllabes. Voyez Ménage. Molière a fait encore de deux syllabes *ouvrier* et *sanglier*.

Qu'une mer éternelle à mes yeux je demande
Pour pleurer à jamais le péché que j'ai fait. » 270

Pendant que le chétif en ce point se lamente,
S'arrache les cheveux, se bat et se tourmente,
En tant d'extrémités cruellement réduit,
Il chemine toujours ; mais, rêvant à sa peine,
Sans donner à ses pas une règle certaine, 275
Il erre vagabond où le pied le conduit.

A la fin égaré (car la nuit qui le trouble
Par les eaux de ses pleurs son ombrage redouble),
Soit un cas d'aventure ou que Dieu l'ait permis,
Il arrive au jardin, où la bouche du traître, 280
Profanant d'un baiser la bouche de son maître,
Pour en priver les bons aux méchants l'a remis.

Comme un homme dolent que le glaive contraire
A privé de son fils et du titre de père,
Plaignant deçà delà son malheur avenu, 285
S'il arrive en la place où s'est fait le dommage,

---

271. — *Le chétif*, le malheureux. Ronsard, *Amours*, I, CLV :
   En ma douleur, las! chétif, je me plais.

276. — *Vagabond*, avec le sens latin, qui va çà et là. Voyez A. Chénier, *Lexique* (1ʳᵉ édit.) — *Où le pied le conduit*, précision toute grecque ; Ronsard a dit : *Sonn. pour Hélène*, LXVII :
   Ah ! belle liberté, qui me servois d'escorte,
   Quand le pied me portoit où libre je voulois!

283. — Ce passage nous donne exactement le degré de force qu'avait alors le mot *dolent*. [*Contraire* pour *ennemi*. A. CHÉNIER.] De même au vers 222.

285. — *Plaindre* quelque chose. Corneille, *Horaces*, II, III:
   J'aime ce qu'il me donne et je plains ce qu'il m'ôte
Chénier l'a employé plusieurs fois ainsi ; voy. *Lexique*, 1ʳᵉ édit.

L'ennui renouvelé plus rudement l'outrage
En voyant le sujet à ses yeux revenu;

Le vieillard, qui n'attend une telle rencontre,
Sitôt qu'au dépourvu sa fortune lui montre 290
Le lieu qui fut témoin d'un si lâche méfait,
De nouvelles fureurs se déchire et s'entame,
Et de tous les pensers qui travaillent son âme
L'extrême cruauté plus cruelle se fait.

Toutefois il n'a rien qu'une tristesse peinte; 295
Ses ennuis sont des jeux, son angoisse une feinte,
Son malheur un bonheur, et ses larmes un ris,
Au prix de ce qu'il sent quand sa vue abaissée
Remarque les endroits où la terre pressée
A des pieds du Sauveur les vestiges écrits. 300

C'est alors que ses cris en tonnerre s'éclatent,
Ses soupirs se font vents qui les chênes combattent,
Et ses pleurs, qui tantôt descendoient mollement,
Ressemblent un torrent qui, des hautes montagnes,
Ravageant et noyant les voisines campagnes, 305
Veut que tout l'univers ne soit qu'un élément.

---

301. — « On ne dit point : *il s'éclate*, mais : *il éclate*. » Ainsi s'exprime Malherbe lui-même dans son commentaire sur Desportes (*OEuvres de Malherbe*, IV, p. 459). Archaïque et inusité dans cet emploi, dit M. Littré: On s'en servait avant Malherbe ; voy. un exemple de Ronsard, *Sonnets pour Hélène*, XXI.

304. — *Ressembler*, verbe actif. Ronsard, *Odes*, II, viii : « Ton beau teint ressemble les lys. » Voy. Littré. L'historique nous montre l'emploi de *ressembler*, verbe actif, très-ancien dans la langue.

306. — [Ces trois vers, mettant à part ce qui les précède, sont beaux et d'une harmonie pleine et sentie. A. Chénier.]

Il y fiche ses yeux, il les baigne, il les baise,
Il se couche dessus et seroit à son aise,
S'il pouvoit avec eux à jamais s'attacher.
Il demeure muet du respect qu'il leur porte ; 310
Mais enfin la douleur, se rendant la plus forte,
Lui fait encore un coup une plainte arracher.

« Pas adorés de moi, quand par accoutumance
Je n'aurois, comme j'ai, de vous la connoissance,
Tant de perfections vous découvrent assez ; 315
Vous avez une odeur des parfums d'Assyrie ;
Les autres ne l'ont pas: et la terre flétrie
Est belle seulement où vous êtes passés.

« Beaux pas de ces seuls pieds que les astres connoissent,
Comme ores à mes yeux vos marques apparoissent ! 320
Telle autrefois de vous la merveille me prit,
Quand, déjà demi-clos sous la vague profonde,
Vous ayant appelés, vous affermîtes l'onde,
Et m'assurant les pieds, m'étonnâtes l'esprit.

« Mais, ô de tant de biens indigne récompense ! 325
O dessus les sablons inutile semence !
Une peur, ô Seigneur ! m'a séparé de toi ;
Et d'une âme semblable à la mienne parjure,
Tous ceux qui furent tiens, s'ils ne t'ont fait injure,
Ont laissé ta présence et t'ont manqué de foi. 330

307. — *Ficher*, fixer. Cf. Ronsard, *Amours*, I, xxvi.
315. — *Accoutumance*; sur les fortunes diverses de ce mot, voyez la remarque de M. Littré.
320. — *Ores*, *ore*, maintenant, actuellement, vieux mot français. Malherbe l'a blâmé dans son commentaire sur Desportes.

« De douze, deux fois cinq étonnés de courage,
Par une lâche fuite évitèrent l'orage,
Et tournèrent le dos quand tu fus assailli ;
L'autre qui fut gagné d'une sale avarice,
Fit un prix de ta vie à l'injuste supplice ; 535
Et l'autre, en te niant, plus que tous a failli.

« C'est chose à mon esprit impossible à comprendre,
Et nul autre que toi ne me la peut apprendre,
Comme a pu ta bonté nos outrages souffrir.
Et qu'attend plus de nous ta longue patience, 540
Sinon qu'à l'homme ingrat la seule conscience
Doive être le couteau qui le fasse mourir ?

« Toutefois tu sais tout, tu connois qui nous sommes,
Tu vois quelle inconstance accompagne les hommes,
Faciles à fléchir quand il faut endurer. 545
Si j'ai fait comme un homme en faisant une offense,
Tu feras comme Dieu d'en laisser la vengeance,
Et m'ôter un sujet de me désespérer.

« Au moins, si les regrets de ma faute avenue
M'ont de ton amitié quelque part retenue, 550
Pendant que je me trouve au milieu de tes pas,
Désireux de l'honneur d'une si belle tombe,
Afin qu'en autre part ma dépouille ne tombe,
Puisque ma fin est près, ne la recule pas. »

---

534. — *Sale*, au sens moral. Bossuet a dit (ex. cité par M. Littré) :
« Les sales gains de l'avarice. » Et l'on peut ajouter ce vers de
Ronsard, *Elégies*, XXIII :

Et le sale appétit d'amonceler des biens.

546. — Dans ce vers et le suivant le verbe *faire* est employé trois
fois, dont deux avec la signification de *agir*.

POÉSIES DE F. MALHERBE. 25

En ces propos mourants ses complaintes se meurent,   358
Mais vivantes sans fin ses angoisses demeurent,
Pour le faire en langueur à jamais consumer.
Tandis la nuit s'en va, ses lumières s'éteignent,
Et déjà devant lui les campagnes se peignent
Du safran que le jour apporte de la mer.   360

L'Aurore d'une main, en sortant de ses portes,
Tient un vase de fleurs languissantes et mortes,
Elle verse de l'autre une cruche de pleurs,
Et d'un voile tissu de vapeur et d'orage
Couvrant ses cheveux d'or, découvre en son visage   365
Tout ce qu'une âme sent de cruelles douleurs.

Le soleil, qui dédaigne une telle carrière,
Puisqu'il faut qu'il déloge, éloigne sa barrière ;

358. — *Tandis* avec la signification de *pendant ce temps-là*. Locution ancienne qui s'est longtemps maintenue dans la langue. Voyez dans le *Lexique* de Corneille de M. Godefroy les nombreux exemples qu'il cite, non-seulement de Corneille, mais de Marot, de Saint-Amant, de la Fontaine, etc. M. Littré remarque que « l'exemple de Corneille devrait autoriser à le faire revivre, car il n'y a pas de mot unique qui le remplace convenablement. »

360. — [Il est fâcheux que l'impossibilité d'employer ce mot de *safran* nous force de renoncer à une image agréable et que les anciens aimaient. A. Chénier.] Cette image avait aussi tenté Ronsard. Il a dit dans *la Franciade*, chant I : « L'aube ensaffranée ; » et, chant IV : « L'aurore à la main safranée. » Voy. les exemples de Régnier et de Bernardin de Saint-Pierre, cités par M. Littré aux mots *Safran*, *Safrané*, et un troisième exemple de Ronsard au mot *Ensafrané*.

364. — [Ce quatrième vers est un des plus poétiques et des plus heureux qu'il y ait dans notre langue et dans aucune langue. A. Chénier.]

368. — *Éloigner quelqu'un ou quelque chose*, pour s'éloigner de quelqu'un ou de quelque chose, appartient à la langue la plus correcte du seizième et du dix-septième siècles. Ménage a tort de dire qu'elle était ancienne par rapport à Malherbe. Corneille en offre de nombreux exemples.

Mais comme un criminel qui chemine au trépas,
Montrant que dans le cœur ce voyage le fâche, 370
Il marche lentement et désire qu'on sache
Que, si ce n'étoit force, il ne le feroit pas.

Ses yeux par un dépit en ce monde regardent ;
Ses chevaux tantôt vont, et tantôt se retardent,
Eux-mêmes ignorants de la course qu'ils font ; 375
Sa lumière pâlit, sa couronne se cache ;
Aussi n'en veut-il pas, cependant qu'on attache
A celui qui l'a fait des épines au front.

Au point accoutumé, les oiseaux qui sommeillent
Apprêtés à chanter dans les bois se réveillent ; 380
Mais voyant ce matin des autres différent,
Remplis d'étonnement, ils ne daignent paroître,
Et font à qui les voit ouvertement connoître
De leur peine secrète un regret apparent.

Le jour est déjà grand, et la honte plus claire 385
De l'apôtre ennuyé l'avertit de se taire,

575. — [Expression latine dont notre langue a été enrichie par l'usage heureux qu'en a fait Despréaux (*Épitre* v) :

> Mais sans cesse ignorants de nos propres besoins.

Corneille a dit (*Nicomède*, I, v) :

> Savant à ses dépens de ce qu'il savait faire.

Et c'est légèrement que M. de Voltaire l'en a repris. A. Chénier.)
Chénier a dit dans une de ses élégies (I, xii) : « La conscience ignorante du crime. »

576. — On reconnaît aisément dans tout ce passage un souvenir des poëtes latins, de Lucain entre autres, ainsi que l'a remarqué Chevreau.

579. — *Point*, moment précis.

586. — *Ennuyé*, avec le sens beaucoup plus fort que ce mot avait au dix-septième siècle. Racine a employé le mot *ennui* pour peindre le désespoir de Junie après la mort de Britannicus (V, viii.)

Sa parole se lasse et le quitte au besoin ;
Il voit de tous côtés qu'il n'est vu de personne ;
Toutefois le remords que son âme lui donne,
Témoigne assez le mal qui n'a point de témoin. 590

Aussi l'homme qui porte une âme belle et haute,
Quand seul en une part il a fait une faute,
S'il n'a de jugement son esprit dépourvu,
Il rougit de lui-même ; et, combien qu'il ne sente
Rien que le ciel présent et la terre présente, 595
Pense qu'en se voyant tout le monde l'a vu.

V

ÉPITAPHE DE M. D'IS

PARENT DE L'AUTEUR

1589

Ici dessous gît monsieur d'Is.
Plût or à Dieu qu'ils fussent dix !

392. — *En une part,* c'est-à-dire dans un certain lieu où il est seul. Locution ancienne. Voy. un exemple du *Roman de la Rose* cité par M. Littré dans l'Historique du mot.

596. — [Il est plaisant de voir Malherbe, comme son modèle, se travailler à finir chaque strophe par un trait d'esprit, presque toujours ridicule, du moins par la place qu'il occupe. A. CHÉNIER.]

V. — Ménage, qui le premier a publié cette épitaphe, a ajouté malignement au titre ci-dessus : « et de qui l'auteur était héritier. » Or ce n'est pas exact, comme l'a remarqué M. Lalanne, puisque ce M. d'Is avait une fille, qui, d'après l'*Instruction de F. de Malherbe*

Mes trois sœurs, mon père et ma mère,
Le grand Éléazar, mon frère,
Mes trois tantes et monsieur d'Is. 5
Vous les nommé-je pas tous dix ?

VI

POUR MONSIEUR DE MONTPENSIER

A MADAME DEVANT SON MARIAGE

STANCES

1591 OU 1592

Beau ciel, par qui mes jours sont troubles ou sont calmes;
Seule terre où je prends mes cyprès et mes palmes,

à son fils (publiée en 1846), avait seize ans en 1605. C'est même l'âge de cette fille, née peu de temps avant la mort de son père, qui a permis à M. Lalanne de fixer la composition de cette épitaphe à l'année 1589. Le sous-titre ajouté par Ménage a entraîné le jugement des commentateurs, et aucun d'eux ne paraît avoir saisi la pensée de Malherbe. Suivant eux, Malherbe aurait souhaité que tous ses parents, au nombre de dix, fussent couchés dans ce tombeau, pour en hériter, ajoutent-ils. Eh bien, selon nous, c'est tout le contraire. Malherbe a voulu dire et a dit : « Plût or (présentement, à cette heure) à Dieu qu'ils fussent dix ! c'est-à-dire : Plût à Dieu que mes parents fussent *encore* (à cette heure) au nombre de dix ! » Ce vers, sans l'adverbe de lieu *y*, ne peut se prêter à l'interprétation des éditeurs.

VI. — Ces stances furent composées pour Henri de Bourbon, duc de Montpensier, qui avait demandé la main de la sœur de Henri IV, Catherine de Bourbon, duchesse de Bar. Ce mariage n'eut pas lieu. Saint-Marc a fixé la date de cette pièce à 1591 ou 1592, parce que ce fut vers cette époque, pendant le siége de Rouen, que, selon le *Journal de l'Estoile*, le duc de Montpensier fit sa demande.

Catherine, dont l'œil ne luit que pour les dieux,
Punissez vos beautés plutôt que mon courage,
Si, trop haut s'élevant, il adore un visage 5
Adorable par force à quiconque a des yeux.

Je ne suis pas ensemble aveugle et téméraire,
Je connois bien l'erreur que l'amour m'a fait faire,
Cela seul ici-bas surpassoit mon effort ;
Mais mon âme qu'à vous ne peut être asservie, 10
Les destins n'ayant point établi pour ma vie
Hors de cet océan de naufrage ou de port.

Beauté, par qui les dieux, las de notre dommage,
Ont voulu réparer les défauts de notre âge,
Je mourrai dans vos feux, éteignez-les ou non, 15
Comme le fils d'Alcmène, en me brûlant moi-même ;
Il suffit qu'en mourant dans cette flamme extrême,
Une gloire éternelle accompagne mon nom.

On ne doit point, sans sceptre, aspirer où j'aspire :
C'est pourquoi, sans quitter les lois de votre empire, 20
Je veux de mon esprit tout espoir rejeter.
Qui cesse d'espérer, il cesse aussi de craindre ;
Et, sans atteindre au but où l'on ne peut atteindre,
Ce m'est assez d'honneur que j'y voulois monter.

5. — [Qu'est-ce que cela veut dire ? A. Chénier.] Cela veut dire que les dieux seuls sont dignes d'attirer les regards de Catherine.
17. — *Extrême*, au sens latin, dernière.
23-24. — Saint-Marc rapproche de ce passage deux vers de Properce, II, x :
> Quod si deficiant vires, audacia certe
> Laus erit : in magnis et voluisse sat est.

Chevreau avait déjà cité ces vers en les rapportant mal à propos à la fin de la dernière strophe. C'est à la même source que nous

Je maudis le bonheur où le ciel m'a fait naître, 25
Qui m'a fait désirer ce qu'il m'a fait connoitre :
Il faut ou vous aimer, ou ne vous faut point voir.
L'astre qui luit aux grands en vain à ma naissance
Épandit dessus moi tant d'heur et de puissance,
Si pour ce que je veux j'ai trop peu de pouvoir. 30

Mais il le faut vouloir, et vaut mieux se résoudre,
En aspirant au ciel, être frappé de foudre,
Qu'aux desseins de la terre assuré se ranger.
J'ai moins de repentir plus je pense à ma faute;
Et la beauté des fruits d'une palme si haute 35
Me fait par le désir oublier le danger.

devons les vers bien connus de la Fontaine, à monseigneur le dauphin :

> Et si de t'agréer je n'emporte le prix
> J'aurai du moins l'honneur de l'avoir entrepris.

29. — *Heur*, chance heureuse.

32. — *De foudre*. Au sujet de la suppression de l'article, Ménage fait cette remarque intéressante : « Du temps de du Bellay ces omissions d'articles n'étaient déjà plus dans le bel usage ; car voici comme il en parle au neuvième chapitre de son *Illustration de la langue française :* « Garde toi aussi de tomber en un vice commun « même aux plus excellens de notre langue : c'est l'omission des « articles. » Toutefois cette ellipse de l'article est on ne peut plus fréquente dans Ronsard.

33. — Que de concevoir de vulgaires desseins sur le succès desquels on est toujours assuré.

35-36. — Ces deux vers font involontairement songer à la fable de la Fontaine, *le Renard et les Raisins*. C'est la même image, avec des conclusions différentes, mais également vraies et également humaines.

VII

AU ROI HENRI LE GRAND

SUR LA PRISE DE MARSEILLE

ODE

1596

Enfin, après tant d'années,
Voici l'heureuse saison
Où nos misères bornées
Vont avoir leur guérison.
Les dieux, longs à se résoudre, 5
Ont fait un coup de leur foudre,
Qui montre aux ambitieux,
Que les fureurs de la terre

VII. — Cette ode, insérée pour la première fois dans l'édition de 1630, fut composée par Malherbe, alors en Provence, en l'honneur de la réduction de Marseille par les troupes du roi, que commandait le duc de Guise. Marseille était restée au pouvoir de la Ligue près de huit ans, gouvernée despotiquement par deux des premiers magistrats de la ville, Charles Cazeaux, premier consul, et Louis d'Aix, viguier. Ménage dit que cette ode ne fut pas achevée.

1. — [Cette ode est belle; elle est courte et pleine de chaleur. La marche est vive et lyrique; le style, noble et ferme; les images, vraies et variées. A. CHÉNIER.] « De cette ode, dit Sainte-Beuve (*N. L.*, XIII), il faut admirer le mouvement, l'élan, l'allégresse : les syllabes se pressent, le vers se resserre, la strophe s'allonge et bondit. Malherbe affectionnait ce rhythme. » Comme l'a remarqué M. Quicherat (*Versific. française*), c'est à Ronsard et à son école qu'appartient l'honneur d'avoir inventé cette strophe.

5. — La pensée de ce vers est antique; c'est le *pede pœna claudo* d'Horace. Voy. A. Chénier, *Odes*, VIII, p. 457.

Ne sont que paille et que verre
A la colère des cieux.   10

Peuples, à qui la tempête
A fait faire tant de vœux,
Quelles fleurs à cette fête
Couronneront vos cheveux ?
Quelle victime assez grande   15
Donnerez-vous pour offrande ?
Et quel Indique séjour
Une perle fera naître
D'assez de lustre, pour être
La marque d'un si beau jour ?   20

Cet effroyable colosse,
Cazaux, l'appui des mutins,

---

9. — Un commentateur (éd. Didot, 1861) a remarqué que l'idée de ce passage était empruntée aux *Psaumes* xxiv, 5 et lxxxii, 12 : « Sint tanquam pulvis... » « Et sicut stipulam ante faciem venti. » Et il cite l'imitation de Racine, dans *Esther*, I, v; en parlant des méchants :

> Qu'ils soient comme la poudre et la paille légère
> Que le vent chasse devant lui.

11. — [Charmante image prise aux anciens, et qu'il a répétée mille fois, selon sa coutume. A. Chénier.]

20. — [Image moderne, riche et belle et poétique. Cela donne à nos beaux poëmes une physionomie française; ils n'ont plus l'air de traduction des anciens. Cette image remplace le « Cressa ne careat pulchra dies nota. » (Horace, *Odes*, I, xxxvi.) — L'image des quatre derniers vers de cette seconde strophe n'est point moderne comme je l'avais cru. La voilà dans Martial (X, xxxviii) ;

> O nox omnis, et hora, quæ notata est
> Caris littoris indici lapillis!

Ce qui ne diminue point du tout le mérite de Malherbe. A. Chénier.]

21. — [Toute cette strophe est admirable et sublime, et supérieurement coupée. Il y a près de deux cents ans qu'un homme en France écrivait de ce style. A. Chénier.]

A mis le pied dans la fosse
Que lui cavoient les destins.
Il est bas, le parricide. 25
Un Alcide, fils d'Alcide,
A qui la France a prêté
Son invincible génie,
A coupé sa tyrannie
D'un glaive de liberté. 30

Les aventures du monde
Vont d'un ordre mutuel,
Comme on voit au flux de l'onde
Un reflux perpétuel.
L'aise et l'ennui de la vie 35
Ont leur course entresuivie
Aussi naturellement
Que le chaud et la froidure,
Et rien, afin que tout dure,
Ne dure éternellement. 40

24. — [*Cavaient* est presque plus beau, là, que *creusaient*. A. Chénier.]

25. — *Il est bas*, pour *il est à bas*, comme dans ce vers de Corneille, *Pompée*, II, iii :

La tyrannie est bas et le sort est changé.

26. — Charles de Lorraine, duc de Guise, fils de Henri de Guise, surnommé *le Balafré*.

29-30. — [Deux vers divins. A. Chénier.] Dans le vers 30, Malherbe joue sur le mot de *liberté*, qui contient, comme l'a remarqué Ménage, une allusion au nom des deux frères Pierre et Barthélemi de Libertat, qui livrèrent la ville aux troupes du duc de Guise.

33. — Ed. 1862 : « Au bord de l'onde. » La leçon que nous avons admise, oubliée par Saint-Marc et par M. Lalanne, dans les variantes, est tirée de l'édition de 1659. Le *flux* est opposé au *reflux* (cf. XVI, 74), comme l'*aise* à l'*ennui*, comme le *chaud* à la *froidure*.

40. — [Racan, *Ode à M. de Termes :*

La jeunesse de l'année
Soudain se voit terminée.

Cinq ans Marseille volée
A son juste possesseur
Avait langui désolée
Aux mains de cet oppresseur.
Enfin le temps l'a remise 45
En sa première franchise ;
Et les maux qu'elle enduroit
Ont eu ce bien pour échange,
Qu'elle a vu parmi la fange
Fouler ce qu'elle adoroit. 50

Déjà tout le peuple More
A ce miracle entendu ;

> Après le chaud véhément
> Revient l'extrême froidure ;
> Et rien au monde ne dure
> Qu'un éternel changement.
> Leurs courses entre suivies
> Vont comme un flux et reflux.

Cette strophe philosophique est fort bien placée. Il n'est rien de plus intéressant et de plus délicieux que ce mélange adroit et facile de faits et de réflexions morales. Le grand Rousseau n'a pas toujours connu cet art charmant, dans lequel Horace excelle comme dans tout le reste. A. CHÉNIER.]

46. — *Franchise*, liberté. Corneille a dit dans *Cinna*, IV, III :

> Cesse de soupirer, Rome, pour ta franchise ;
> Si je t'ai mise aux fers, moi-même je les brise.

51. — [Strophe très-belle, bien du ton de la lyre et qui termine parfaitement ce poëme. Il y a eu depuis Malherbe peu de nos poëtes qui l'aient égalé dans cet art charmant des anciens, de rendre poétiquement des détails géographiques. Rien ne donne plus d'âme et de vie à un tableau. A. CHÉNIER.] Sans doute cette strophe est parfaite au point de vue de cette musique des vers dont A. Chénier parle plus haut, mais n'est-elle pas un hors-d'œuvre poétique ? Sainte-Beuve (*N. L.*, XIII, p. 379) a fait remarquer que l'ode ainsi traitée « n'échappe pas au froid du genre, aux images d'emprunt, à l'enthousiasme de commande qui vient traverser l'enthousiasme naturel et qui va s'affubler d'ornements étrangers à nos habitudes et d'une beauté de convention. » Cf. Boileau, *Sat.* IX.

A l'un et l'autre Bosphore
Le bruit en est répandu ;
Toutes les plaines le savent, 55
Que l'Inde et l'Euphrate lavent ;
Et déjà pâle d'effroi
Memphis se pense captive,
Voyant si près de sa rive
Un neveu de Godefroi. 60

VIII

SUR LE MÊME SUJET

FRAGMENT

1596

Tantôt nos navires, braves
De la dépouille d'Alger,
Viendront les Mores esclaves
A Marseille décharger ;

---

57. — [Divin. Racine, *Ber.*, I, iv : « La Judée en pâlit. » A. Chénier.]
60. — Les princes de la maison de Lorraine prétendaient descendre de Godefroi de Bouillon, duc de la Basse-Lorraine.

VIII. — Ce fragment, publié en 1630, se rapporte probablement. dit M. Lalanne, à l'Ode sur la prise de Marseille. — « Cette stance est véritablement lyrique dit Ménage. » [Strophe remarquable, dans le vrai goût des anciens. J'aime *braves de la dépouille*, quoique vieilli. *Riches de la perte* est une expression heureuse et horatienne ; la fin est charmante et bien antique. A. Chénier.]

1. — *Braves*, fiers, enorgueillis ; voy. XXXI, 11. Ronsard, dans *le Bocage royal*, a employé *se braver* pour *s'enorgueillir* :

Vienne qui au ciel se brave de l'honneur
D'avoir sceû repousser le camp du Grand-Seigneur.

Tantôt, riches de la perte 5
De Tunis et de Biserte,
Sur nos bords étaleront
Le coton pris en leurs rives,
Que leurs pucelles captives
En nos maisons fileront. 10

IX

SUR LE MÊME SUJET

ODE

1596

Soit que de tes lauriers la grandeur poursuivant,
D'un cœur où l'ire juste, et la gloire, commande,
Tu passes comme un foudre en la terre flamande,

---

9. — [Ce mot *pucelles* est parfaitement placé là. *Filles* n'eût pas été si bon ; et si la strophe eût été écrite dans le dernier siècle, il aurait nécessairement fallu mettre *vierges*. C'est une des circonstances les plus humiliantes de la captivité, que de jeunes pucelles soient réduites à des occupations serviles au moment où le mariage les attendait et où elles allaient faire usage de leur pénible virginité. Horace (*Odes*, I, xxix) :

Quæ tibi virginum,
Sponso necato, Barbara serviet.
A. Chénier.]

IX. — Imprimé pour la première fois dans l'édition de 1630.
2. — *Ire*, colère, vieux mot fréquent dans Malherbe.
3. — [Cette image est belle, et l'expression du quatrième vers riche et pittoresque. Il l'a répétée dans l'Ode au duc de Bellegarde XXVII, 212) :

Soit que près de Seine et de Loire
Il pavât les plaines de morts.
A. Chénier.]

D'Espagnols abattus la campagne pavant ;
    Soit qu'en sa dernière tête
    L'Hydre civile t'arrête,
    Roi, que je verrai jouir
    De l'empire de la terre,
    Laisse le soin de la guerre,
    Et pense à te réjouir.

Nombre tous les succès où ta fatale main,
Sous l'appui du bon droit aux batailles conduite,
De tes peuples mutins la malice a détruite,
Par un heur éloigné de tout penser humain ;
    Jamais tu n'as vu journée
    De si douce destinée ;
    Non celle où tu rencontras
    Sur la Dordogne en désordre
    L'orgueil à qui tu fis mordre
    La poussière de Coutras.

6. — [L'*Hydre civile* est très-beau ; il l'a répété souvent (XX, 34 et CXII, 3) :

    Quand la rébellion plus qu'une hydre féconde...
    Donner le dernier coup à la dernière tête.
        De la rébellion.
                A. CHÉNIER.]

D'après l'Académie et l'usage le plus général, *hydre* est féminin en français. Cependant les poëtes font souvent ce mot du masculin. Ainsi Desportes, dans l'Élégie xiv du livre I, ce dont Malherbe l'a blâmé (*Comm.* p. 570) ; ainsi A. Chénier dans *le Jeu de paume*, vers 356. Le féminin a pour lui l'autorité de Malherbe, de Corneille (*Cinna*, IV, 11), de Boileau (*Lutrin*, IV, 65), d'André Chénier lui-même (*Hymnes*, VII 17, p. 451). Toutefois les Grecs disaient également ὕδρος; et ὕδρα pour le serpent d'eau.

V. 12. — *Sous l'appui.* Voy. la très-juste remarque de M. Littré sur cette expression, dont l'emploi, dit-il, n'est pas à recommander.

14. — *Éloigné*, dans le sens de l'élévation, au-dessus.

17. — *Non*, pas même, avec la force que la négation a, en latin, dans la particule conjonctive *non vi*.

Cazaux, ce grand Titan qui se moquoit des cieux,
A vu par le trépas son audace arrêtée,
Et sa rage infidèle, aux étoiles montée,
Du plaisir de sa chute a fait rire nos yeux.

. . . .
. . . .
. . . .
. . . .
. . . .

Ce dos chargé de pourpre, et rayé de clinquants, 25
A dépouillé sa gloire au milieu de la fange,
Les dieux qu'il ignoroit ayant fait cet échange
Pour venger en un jour les crimes de cinq ans.
 La mer en cette furie
 A peine a sauvé Dorie; 30
 Et le funeste remords,
 Que fait la peur des supplices,
 A laissé tous ses complices
 Plus morts que s'ils étoient morts.

21. — [Ces quatre vers sont de la plus grande beauté ; surtout le dernier, qui est d'une harmonie, d'une hardiesse, d'une richesse et d'une vérité d'expression qui ne se peuvent trop louer. Racine n'a pas mieux fait. A. Chénier.]

22. — *A vu;* voy. A. Chénier, *Poésies,* Ode à Charlotte Corday, 20, p. 456.

24. — Il y a ici une lacune de six vers.

30. — L'amiral génois, Charles Doria, qui commandait l'escadre espagnole, qu'avaient appelée et sur laquelle comptaient les autorités rebelles de Marseille.

X

VICTOIRE DE LA CONSTANCE

STANCES.

AV. 1597

Enfin cette beauté m'a la place rendue,
Que d'un siége si long elle avait défendue ;
Mes vainqueurs sont vaincus ; ceux qui m'ont fait la loi,
    La reçoivent de moi.

X. — Publiées pour la première fois dans les *Diverses poésies nouvelles*, Rouen, 1597.

1. — *M'a la place*, cacophonie dont, suivant Ménage, s'était moqué M. des Yveteaux. C'est une faute qu'on pouvait sans injustice reprocher à Malherbe, lui qui, dans son *Commentaire sur Desportes*, a relevé jusqu'à satiété les moindres consonnances un peu dures à l'oreille. Chevreau a rapproché le début triomphal de ses stances de celui d'une élégie d'Ovide (*Am.*, II, xii) :

> Ite triumphales circum mea tempora lauri :
>   Vicimus ; in nostro est ecce Corinna sinu.

Cf. la pièce LXXXII, 4.

3. — Même opposition dans une épigramme de la Fontaine, *Épithalame :*

> Point d'assistants ; blessure clandestine :
> Fille damnée ; et le vainqueur vaincu.

4. — [Ce genre de strophe à rime plate, composée de trois grands vers et d'un petit, est malheureux et fade à l'oreille. Ce n'est pas le seul exemple qu'il y en ait dans Malherbe. A Chénier.] La critique d'André Chénier porte principalement et avec raison sur l'emploi des rimes plates. La pièce LXXXII est composée de même. Malherbe a plusieurs fois choisi la même strophe, mais en croisant les rimes (voy. XLVIII, LVI, CXII). Ce genre de strophe à rimes croisées n'est nullement désagréable; Racan s'en est plusieurs fois servi dans ses Psaumes (Ps., 6, 126, 149) et les poëtes modernes en ont su faire un heureux usage. Il suffit de citer *le Lac* de Lamartine et *le Souvenir* d'Alfred de Musset.

J'honore tant la palme acquise en cette guerre, 5
Que, si victorieux des deux bouts de la terre,
J'avois mille lauriers de ma gloire témoins,
  Je les priserois moins.

Au repos où je suis tout ce qui me travaille,
C'est la doute que j'ai qu'un malheur ne m'assaille, 10
Qui me sépare d'elle, et me fasse lâcher
  Un bien que j'ai si cher.

Il n'est rien ici-bas d'éternelle durée ;
Une chose qui plaît n'est jamais assurée ;
L'épine suit la rose, et ceux qui sont contents 15
  Ne le sont pas longtemps.

Et puis qui ne sait point que la mer amoureuse
En sa bonace même est souvent dangereuse,
Et qu'on y voit toujours quelques nouveaux rochers,
  Inconnus aux nochers ? 20

6. — *Des deux bouts de la terre*, d'un bout de la terre à l'autre.
7. — [Ce vers peut avoir fait naître le beau vers de *Bérénice* :
  Et ses lauriers encor témoins de sa victoire.
       A. Chénier.]

10. — *La doute*. Littré : « Doute a d'abord été féminin dans la langue ; c'est vers la fin du seizième siècle que le genre en commence à devenir incertain, et que quelques-uns le font tantôt féminin, tantôt masculin. » Voy. les exemples dans l'Hist. du mot.

15. — *L'épine suit la rose* [hémistiche heureux. A. Chénier.] Malherbe a dit dans une autre pièce, XLIX :
  Que d'épines, Amour, accompagnent les roses

16. — La pensée que développe cette strophe est fréquente chez les poëtes. Voy. A. Chénier, *le Mendiant*, 207-211 et les notes (p. 41)

17-20. — Cette strophe, a remarqué Saint-Marc, manque dans tous les recueils antérieurs au *Recueil des plus beaux vers*, publié en 1627, du vivant de Malherbe. Ménage a rapproché de cette strophe un sonnet du Tasse. La Fontaine a dit dans une élégie (III) :
  Me voici embarqué sur la mer amoureuse...
  Moi pour qui tant de fois elle fut malheureuse.

Déjà de toutes parts tout le monde m'éclaire ;
Et bientôt les jaloux, ennuyés de se taire,
Si les vœux que je fais n'en détournent l'assaut,
    Vont médire tout haut.

Peuple, qui me veux mal, et m'imputes à vice
D'avoir été payé d'un fidèle service,
Où trouves-tu qu'il faille avoir semé son bien,
    Et ne recueillir rien ?

Voudrois-tu que ma dame, étant si bien servie,
Refusât le plaisir où l'âge la convie,
Et qu'elle eût des rigueurs à qui mon amitié
    Ne sût faire pitié ?

Ces vieux contes d'honneur, invisibles chimères,
Qui naissent aux cerveaux des maris et des mères,
Étoient-ce impressions qui pussent aveugler
    Un jugement si clair ?

Non, non, elle a bien fait de m'être favorable,
Voyant mon feu si grand et ma foi si durable ;
Et j'ai bien fait aussi d'asservir ma raison
    En si belle prison.

21. — *M'éclaire*, me surveille. *Éclairer*, dans cette acception, signifie diriger la lumière sur quelqu'un pour l'observer. Voy. Littré, *Éclairer*, 6°. Cf. Génin, *Lexique de Molière*.

25. — *Peuple* pour foule, exprimant le grand nombre, comme dans ce vers d'André Chénier, *Élégies*, II, xvii, 48 :

    Qu'est-ce enfin qu'un de moins dans un peuple d'amants!

33. — Ménage donne cette strophe comme une imitation d'une stance de Bembo, citée de nouveau dans l'édit. 1862 :

    Il pregio d'honestate amato e colto
    Da quelle antiche poste in prosa e'n rima ; etc.

C'est peu d'expérience à conduire sa vie,
De mesurer son aise au compas de l'envie,
Et perdre ce que l'âge a de fleur et de fruit,
    Pour éviter un bruit.

De moi, que tout le monde à me nuire s'apprête,   45
Le ciel à tous ses traits fasse un but de ma tête ;
Je me suis résolu d'attendre le trépas,
    Et ne la quitter pas.

Plus j'y vois de hasard, plus j'y trouve d'amorce :
Où le danger est grand, c'est là que je m'efforce ;   50
En un sujet aisé moins de peine apportant,
    Je ne brûle pas tant.

Un courage élevé toute peine surmonte ;
Les timides conseils n'ont rien que de la honte ;
Et le front d'un guerrier aux combats étonné   55
    Jamais n'est couronné.

Soit la fin de mes jours contrainte ou naturelle,
S'il plait à mes destins que je meure pour elle,
Amour en soit loué ! je ne veux un tombeau
    Plus heureux ni plus beau.   60

---

44. — *Bruit*, ce qui se dit, ce qui circule ; la Fontaine, dans *la Fiancée du roi de Garbe* :
    Au bruit qui courait d'elle en toutes ces provinces.

49. — *Amorce*. Les Grecs se servaient aussi de cette même figure ; voy. A. Chénier, *Poésies*, p. cx. Elle est très-fréquente dans Corneille ; joignez les exemples que cite M. Littré à ceux qu'a rassemblés M. Godefroy dans son *Lexique de Corneille*.

50. — Pensée familière aux poëtes. Ménage et Saint-Marc ont déjà rapproché de cette strophe Pétrone, *Sat.*, XCIII et Properce, IV, x, 4. Corneille a magnifiquement résumé cette pensée dans ce vers du *Cid* :
    A vaincre sans péril on triomphe sans gloire.

XI

CONSOLATION A CARITÉE

STANCES

1599

Ainsi quand Mausole fut mort,
    Artemise accusa le sort,
De pleurs se noya le visage,
Et dit aux astres innocents
Tout ce que fait dire la rage   5
Quand elle est maîtresse des sens.

Ainsi fut sourde au réconfort,
    Quand elle eut trouvé dans le port

XI. — La date de cette pièce n'est qu'approximative. Ces stances parurent pour la première fois, en 1600, dans le *Parnasse des plus excellents poëtes de ce temps*, et ensuite, plus complète, en 1607, dans une autre édition du même recueil. — « Vraisemblablement, dit Ménage, cette Caritée était une dame de Provence. M. du Périer, célèbre avocat au parlement d'Aix, que j'ai consulté là-dessus, croit avoir ouï dire à son père, l'ami familier de Malherbe, que c'était la veuve d'un certain M. l'Évesque, seigneur de Saint-Étienne, gentilhomme de Provence. »

4. — Cette façon de confier sa douleur aux objets inanimés est poétique. On connaît le vers célèbre de Racine :

    Ariane aux rochers contant ses injustices..

Il ne serait pas impossible que Malherbe se fût souvenu du beau vers de Virgile, *Egl.*, V, 23 :

    Atque deos atque astra vocat crudelia mater.

7. — *Réconfort.* Malherbe, qui blâmait *confort* chez Desportes (*Comm.*, p. 594) approuvait ses composés *réconfort* et *déconfort*. M. Littré ne cite pas d'exemples postérieurs à Saint-Simon.

La perte qu'elle avoit songée,
Celle de qui les passions
Firent voir à la mer Égée
Le premier nid des Alcyons.

Vous n'êtes seule en ce tourment
Qui témoigniez du sentiment,
O trop fidèle Caritée !
En toutes âmes l'amitié
De mêmes ennuis agitée
Fait les mêmes traits de pitié.

De combien de jeunes maris,
En la querelle de Pâris,
Tomba la vie entre les armes,
Qui fussent retournés un jour,
Si la mort se payoit de larmes,
A Mycènes faire l'amour.

Mais le destin qui fait nos lois
Est jaloux qu'on passe deux fois

---

10. — *Les passions*. Sur l'emploi du pluriel des termes abstraits, voyez dans le *Lexique de Corneille*, au mot *Hontes* (p. 551-567), l'étude qu'en a faite M. Godefroy et la riche nomenclature qui l'accompagne.

12. — Quand Alcyone se précipita dans la mer à la vue du corps inanimé de Céyx, Thétis les métamorphosa tous deux en alcyons. Les alcyons, disait-on, faisaient leurs nids à la surface des flots. Chevreau et Saint-Marc citent quelques vers d'Albinovanus, contemporain d'Ovide, et donnent comme une imitation ce qui n'est certainement qu'une rencontre.

26. — Voyez André Chénier, *Élégie*, III, I (p. 286), où nous avons rassemblé quelques exemples de ce lieu commun poétique.

Au deçà du rivage blême ;
Et les dieux ont gardé ce don,
Si rare, que Jupiter même
Ne le sut faire à Sarpédon. 30

Pourquoi donc si peu sagement,
Démentant votre jugement,
Passez-vous en cette amertume
Le meilleur de votre saison,
Aimant mieux plaindre par coutume 35
Que vous consoler par raison?

Nature fait bien quelque effort
Qu'on ne peut condamner qu'à tort ;
Mais que direz-vous pour défendre
Ce prodige de cruauté, 40
Par qui vous semblez entreprendre
De ruiner votre beauté?

Que vous ont fait ces beaux cheveux,
Dignes objets de tant de vœux,

27. — Ménage a rapproché le *rivage blême* du *pallida Mors*. Mais la poétique expression d'Horace ne justifie pas celle de Malherbe. *Au deçà* est ici dans le sens de *au delà*. Littré : « Au deçà ne s'emploie plus en ce sens, et avec raison ; car c'est pécher contre le sens propre de çà. »

30. — Ménage rappelle le passage d'Homère (*Iliade*, XVI, 522) où Glaucus gémit sur la mort « de Sarpédon, fils de Jupiter, qui n'avait pas même protégé son enfant. »

35. — *Plaindre*, verbe neutre; voy. Littré, *Plaindre*, 4°. Aux trois exemples cités de Malherbe, de Corneille et, plus loin, de Marot (Hist.), ajoutez ceux du *Lexique de Corneille*.

57-78. — Toutes les stances qui suivent furent ajoutées par Malherbe en 1607. Auparavant la pièce se terminait par une strophe dont l'avant-dernière reproduit les différents traits.

Pour endurer votre colère,
Et, devenus vos ennemis,
Recevoir l'injuste salaire
D'un crime qu'ils n'ont point commis ?

Quelles aimables qualités
En celui que vous regrettez 50
Ont pu mériter qu'à vos roses
Vous ôtiez leur vive couleur,
Et livriez de si belles choses
A la merci de la douleur ?

Remettez-vous l'âme en repos, 55
Changez ces funestes propos ;
Et, par la fin de vos tempêtes,
Obligeant tous les beaux esprits,
Conservez au siècle où vous êtes
Ce que vous lui donnez de prix. 60

Amour, autrefois en vos yeux
Plein d'appas si délicieux,
Devient mélancolique et sombre,
Quand il voit qu'un si long ennui
Vous fait consumer pour une ombre 65
Ce que vous n'avez que pour lui.

S'il vous ressouvient du pouvoir
Que ses traits vous ont fait avoir,
Quand vos lumières étoient calmes,
Permettez-lui de vous guérir 70

---

69. — *Vos lumières*, vos yeux, *lumina* ; voy. p. 10.

Et ne différez point les palmes
Qu'il brûle de vous acquérir:

Le temps d'un insensible cours
Nous porte à la fin de nos jours;
C'est à notre sage conduite,
Sans murmurer de ce défaut,
De nous consoler de sa fuite,
En le ménageant comme il faut.

XII

UNE DAME

QUI NE LE CONTENTAIT QUE DE PROMESSES

STANCES

AV. 1599

Beauté, mon beau souci, de qui l'âme incertaine
A, comme l'Océan, son flux et son reflux,

75. — Cette dernière stance, d'une coupe heureuse et d'un style facile, est un lieu commun poétique et philosophique. C'est toujours le *fugit irreparabile tempus* de Virgile. Saint-Marc a rassemblé quelques exemples de Tibulle, de Properce, de Sénèque, du Tasse et d'autres poëtes italiens. Voyez encore A. Chénier, *Élégies*, II, 1, 5.

XII. — Ces stances parurent dans le *Parnasse des plus excellents poëtes de ce temps*, 1600, mais dont quelques exemplaires sont datés, dit Saint-Marc, de 1599. Saint-Marc et M. Lalanne ont suivi avec raison le texte du même recueil, éd. de 1607, puisque Malherbe lui-même a fait des corrections aux pièces qu'il contient, ainsi que le prouvent les stances précédentes.

1. — *Mon beau souci*, c'est le *mea cura* des élégiaques latins voy. Ronsard, *Am.*, I, *chanson* (ap. S. LIX.) C'est encore par une

Pensez de vous résoudre à soulager ma peine,
Ou je me vais résoudre à ne la souffrir plus.

Vos yeux ont des appas que j'aime et que je prise, 5
Et qui peuvent beaucoup dessus ma liberté ;
Mais pour me retenir, s'ils font cas de ma prise,
Il leur faut de l'amour autant que de beauté.

Quand je pense être au point que cela s'accomplisse,
Quelque excuse toujours en empêche l'effet ; 10
C'est la toile sans fin de la femme d'Ulysse,
Dont l'ouvrage du soir au matin se défait.

Madame, avisez-y, vous perdez votre gloire
De me l'avoir promis et vous rire de moi.
S'il ne vous en souvient, vous manquez de mémoire ; 15
Et, s'il vous en souvient, vous n'avez point de foi.

J'avois toujours fait compte, aimant chose si haute,
De ne m'en séparer qu'avecque le trépas ;
S'il arrive autrement, ce sera votre faute,
De faire des serments et ne les tenir pas. 20

---

image semblable à celle qu'emploie Malherbe au second vers que Ronsard, *Odes*, II, xvii, a dit :

> L'incertaine vie de l'homme
> De jour en jour se roule comme
> Aux rives se roulent les flots.

6. — *Dessus* était employé comme préposition pendant toute la première partie du dix-septième siècle. Voy. Littré. Et sur les exceptions permises alors par Vaugelas, mais depuis rejetées par l'usage, voy. Génin, *Lex. de Molière*. Cf. la *Grammaire française* de Regnier-Desmarais (1706), p. 525.

XIII

CONSOLATION A M. DU PÉRIER

STANCES

1599

Ta douleur, du Périer, sera donc éternelle ?
    Et les tristes discours,
Que te met en l'esprit l'amitié paternelle,
    L'augmenteront toujours ?

Le malheur de ta fille au tombeau descendue,   5
    Par un commun trépas,
Est-ce quelque dédale, où ta raison perdue
    Ne se retrouve pas ?

XIII. — Ces stances furent publiées pour la première fois dans le *Parnasse des plus excellents poëtes de ce temps* (1607); mais Saint-Marc a eu communication, par Huet, des variantes d'une première édition qui avait, disait-il, paru en feuille volante. Le texte de 1607 mérite seul de vivre. Ménage a donné quelques renseignements sur la famille de ce François du Périer, un des plus beaux esprits de son temps, dit-il. La mort de sa fille, qui s'appelait Marguerite, inspira, outre Malherbe, « tous les beaux esprits de Provence et François du Périer lui-même. » Quant à la date de cette pièce, M. Lalanne dit avec raison qu'elle a été écrite postérieurement au mois de juin 1799, puisque Malherbe y fait allusion (65-68) à la mort de ses deux premiers enfants, Henri et Jourdaine, dont le second mourut à Caen le 25 juin de cette année.

Ces stances sont parmi les plus célèbres qu'a composées Malherbe. Cependant Sainte-Beuve remarque (*Caus. du lundi*, VIII, p. 59) qu'elles sont trop longues de moitié. « Il aurait fallu, dit-il, un second Malherbe pour les abréger. » — « Mais il y a donné des preuves, a dit autre part le même critique (*Poésie fr. au seizième siècle*, 2ᵉ éd., p. 161) de cette grâce touchante qui fait généralement défaut à ses stances amoureuses. »

Je sais de quels appas son enfance étoit pleine,
    Et n'ai pas entrepris,   10
Injurieux ami, de soulager ta peine
    Avecque son mépris.

Mais elle étoit du monde, où les plus belles choses
    Ont le pire destin;
Et rose elle a vécu ce que vivent les roses,   15
    L'espace d'un matin.

Puis quand ainsi seroit que, selon ta prière,
    Elle auroit obtenu
D'avoir en cheveux blancs terminé sa carrière,
    Qu'en fût-il avenu?   20

Penses-tu que, plus vieille, en la maison céleste
    Elle eût eu plus d'accueil?

12. — *Avecque* « est une ancienne forme, dit M. Littré, qui pourrait encore être employée en poésie. » Forme fréquente dans Molière.

14. — Ronsard *Stances sur la mort de Marie :*

    Du ciel tous les dons elle avoit;
    Aussi parfaite ne devoit
    Long temps demeurer en ce monde.

15. — Rien n'est moins prouvé que ce que l'on raconte sur la manière dont Malherbe aurait été amené à écrire ce vers ainsi, en lisant à haute voix une épreuve qui portait *Et Roselle a vécu*, au lieu de *Et Rosette*. Comme l'a remarqué M. Lalanne, cette anecdote est démentie par la rédaction primitive de ce vers qui était, selon la variante conservée par Huet:

    Et ne pouvoit Rosette être mieux que les roses
    Qui ne vivent qu'un jour.

Avant Malherbe, Ronsard avait dit dans les mêmes stances :

    Tu as seul laissé ton Ronsard,
    Dans le ciel trop tost retournée,
    Perdant beauté, grace et couleur,
    Tout ainsi qu'une belle fleur
    Qui ne vit qu'une matinée.

Racine a dit dans *Esther*, I, v:

    Je tomberai comme une fleur
    Qui n'a vu qu'une aurore.

Ou qu'elle eût moins senti la poussière funeste
Et les vers du cercueil ?

Non, non, mon du Périer, aussitôt que la Parque 25
Ôté l'âme du corps,
L'âge s'évanouit au deçà de la barque,
Et ne suit point les morts.

Tithon n'a plus les ans qui le firent cigale ;
Et Pluton aujourd'hui, 30
Sans égard du passé, les mérites égale
D'Archémore et de lui.

Ne te lasse donc plus d'inutiles complaintes ;
Mais, sage à l'avenir,
Aime une ombre comme ombre; et des cendres éteintes 35
Éteins le souvenir.

C'est bien, je le confesse, une juste coutume,
Que le cœur affligé,
Par le canal des yeux vidant son amertume,
Cherche d'être allégé. 40

25. — *Mon du Périer*; sur cette expression de tendresse, voyez André Chénier, *le Jeu de Paume*, v. 44, p. cxvii. Elle est très-fréquente dans Ronsard. Racine l'a souvent et heureusement employée, entre autres dans *Andromaque*, I, iv ; IV, v ; V, iii.

29. — Tithon, que l'Aurore changea en cigale pour le consoler de sa décrépitude.

32. — Archémore est le surnom que les sept chefs donnèrent au fils de Lycurgue, nommé Opheltès, mort en bas âge, lorsqu'ils instituèrent les jeux Néméens en l'honneur de cet enfant, que sa nourrice avait abandonné pour les conduire vers une fontaine. « Qu'ai-je à faire de cet Archémore, a dit Sainte-Beuve (*N. L.*, XIII, p. 380), de ce petit prince de Némée? Même quand j'ai compris, cela ne me dit rien, tant cela est hors de portée. »

Même quand il avient que la tombe sépare
  Ce que nature a joint,
Celui qui ne s'émeut a l'âme d'un barbare,
  Ou n'en a du tout point.

Mais d'être inconsolable et dedans sa mémoire 45
  Enfermer un ennui,
N'est-ce pas se haïr pour acquérir la gloire
  De bien aimer autrui ?

Priam qui vit ses fils abattus par Achille,
  Dénué de support 50
Et hors de tout espoir du salut de sa ville,
  Reçut du réconfort.

François, quand la Castille, inégale à ses armes,
  Lui vola son dauphin,
Sembla d'un si grand coup devoir jeter des larmes 55
  Qui n'eussent point de fin.

Il les sécha pourtant, et, comme un autre Alcide,
  Contre fortune instruit,
Fit qu'à ses ennemis d'un acte si perfide
  La honte fut le fruit. 60

44. — Ménage rapproche de ce passage ces deux vers de Guarini, dans le *Pastor fido*, IV, v :

  Ben duro cor avrebbe, o non avrebbe
  Più tosto cor.

45. — Même observation que pour *dessus*. Voy. p. 46.
4. — François, fils aîné de François 1ᵉʳ; mort en 1556. Sa mort assez soudaine fit croire qu'il avait été empoisonné à l'instigation de Charles-Quint, qui redoutait, disait-on sans plus de fondement, ses précoces talents pour la guerre.

Leur camp, qui la Durance avoit presque tarie
    De bataillons épais,
Entendant sa constance, eut peur de sa furie,
    Et demanda la paix.

De moi, déjà deux fois d'une pareille foudre
    Je me suis vu perclus,
Et deux fois la raison m'a si bien fait résoudre
    Qu'il ne m'en souvient plus.

Non qu'il ne me soit grief que la tombe possède
    Ce qui me fut si cher ;
Mais en un accident qui n'a point de remède,
    Il n'en faut point chercher.

La Mort a des rigueurs à nulle autre pareilles.
    On a beau la prier,
La cruelle qu'elle est se bouche les oreilles
    Et nous laisse crier.

Le pauvre en sa cabane, où le chaume le couvre,
    Est sujet à ses lois ;
Et la garde qui veille aux barrières du Louvre
    N'en défend point nos rois.

64. — En 1558, après une campagne malheureuse de Charles-Quint en Provence.
69. — *Grief* (écrit aussi *gref*) était autrefois monosyllabe.
77. — On a dès longtemps rapproché de cette stance célèbre les vers non moins célèbres d'Horace : « *Pallida Mors æquo pulsat pede, etc.* ; » que déjà Ronsard avait ainsi imités, *Odes*, IV, xii

> Ne sçais-tu pas qu'à tout chacun
> Le port d'enfer est commun,
> Et qu'une âme impériale
> Aussi tost là bas devale
> Dans le bateau de Charon
> Que l'âme d'un bûcheron

De murmurer contre elle et perdre patience,
 Il est mal à propos ;
Vouloir ce que Dieu veut est la seule science
 Qui nous met en repos.

XIV

A LA REINE MARIE DE MEDICIS

SUR SA BIENVENUE EN FRANCE

ODE

1600

Peuples, qu'on mette sur la tête
Tout ce que la terre a de fleurs ;
Peuples, que cette belle fête
A jamais tarisse nos pleurs ;

XIV. — Cette ode fut présentée à Marie de Médicis lors de son passage à Aix, le 16 novembre 1600. La première édition est de 1601 ; elle parut ensuite en 1605 dans le *Parnasse des plus excellents poëtes de ce temps*. A en juger par les nombreuses variantes que présentent les différentes éditions et par celles de l'édition de 1601, retrouvée par l'éditeur de 1862, c'est une des pièces que Malherbe a le plus travaillées.
[Cette ode est bien écrite, pleine d'images et d'expressions heureuses, mais un peu froide et vide de choses, comme presque tout ce qu'a fait Malherbe, car il faut avouer que le poëte n'est guère recommandable que pour le style. Au lieu de cet insupportable amas de fastidieuse galanterie dont il assassine cette pauvre reine, un poëte fécond et véritablement lyrique, en parlant à une princesse du nom de Médicis, n'aurait pas oublié de s'étendre sur les louanges de cette famille illustre qui a ressuscité les lettres et les

Qu'aux deux bouts du monde se voie 5
Luire le feu de notre joie ;
Et soient dans les coupes noyés
Les soucis de tous ces orages,
Que pour nos rebelles courages
Les dieux nous avoient envoyés. 10

A ce coup iront en fumée
Les vœux que faisoient nos mutins,
En leur âme encore affamée
De massacres et de butins.
Nos doutes seront éclaircies, 15

arts en Italie, et de là en Europe. Comme elle venait régner en France, il en aurait tiré un augure favorable pour les arts et la littérature de ce pays. Il eût fait un tableau court, pathétique et chaud de la barbarie où nous étions jusqu'au règne de François I*. Ce plan lui eût fourni un poëme grand, noble, varié, plein d'âme et d'intérêt, et plus flatteur pour une jeune princesse, surtout s'il eût su lui parler de sa beauté moins longuement et d'une manière plus simple, plus vraie, plus naïve qu'il ne l'a fait. Je demande si cela ne vaudrait pas mieux pour la gloire du poëte et pour le plaisir du lecteur. Il eût peut-être appris à traiter l'ode de cette manière, s'il eût mieux lu, étudié, compris la langue et le ton de Pindare, qu'il méprisait beaucoup, au lieu de chercher à le connaître un peu. A. Chénier.] « Tout cela est vrai et le paraîtra surtout si on relit cette ode, dit Sainte-Beuve (*Nouv. Lundis*, XIII, p. 577). Mais il y a une raison principale pour laquelle Malherbe n'a pas fait ainsi et n'a pas marché dans la voie de Pindare : c'est qu'il n'était pas, en composant, dans les mêmes conditions publiques et sociales, en présence des mêmes exigences et des mêmes attentes que Pindare. » — Le début est lyrique ainsi que l'a remarqué A. Chénier dans cette autre note : — [Début noble et beau. La répétition du mot *peuples* est vive et animée. A. Chénier.]

5. — [Chargé. A. Chénier.]

7 et 8. — [La Fontaine. A. Chénier.] Le passage de la Fontaine qu'André Chénier avait en vue forme le début de la fable intitulée *le Soleil et les Grenouilles* (VI, xii) :

> Aux noces d'un tyran tout le peuple en liesse
> Noyait son souci dans les pots.

15. — *Doutes*, au féminin. Voyez ci-dessus, X, 10.

Et mentiront les prophéties
De tous ces visages pâlis,
Dont le vain étude s'applique
A chercher l'an climatérique
De l'éternelle fleur de lis. 20

Aujourd'hui nous est amenée
Cette princesse, que la foi
D'Amour ensemble et d'Hyménée
Destine au lit de notre roi.
La voici, la belle Marie, 25
Belle merveille d'Étrurie,
Qui fait confesser au soleil,
Quoi que l'âge passé raconte,
Que du ciel, depuis qu'il y monte,
Ne vint jamais rien de pareil. 30

Telle n'est point la Cythérée,
Quand, d'un nouveau feu s'allumant,

18. — *Le vain étude.* Le mot *étude*, neutre en latin, a été longtemps masculin en français. Malherbe, dans son *Commentaire sur Desportes,* p. 545, formule ainsi la règle : « *Étude* pour un lieu où l'on étudie est féminin ; *étude* pour travail d'étudier est masculin ; qui fait au contraire n'y entend rien. » Chifflet a fait la même observation. Voy. Littré, Rem., et, dans l'Hist. du mot, un exemple de Montaigne contraire à la règle posée par Malherbe.
19. — *L'an climatérique,* l'an critique, l'époque de décadence. Ce passage choquait beaucoup le cardinal de la Valette.
20. — Balzac a bien longuement cherché chicane à Malherbe sur cette *fleur de lis,* qui figure dans les armes de la maison de France, et que le poëte personnifie. Voyez les observations de Balzac dans les notes de Ménage.
32. — Éd. 1862 : « Quand un nouveau feu s'allumant. » Nous avons conservé la leçon de 1601 ; celle qu'a admise M. Lalanne nous paraît former contre-sens et semble ne provenir que d'une faute d'impression dans le recueil de 1603, faute qui s'est propagée dans les éditions suivantes.

Elle sort pompeuse et parée
Pour la conquête d'un amant :
Telle ne luit en sa carrière 35
Des mois l'inégale courrière ;
Et telle dessus l'horizon
L'Aurore au matin ne s'étale,
Quand les yeux mêmes de Céphale
En feroient la comparaison. 40

Le sceptre que porte sa race,
Où l'heur aux mérites est joint,
Lui met le respect en la face,
Mais il ne l'enorgueillit point.
Nulle vanité ne la touche ; 45
Les Grâces parlent par sa bouche ;
Et son front, témoin assuré
Qu'au vice elle est inaccessible,
Ne peut que d'un cœur insensible
Être vu sans être adoré. 50

Quantes fois, lorsque sur les ondes
Ce nouveau miracle flottoit,

---

35. — Comparaison familière aux poëtes. Chevreau et Saint-Marc ont rapproché de ce passage des vers d'Horace, de Stace, de Sénèque.

39. — Au point de vue de l'exactitude mythologique, on a pu trouver à redire à ce passage, puisque Céphale sans doute eût préféré Procris à l'Aurore. Mais la faute est peu considérable ; la pensée du poëte est très-claire et c'est ici l'important.

43. — Le poëte veut dire que le visage majestueux de la reine inspire le respect.

51. — *Quantes fois*, combien de fois; c'est une forme vieillie. *Quant*, *quantes*, avec leurs divers composés, étaient très-usités dans l'ancienne langue française, au treizième siècle ; voy. Burguy, *Gram. de la langue d'oïl*, I, p. 186.

Neptune en ses caves profondes
Plaignit-il le feu qu'il sentoit !
Et quantes fois en sa pensée, 55
De vives atteintes blessée,
Sans l'honneur de la royauté
Qui lui fit celer son martyre,
Eût-il voulu de son empire
Faire échange à cette beauté ! 60

Dix jours, ne pouvant se distraire
Du plaisir de la regarder,
Il a par un effort contraire
Essayé de la retarder.
Mais à la fin, soit que l'audace 65
Au meilleur avis ait fait place,
Soit qu'un autre démon plus fort
Aux vents ait imposé silence,
Elle est hors de sa violence,
Et la voici dans notre port. 70

La voici, peuples, qui nous montre
Tout ce que la gloire a de prix ;
Les fleurs naissent à sa rencontre
Dans les cœurs et dans les esprits ;
Et la présence des merveilles 75
Qu'en oyoient dire nos oreilles,

---

55. — *Ses caves*, ses creux, ses cavernes. Amyot, *Sylla,* a dit « la cave de Trophonius » pour « l'antre de Trophonius. » Voyez ci-dessus, VII, 24, *caver* employé pour *creuser*.

65. — Une tempête força Marie de Médicis de relâcher à Portofino, le 19 octobre, et d'y séjourner jusqu'au 28, dit l'édit. de 1862, d'après le *Journal de l'Estoile*.

Accuse la témérité
De ceux qui nous l'avoient décrite,
D'avoir figuré son mérite
Moindre que n'est la vérité.   80

O toute parfaite princesse,
L'étonnement de l'univers !
Astre par qui vont avoir cesse
Nos ténèbres et nos hivers ;
Exemple sans autres exemples,   85
Future image de nos temples,
Quoi que notre foible pouvoir
En votre accueil ose entreprendre,
Peut-il espérer de vous rendre
Ce que nous vous allons devoir ?   90

Ce sera vous qui de nos villes
Ferez la beauté refleurir,
Vous qui de nos haines civiles
Ferez la racine mourir ;
Et par vous la paix assurée   95
N'aura pas la courte durée
Qu'espèrent infidèlement,
Non lassés de notre souffrance,
Ces François qui n'ont de la France
Que la langue et l'habillement.   100

Par vous un dauphin nous va naître,
Que vous-même verrez un jour
De la terre entière le maître,
Ou par armes ou par amour ;

Et ne tarderont ses conquêtes, 105
Dans les oracles déjà prêtes,
Qu'autant que le premier coton,
Qui de jeunesse est le message,
Tardera d'être en son visage
Et de faire ombre à son menton. 110

Oh ! combien lors aura de veuves
La gent qui porte le turban !
Que de sang rougira les fleuves
Qui lavent les pieds du Liban !
Que le Bosphore en ses deux rives 115

110. — Ménage cite un vers (63) des *Phéniciennes* d'Euripide où se rencontre en effet la même expression. Les poètes grecs et latins fourniraient de nombreux exemples. Racan, *Ode à M. de Bellegarde* :
A peine le coton ombrageoit son visage.

111. — [Strophe admirable, pleine de poésie, dans le vrai goût d'Horace; c'est cette géographie poétique, pleine de tableaux, que Malherbe rend supérieurement, et en cela il était inventeur parmi nous, et forcé de créer son expression. Il faut donc lui pardonner si ce travail amortit souvent son feu et s'il n'éprouve que par intervalles la véritable ivresse lyrique. A. Chénier.] Comparez cette strophe avec la dernière de la pièce VII.
112. — *Gent*, nation, race ; « cet emploi dans le style noble, dit avec raison M. Littré, tombe en désuétude ; cela est fâcheux. »
115. — [Ces images toutes neuves avaient séduit tous les poëtes. Tous se travaillaient à les enchaîner dans leurs ouvrages à tort et à travers. C'est ce dont Boileau se moque plaisamment en plusieurs endroits de ses satires. A. Chénier.] Voyez la ixe satire de Boileau. Ménage cite un passage très-curieux de Théophile, dont nous ne pouvons résister au plaisir de citer quelques vers :

Imite qui voudra les merveilles d'autrui.
Malherbe a très-bien fait, mais il a fait pour lui.
Mille petits voleurs l'écorchent tout en vie....
Ces esprits mendiants, d'une veine infertile,
Prennent à tout propos ou sa rime ou son style ;...
Ils travaillent un mois à chercher comme à *fils*
Pourra s'apparier la rime de *Memphis*.
Ce *Liban*, ce *turban*, etc.

Aura de sultanes captives !
Et que de mères à Memphis,
En pleurant, diront la vaillance,
De son courage et de sa lance,
Aux funérailles de leur fils !   120

Cependant notre grand Alcide,
Amolli parmi vos appas,
Perdra la fureur qui sans bride
L'emporte à chercher le trépas ;
Et cette valeur indomptée   125
De qui l'honneur est l'Euristhée,
Puisque rien n'a su l'obliger
A ne nous donner plus d'alarmes,
Au moins pour épargner vos larmes,
Aura peur de nous affliger.   130

Si l'espoir qu'aux bouches des hommes
Nos beaux faits seront récités,
Est l'aiguillon par qui nous sommes
Dans les hasards précipités ;
Lui, de qui la gloire semée   135

120. — Ce passage est imité, comme l'a remarqué Ménage, de Catulle, *Épithalame de Thétis et de Pélée*, 349 :

> Illius (Achillei) egregias virtutes, claraque facta
> Sæpe fatebuntur gnatorum in funere matres.

125. — [Vers obscur et tourmenté. C'est un de ces vers qui sentent l'huile. A. Chénier.] Malherbe veut dire que sa valeur accomplit tous les travaux que lui commande son honneur, comme Hercule exécutait tous ceux que lui imposait Eurysthée.

131. — Malherbe a voulu rendre le *virum per ora* de Virgile (*Géorg.*, III, 8.)

135. — Racine a dit dans *Phèdre*, II, II :

> Qu'à bon droit votre gloire en tous lieux est semée !

Par les voix de la Renommée,
En tant de parts s'est fait ouïr,
Que tout le siècle en est un livre,
N'est-il pas indigne de vivre,
S'il ne vit pour se réjouir ?   140

Qu'il lui suffise que l'Espagne
Réduite par tant de combats
A ne l'oser voir en campagne,
A mis l'ire et les armes bas ;
Qu'il ne provoque point l'envie   145
Du mauvais sort contre sa vie,
Et puisque, selon son dessein,
Il a rendu nos troubles calmes,
S'il veut davantage de palmes,
Qu'il les acquière en votre sein.   150

C'est là qu'il faut qu'à son génie,
Seul arbitre de ses plaisirs,
Quoi qu'il demande, il ne dénie
Rien qu'imaginent ses désirs ;

---

137. — *Parts*, endroits, lieux, comme ci-dessus, IV, 592.

151. — [Cette strophe est très-élégamment écrite et poétiquement tournée; mais les quatre premiers vers ont un sens obscène, et c'est une grande absurdité. Il faut avoir bien peu de goût, de jugement, de bienséance, pour présenter une pareille image à une jeune femme qui vient de se marier. Les épithalames antiques sont remplis de tableaux tendres, jeunes, voluptueux, mais jamais licencieux. Ces peintures libertines, qui excitent les sens lorsqu'on les trouve dans une ode bachique ou dans une priapée, choquent et déplaisent dans une occasion comme celle-ci. A. Chénier.] Saint-Marc avait remarqué déjà qu'il y avait dans cette strophe « un fond de gaillardise qui paraîtrait sans doute aujourd'hui peu conforme au respect que la majesté royale semble exiger. »

C'est là qu'il faut que les années 155
Lui coulent comme des journées,
Et qu'il ait de quoi se vanter
Que la douceur qui tout excède
N'est point ce que sert Ganymède
A la table de Jupiter. 160

Mais d'aller plus à ces batailles
Où tonnent les foudres d'enfer,
Et lutter contre des murailles
D'où pleuvent la flamme et le fer,
Puisqu'il sait qu'en ses destinées 165
Les nôtres seront terminées,
Et qu'après lui notre discord
N'aura plus qui dompte sa rage ;
N'est-ce pas nous rendre au naufragé,
Après nous avoir mis à bord ? 170

155 et 156. — [Deux vers exquis ! A. Chénier.] M. de Racan, dit Ménage, a imité ces vers de Malherbe dans son *Ode bachique* à Maynard :

> C'est luy (le vin) qui fait que les années
> Nous durent moins que des journées.

161. — *Plus*, encore, de nouveau ; signification autrefois très-commune ; voy. F. Godefroy, *Lexique de Corneille*.

163. — [Quelles images frappantes ! quelles expressions vives, neuves et hardies ! *Lutter contre des murailles !* Le quatrième vers est le *ferreus imber* de Virgile. A. Chénier.] Virgile, *Énéide*, XII, 284 :

> . . . . It toto turbida cœlo
> Tempestas telorum, ac ferreus ingruit imber.

Saint-Marc avait déjà fait ce rapprochement ; il cite encore cette phrase du psaume xi : « Pluet super impios igneus et sulphur. » Sauf le vers plus ancien d'Ennius, déjà remarqué par Macrobe (VI, 1), les autres exemples qu'il ajoute de Claudien et de plusieurs poëtes italiens sont des imitations de Virgile.

169. — [Élégant. A. Chénier.]

170. — *A bord*, à terre, sur le rivage. C'est avec cette significa-

Cet Achille, de qui la pique
Faisoit aux braves d'Ilion
La terreur que fait en Afrique
Aux troupeaux l'assaut d'un lion,
Bien que sa mère eût à ses armes 175
Ajouté la force des charmes,
Quand les destins l'eurent permis,
N'eut-il pas sa trame coupée
De la moins redoutable épée
Qui fût parmi ses ennemis ? 180

Les Parques d'une même soie
Ne dévident pas tous nos jours ;
Ni toujours par semblable voie
Ne font les planètes leur cours.
Quoi que promette la Fortune, 185
A la fin quand on l'importune,
Ce qu'elle avoit fait prospérer
Tombe du faîte au précipice ;
Et, pour l'avoir toujours propice,
Il la faut toujours révérer. 190

Je sais bien que sa Carmagnole
Devant lui se représentant,

tion que Régnier a employé cette expression dans la satire VII, vers 16, ce dont Brossette l'a blâmé très-mal à propos. Ronsard, *Am.* I, XLI, l'a employée de même en parlant de Vénus, qui

Nageoit à bord dedans une coquille.

176. — En le plongeant dans le Styx. *La moins redoutable épée* est celle de Pâris.

191 et suiv. — Allusion à la guerre commencée en 1600 contre le duc de Savoie, qui s'était emparé, en 1598, du marquisat de Saluces, dont Carmagnole est la capitale.

Telle qu'une plaintive idole,
Va son courroux sollicitant,
Et l'invite à prendre pour elle   195
Une légitime querelle ;
Mais doit-il vouloir que pour lui
Nous ayons toujours le teint blême,
Cependant qu'il tente lui-même
Ce qu'il peut faire par autrui ?   200

Si vos yeux sont toute sa braise,
Et vous la fin de tous ses vœux,
Peut-il pas languir à son aise
En la prison de vos cheveux ;
Et commettre aux dures corvées   205
Toutes ces âmes relevées,
Que d'un conseil ambitieux
La faim de gloire persuade
D'aller sur les pas d'Encelade
Porter des échelles aux cieux ?   210

Apollon n'a point de mystère,
Et sont profanes ses chansons,
Où, devant que le Sagittaire
Deux fois ramène les glaçons,
Le succès de leurs entreprises,   215
De qui deux provinces conquises

---

201. — *Braise*, ardeur. Littré : « Vieux en ce sens. » On peut même dire que ce mot a toujours appartenu au style comique ou érotique ; voy. le *Lexique de Corneille* de M. Godefroy.

210. Malherbe compare les Français traversant les montagnes de la Savoie à Encelade escaladant les cieux.

Ont déjà fait preuve à leur dam,
Favorisé de la victoire,
Changera la fable en histoire
De Phaéton en l'Éridan. 220

Nice, payant avecque honte
Un siége autrefois repoussé,
Cessera de nous mettre en compte
Barberousse qu'elle a chassé ;
Guise en ses murailles forcées 225
Remettra les bornes passées
Qu'avoit notre empire marin ;
Et Soissons, fatal aux superbes,
Fera chercher parmi les herbes
En quelle place fut Turin. 230

217. — *A leur dam*, à leur préjudice. Il veut dire : c'est à leur préjudice que deux provinces conquises (la Bresse et la Savoie) ont prouvé qu'on pouvait espérer dans le succès des entreprises de Biron et de Lesdiguières. Ménage trouvait déjà cette locution vieillie. La Fontaine l'employait encore en 1694 (*Fab.*, XII, xxiii); et on la retrouve sous la plume, volontairement archaïque, de P.-L. Courier.

221-224. — Allusion, explique Saint-Marc, au siége de Nice, fait en 1543 du côté de la terre par les Français et du côté de la mer par une flotte turque que commandait Barberousse, siége que fit lever la flotte de Charles-Quint.

225. — Voyez ci-dessus VII, 26.

228. — Charles de Bourbon.

229. — [Image forte, rendue par une expression vive et fière Racine a dit (*Esther*, I, 1) :

>   Et de Jérusalem l'herbe cache les murs.

Et Rousseau (Ode *aux Princes chrétiens*) :

>   De ses temples détruits et cachés sous les herbes
>   Sion vit relever les portiques superbes.
>   A. CHÉNIER.]

230. — Comme l'a remarqué Saint-Marc, c'est le célèbre hémistiche de Virgile au livre III de *l'Énéide* : « Et campos ubi Troja fuit. »

XV

PROSOPOPÉE D'OSTENDE

STANCES

1604

Trois ans déjà passés, théâtre de la guerre,
J'exerce de deux chefs les funestes combats,
Et fais émerveiller tous les yeux de la terre,
De voir que le malheur ne m'ose mettre à bas.

XV. — Ces stances, composées en 1604, parurent pour la première fois, comme l'a dit M. Lalanne, en 1615, dans les *Délices de la poésie française*. Elles sont traduites librement des vers que Grotius, alors âgé de vingt et un ans, avait composés sur le même sujet, en 1604, l'année même où Ostende se rendit aux Espagnols après un siège de trois ans et trois mois. Voici les vers de Grotius :

> Area parva ducum, totus quam respicit orbis,
> Celsior una malis, et quam damnare ruinæ
> Nunc quoque fata timent, alieno in litore resto.
> Tertius annus abit, toties mutavimus hostem ;
> Sævit hyems pelago, morbisque furentibus æstas ;
> Et minimum est quod fecit Iber. Crudelior armis
> In nos horta lues ; nullum est sine funere funus,
> Nec perimit mors una semel. Fortuna, quid hæres ?
> Qua mercede tenes mixtos in sanguine Manes ?
> Quis tumulos moriens hos occupet, hoste peremto,
> Quæritur, et sterili tantum de pulvere pugna est.

1. — *Trois ans déjà passés* (écoulés). La même tournure dans Racine, *Athalie*, I, 1 :

> Huit ans déjà passés, une impie étrangère
> Du sceptre de David usurpe tous les droits.

3. — *Émerveiller*, pour *s'émerveiller*. Sur l'usage, conservé jusqu'au dix-huitième siècle, d'ellipser le pronom personnel des verbes réfléchis qui suivent immédiatement les verbes *faire, laisser, mener, regarder, sentir, voir, entendre, écouter*, voyez le *Lexique de Corneille* de M. Godefroy, II, p. 185.

6.

A la merci du ciel en ces rives je reste,
Où je souffre l'hiver froid à l'extrémité ;
Lorsque l'été revient il m'apporte la peste,
Et le glaive est le moins de ma calamité.

Tout ce dont la Fortune afflige cette vie,
Pêle-mêle assemblé, me presse tellement,
Que c'est parmi les miens être digne d'envie
Que de pouvoir mourir d'une mort seulement.

Que tardez-vous, Destins? Ceci n'est pas matière
Qu'avecque tant de doute il faille décider ;
Toute la question n'est que d'un cimetière :
Prononcez librement qui le doit posséder.

6. — *A l'extrémité*, jusqu'à la dernière limite du froid, c'est-à-dire extrêmement. « Vieux en ce dernier sens, » dit M. Littré.

10. — *Pêle-mêle*, est toujours de la haute poésie, dit Ménage un peu légèrement. C'est le contraire aujourd'hui. Excepté l'exemple pris de Malherbe, tous ceux que cite M. Littré sont tirés de prosateurs des dix-septième et dix-huitième siècles.

15. — Ménage trouve que le mot de *cimetière* n'est pas noble. Il aurait été bien embarrassé d'en donner la raison.

16. — Ces vers de Grotius ont encore été traduits par du Vair, Rapin et Étienne Pasquier.

XVI

AUX OMBRES DE DAMON

STANCES

AV. 1605

L'Orne comme autrefois nous reverroit encore,
Ravis de ces pensers que le vulgaire ignore,
Égarer à l'écart nos pas et nos discours;
Et couchés sur les fleurs comme étoiles semées,
Rendre en si doux ébat les heures consumées, 5
    Que les soleils nous seroient courts.

Mais, ô loi rigoureuse à la race des hommes !
C'est un point arrêté, que tout ce que nous sommes,

XVI. — Ces stances composées par Malherbe, alors qu'il était encore en Provence, c'est-à-dire avant 1605, ne furent publiées pour la première fois que dans l'édition de 1630. Elles ne furent point terminées.

1-6. — Au sujet de cette belle stance de Malherbe sur l'Orne et ses campagnes, Sainte-Beuve observe (*C. du L.*, VIII, p. 59) que c'est le seul endroit où il ait exprimé avec vérité et largeur le sentiment de la nature champêtre.

3. — *Égarer*, laisser aller à l'aventure; sens poétique. Cf. André Chénier, *Élégies*, I, IV, 84. Voy. dans Littré des exemples de C. Delavigne, Lamartine et V. Hugo.

4. — Ménage a remarqué que Columelle, dans son poëme *des Jardins*, 96, a appelé aussi les fleurs, les étoiles de la terre, *terrestria sidera*.

5. *Rendre*, faire devenir. Voy. Littré : *Rendre*, 14°. Cf. le *Lexique de Corneille*. M. Génin, *Lex. de Molière*, remarque que l'emploi de ce tour est fréquent dans Bossuet. *Rendre les heures consumées* est l'équivalent de *consumer les heures*.

6. — *Soleils* pour *jours*. Sic Virgile, *Egl.*, IX. La Fontaine a employé *soleils* pour *années* dans son *Disc. à madame de la Sablière*.

Issus de pères rois et de pères bergers,
La Parque également sous la tombe nous serre ;   10
Et les mieux établis au repos de la terre
    N'y sont qu'hôtes et passagers.

Tout ce que la grandeur a de vains équipages,
D'habillements de pourpre et de suite de pages,
Quand le terme est échu, n'allonge point nos jours ;   15
Il faut aller tout nus où le destin commande ;
Et de toutes douleurs la douleur la plus grande,
    C'est qu'il faut laisser nos amours :

Amours qui, la plupart infidèles et feintes,
Font gloire de manquer à nos cendres éteintes,   20
Et qui, plus que l'honneur estimant les plaisirs,
Sous le masque trompeur de leurs visages blêmes,

---

9. — Comparez cette strophe avec la pièce CIX. — Ménage cite ces vers de Racan, *Ode à M. Maynard*, imités de ceux de Malherbe

> Tous nos jours sont sujets aux Parques.
> Ceux des bergers, ceux des monarques
> Sont coupés des mêmes ciseaux.

10. — Ronsard, *Odes*, IV, XXXII :

> Nul ne desrobe son trespas ;
> Caron *serre* tout en sa nasse,
> Roys et pauvres tombent là bas,

Comme l'ont remarqué les commentateurs, les strophes II et III sont une imitation de l'ode à Posthume d'Horace (II, XIV) :

> Quicumque terræ munere vescimur,
> Enaviganda, sives reges,
>   Sive inopes erimus coloni.
>
> . . . .
> Linquenda tellus, et domus, et placens
> Uxor : neque harum, quas colis, arborum
> Te præter invisas cupressos,
>   Ulla brevem dominum sequetur.

21. — Éd. 1862 : « Le plaisir. »

Acte digne du foudre! en nos obsèques mêmes
  Conçoivent de nouveaux désirs.

Elles savent assez alléguer Artémise, 25
Disputer du devoir et de la foi promise :
Mais tout ce beau langage est de si peu d'effet,
Qu'à peine en leur grand nombre une seule se treuve
De qui la foi survive, et qui fasse la preuve
  Que ta Carinice te fait. 30

Depuis que tu n'es plus, la campagne déserte
A dessous deux hivers perdu sa robe verte,
Et deux fois le printemps l'a repeinte de fleurs,
Sans que d'aucuns discours sa douleur se console,
Et que ni la raison ni le temps qui s'envole 35
  Puisse faire tarir ses pleurs.

24. — C'est, remarque Ménage, la pensée même d'Ovide, *Art d'aimer*, III, 431 :

> Funere sæpe viri vir quæritur.

25. — Voyez ci-dessus la même comparaison au début de la pièce XI.

28. — *Treuve*, pour *trouve*, archaïsme. Molière l'a encore employé dans *le Misanthrope*, I, 1.

32. — *Sa robe verte*; voyez dans le commentaire de Chevreau et dans l'édition de Saint-Marc une riche nomenclature d'exemples tirés des auteurs grecs, latins, italiens, français où cette métaphore est employée. Nous ajouterons ce vers de Marot :

> Du manteau vert les prés se dévestirent.

et nous rappellerons les vers charmants de Charles d'Orléans :

> Le temps a laissé son manteau
> De vent, de froidure et de pluye,
> Et s'est vêtu de broderye
> De soleil raiant, cler et beau.

et ce joli vers d'André Chénier, *Élégies*, I, 1:

> Les champs ont revêtu leur robe d'hyménée.

Le silence des nuits, l'horreur des cimetières,
De son contentement sont les seules matières ;
Tout ce qui plaît déplaît à son triste penser ;
Et si tous ses appas sont encore en sa face, 40
C'est que l'amour y loge et que rien qu'elle fasse
    N'est capable de l'en chasser.

. . . .

Mais quoi ! c'est un chef-d'œuvre où tout mérite abonde,
Un miracle du ciel, une perle du monde,
Un esprit adorable à tous autres esprits ; 45
Et nous sommes ingrats d'une telle aventure,
Si nous ne confessons que jamais la nature
    N'a rien fait de semblable prix.

J'ai vu maintes beautés à la cour adorées,
Qui des vœux des amants à l'envi désirées, 50
Aux plus audacieux ôtoient la liberté :
Mais de les approcher d'une chose si rare,
C'est vouloir que la rose au pavot se compare,
    Et le nuage à la clarté.

Celle à qui dans mes vers, sous le nom de Nérée, 55
J'allois bâtir un temple éternel en durée,
Si sa déloyauté ne l'avoit abattu,
Lui peut bien ressembler du front ou de la joue :
Mais quoi ! puisqu'à ma honte il faut que je l'avoue,
    Elle n'a rien de sa vertu. 60

---

55. — *Nérée*, suivant Ménage, serait ici l'anagramme du nom de Renée, qui était celui d'une dame de Provence.
56-57. — Ces vers présentent deux images contradictoires.

L'âme de cette ingrate est une âme de cire,
Matière à toute forme, incapable d'élire,
Changeant de passion aussitôt que d'objet ;
Et de la vouloir vaincre avecque des services,
Après qu'on a tout fait, on trouve que ses vices   65
    Sont de l'essence du sujet.

Souvent de tes conseils la prudence fidèle
M'avoit sollicité de me séparer d'elle,
Et de m'assujettir à de meilleures lois :
Mais l'aise de la voir avoit tant de puissance,   70
Que cet ombrage faux m'ôtoit la connoissance
    Du vrai bien où tu m'appelois.

Enfin après quatre ans une juste colère
. . . .
Que le flux de ma peine a trouvé son reflux ;   75
Mes sens qu'elle aveugloit ont connu leur offense,
Je les en ai purgés, et leur ai fait défense
    De me la ramentevoir plus.

La femme est une mer aux naufrages fatale ;
Rien ne peut aplanir son humeur inégale ;   80
Ses flammes d'aujourd'hui seront glaces demain ;

---

69. — *Loi* se prononçait *loè*.

71. — *Ombrage* n'est pas ici au sens figuré. Malherbe veut dire que l'aise de la voir, comme une ombre trompeuse, lui dérobait la connaissance, etc.

78. — *Ramentevoir*, rappeler à la mémoire, archaïsme qui n'a pas été remplacé par un mot absolument équivalent. Voy. dans Burguy, *Gr. de la langue d'oïl*, II, p. 14-17, des exemples de *mentevoir*, *amentevoir*, *ramentevoir*. Molière l'a employé dans *le Dépit amoureux*, III, IV.

79. — Comparaison familière aux poëtes ; voy. A. Chénier, p. 277.

Et s'il s'en rencontre une à qui cela n'avienne,
Fais compte, cher esprit, qu'elle a comme la tienne
    Quelque chose de plus qu'humain.

XVII

PARAPHRASE DU PSAUME VIII

STANCES

AV. 1605

O sagesse éternelle, à qui cet univers
Doit le nombre infini des miracles divers
Qu'on voit également sur la terre et sur l'onde !
    Mon Dieu, mon Créateur,
Que ta magnificence étonne tout le monde,   5
Et que le ciel est bas au prix de ta hauteur !

Quelques blasphémateurs, oppresseurs d'innocents,
A qui l'excès d'orgueil a fait perdre le sens,
De profanes discours ta puissance rabaissent ;
    Mais la naïveté   10
Dont mêmes au berceau les enfants te confessent,
Clôt-elle pas la bouche à leur impiété ?

XVII. — Publiées pour la première fois, en 1615, dans les *Délices de la poésie française*. Saint-Marc, d'après une assertion de Racan, a fixé la date de cette pièce avant l'époque (1605) où Malherbe vint à la cour. L'examen de cette pièce fait l'objet de la CLVIII^e lettre de Costar.

13. — *De moi*, pour moi.

De moi, toutes les fois que j'arrête les yeux
A voir les ornements dont tu pares les cieux,
Tu me sembles si grand, et nous si peu de chose, 15
    Que mon entendement
Ne peut s'imaginer quelle amour te dispose
A nous favoriser d'un regard seulement.

Il n'est foiblesse égale à nos infirmités ;
Nos plus sages discours ne sont que vanités, 20
Et nos sens corrompus n'ont goût qu'à des ordures ;
    Toutefois, ô bon Dieu,
Nous te sommes si chers, qu'entre tes créatures,
Si l'ange a le premier, l'homme a le second lieu.

Quelles marques d'honneur se peuvent ajouter 25
A ce comble de gloire où tu l'as fait monter?
Et, pour obtenir mieux, quel souhait peut-il faire,
    Lui que, jusqu'au ponant,
Depuis où le soleil vient dessus l'hémisphère,
Ton absolu pouvoir a fait son lieutenant? 30

Sitôt que le besoin excite son désir,
Qu'est-ce qu'en ta largesse il ne trouve à choisir ?

---

17. — *Quelle amour.* Voy. Littré : « Amour a été masculin et féminin dans les deux siècles derniers. Etc. »
21. — Molière, *Tartufe*, III, vi :
    Chaque instant de ma vie est chargé de souillures :
    Elle n'est qu'un amas de crimes et d'ordures.
24. — Édit. 1862 : « Si l'ange est le premier. » La leçon que nous suivons est due à une correction de Saint-Marc; elle est d'ailleurs donnée par le recueil de 1615.
30. — *Ton absolu pouvoir,* poétique transposition de l'épithète, qu'on trouve dans Racine, *Athalie*, IV, iii, et dans A. Chénier, *le Jeu de paume,* 275.

Et, par ton règlement, l'air, la mer et la terre
    N'entretiennent-ils pas
Une secrète loi de se faire la guerre   35
A qui de plus de mets fournira ses repas ?

Certes, je ne puis faire, en ce ravissement,
Que rappeler mon âme, et dire bassement :
O sagesse éternelle, en merveilles féconde !
    Mon Dieu, mon créateur,   40
Que ta magnificence étonne tout le monde,
Et que le ciel est bas au prix de ta hauteur !

XVIII

POUR LES PALADINS DE FRANCE

ASSAILLANTS DANS UN COMBAT DE BARRIÈRE

STANCES

1605

Eh quoi donc ! la France, féconde
En incomparables guerriers,

---

36. — Malherbe, comme l'a remarqué M. Lalanne, s'est souvenu ici de ce passage du *Traité des bienfaits* de Sénèque (IV, v), qu'il a traduit ainsi : « Qui nous a fait naître toutes ces espèces d'animaux, les uns en terre ferme, les autres en l'eau, et les autres en l'air, afin qu'en tout le corps de la nature, il n'y eût membre qui ne payât à l'homme quelque tribut ? »

38. — Littré : « *Bassement* ne se dit plus pour *à voix basse* ; il s'est dit autrefois en ce sens. (Suit l'ex. de Malh.) » Cf. Malherbe, LXI, 25.

XVIII. — Ces stances furent composées à l'occasion du combat de barrière qui eut lieu le 25 février 1605. Bassompierre, qui en

Aura jusqu'aux deux bouts du monde
Planté des forêts de lauriers,
Et fait gagner à ses armées
Des batailles si renommées,
Afin d'avoir cette douleur
D'ouïr démentir ses victoires,
Et nier ce que les histoires
Ont publié de sa valeur !

Tant de fois le Rhin et la Meuse,
Par nos redoutables efforts,
Auront vu leur onde écumeuse
Regorger de sang et de morts ;
Et tant de fois nos destinées
Des Alpes et des Pyrénées
Les sommets auront fait branler ;
Afin que je ne sais quels Scythes,
Bas de fortune et de mérites,
Présument de nous égaler ?

Non, non : s'il est vrai que nous sommes
Issus de ces nobles aïeux

parle, ne donne que peu de détails. « Notre partie, dit-il, était les chevaliers de l'Aigle, et étions le comte de Sault, Saint-Luc et moi qui entrions ensemble. » Ce qu'on peut inférer de la suite de la pièce, c'est que les adversaires des pairs de France représentaient des Scythes. Ces stances furent imprimées en 1605 dans le *Recueil des cartels et défis... pour le combat de la barrière*.

4. — Balzac, selon Ménage, blâmait l'expression de *planter des forêts de lauriers*. Il avait raison : on cueille, on moissonne, on rapporte des lauriers. « Ou Malherbe, dit Saint-Marc, a pris au cavalier Marin ou le cavalier Marin a pris à Malherbe cette expression qui ne vaut guère mieux en italien qu'en français. » Segrais l'a employée de la seule manière acceptable en disant :

> Que Malherbe autrefois sur ce fameux rivage (l'Orne)
> Planta de ses lauriers sur le Pinde cueillis.

Que la voix commune des hommes
A fait asseoir entre les dieux ;
Ces arrogants, à leur dommage, 25
Apprendront un autre langage,
Et dans leur honte ensevelis,
Feront voir à toute la terre
Qu'on est brisé comme du verre
Quand on choque les fleurs de lis. 30

Henri, l'exemple des monarques
Les plus vaillants et les meilleurs,
Plein de mérites et de marques
Qui jamais ne furent ailleurs ;
Bel astre vraiment adorable 35
De qui l'ascendant favorable
En tous lieux nous sert de rempart,
Si vous aimez votre louange,
Désirez-vous pas qu'on la venge
D'une injure où vous avez part? 40

Ces arrogants, qui se défient
De n'avoir pas de lustre assez,
Impudemment se glorifient
Aux fables des siècles passés ;
Et d'une audace ridicule 45
Nous content qu'ils sont fils d'Hercule,
Sans toutefois en faire foi :
Mais qu'importe-t-il qui puisse être

---

38. — *Louangé*, au sens passif, gloire, comme *laus* en latin.

Ni leur père ni leur ancêtre,
Puisque vous êtes notre roi ? 50

Contre l'aventure funeste
Que leur garde notre courroux,
Si quelque espérance leur reste,
C'est d'obtenir grâce de vous,
Et confesser que nos épées, 55
Si fortes et si bien trempées
Qu'il faut leur céder ou mourir,
Donneront à votre couronne
Tout ce que le ciel environne,
Quand vous le voudrez acquérir. 60

XIX

A MADAME LA PRINCESSE DOUAIRIÈRE

CHARLOTTE DE LA TRÉMOUILLE

SONNET

1605

Quoi donc ! grande princesse en la terre adorée,
Et que même le ciel est contraint d'admirer,

---

49. — Littré, *Ni*, 15° : « *Ni* se dit quelquefois pour *et* en des phrases qui ont un sens négatif implicite. » *Ni* est donc ici très-justement employé, puisque le poëte récuse précisément les hautes prétentions généalogiques des Scythes.

59. — *Environne*, enveloppe ; c'est-à-dire toute la terre.

XIX. — Ce sonnet date, suivant Ménage, de 1605. Il parut pour la première fois, en 1620, dans les *Délices de la poésie française*. La

Vous avez résolu de nous voir demeurer
En une obscurité d'éternelle durée ?

La flamme de vos yeux, dont la cour éclairée 5
A vos rares vertus ne peut rien préférer,
Ne se lasse donc point de nous désespérer,
Et d'abuser les vœux dont elle est désirée ?

Vous êtes en des lieux où les champs toujours verts,
Pour ce qu'ils n'ont jamais que des tièdes hivers, 10
Semblent en apparence avoir quelque mérite ;

Mais si c'est pour cela que vous causez nos pleurs,
Comment faites-vous cas de chose si petite,
Vous de qui chaque pas fait naître mille fleurs ?

---

princesse était depuis 1588 veuve de Henri Ier de Bourbon, prince de Condé. Ce sonnet était accompagné d'une lettre (voy. éd. 1862, tome IV, p. 5) où Malherbe lui disait : « Je vous apporte l'offrande d'un chétif sonnet, que je fis tout aussitôt que je sus qu'au lieu de revenir par deçà, vous tourniez le visage vers la Provence. Il vous sera peut-être rendu trop tard ; mais le principal est qu'il vous fasse croire que je mets la gloire de votre nom entre les plus dignes sujets où je me saurais jamais employer. »

10. — *Pource que*. Littré : « Locution conjonctive qui explique la raison d'une chose et répond à l'interrogation *pourquoi ?...* Cette conjonction, déjà vieillie au dix-septième siècle, est tombée en désuétude. »

14. — Lieu commun poétique dont Chevreau a rassemblé un grand nombre d'exemples tirés des poëtes latins, français et italiens.

XX

PRIÈRE POUR LE ROI HENRI LE GRAND

ALLANT EN LIMOUSIN

STANCES

1605

O Dieu, dont les bontés de nos larmes touchées
Ont aux vaines fureurs les armes arrachées,
Et rangé l'insolence aux pieds de la raison,
Puisque à rien d'imparfait ta louange n'aspire,
Achève ton ouvrage au bien de cet empire, 5
Et nous rends l'embonpoint comme la guérison.

XX. — Cette pièce, composée à la demande de Henri IV, en 1605, lorsque celui-ci partait avec des troupes pour aller tenir les grands jours d'Auvergne, parut, en 1607, dans le *Parnasse des plus excellents poëtes de ce temps*. Ainsi que nous l'apprend Pellisson dans son *Histoire de l'Académie française*, l'Académie consacra trois mois, en 1638, à l'examen des dix-sept premières strophes. — [Cette pièce est fort belle, pleine de dignité, de chaleur, de poésie, de sentiments nobles et patriotiques. Les pensées convenables au sujet et l'expression convenable aux pensées; personne n'a donné à notre langue plus de grâce, de fraîcheur, de nouveauté qu'on n'en trouve dans certains vers de ce poëme. A. Chénier.] « Quelle belle ode, a dit Sainte-Beuve, toute sincère et pleine de sens, de patriotisme et d'à-propos. »

1. — *Les bontés*, critiqué par l'Académie, qui aurait voulu *la bonté*.

3. — Les éditions jusqu'à Ménage donnaient *l'innocence* au lieu de *l'insolence*. L'Académie ne vit pas que c'était une faute d'impression, et déclara que ce vers n'offrait pas de sens raisonnable.

4. — L'Académie a critiqué ce vers à tort. *Louange* a ici le sens de *gloire*, comme ci-dessus, XVIII, 58.

6. — [Ingénieux et excellent. A. Chénier.]

Nous sommes sous un roi si vaillant et si sage,
Et qui si dignement a fait l'apprentissage
De toutes les vertus propres à commander,
Qu'il semble que cet heur nous impose silence, 10
Et qu'assurés par lui de toute violence,
Nous n'avons plus sujet de te rien demander.

Certes quiconque a vu pleuvoir dessus nos têtes
Les funestes éclats des plus grandes tempêtes
Qu'excitèrent jamais deux contraires partis, 15
Et n'en voit aujourd'hui nulle marque paroître,
En ce miracle seul il peut assez connoître
Quelle force a la main qui nous a garantis.

Mais quoi ! De quelque soin qu'incessamment il veille,
Quelque gloire qu'il ait à nulle autre pareille, 20
Et quelque excès d'amour qu'il porte à notre bien,
Comme échapperons-nous en des nuits si profondes,
Parmi tant de rochers que lui cachent les ondes,
Si ton entendement ne gouverne le sien ?

Un malheur inconnu glisse parmi les hommes, 25
Qui les rend ennemis du repos où nous sommes :

13. — Voyez ci-dessus, XIV, 164.
25. — [Élégant. A. Chénier.] *Glisse*, au neutre, pour *se glisse*, se coule, s'insinue. « Voici la belle strophe, dit Sainte-Beuve, pleine de sens, de prudence et de tristesse, une strophe à n'être appréciée que des esprits et des entendements en leur maturité. Ces vers et les suivants, récités à haute voix, n'auraient eu besoin, pour émouvoir et enlever tous les cœurs, pour renouveler, à leur manière, les anciens triomphes dus à la veine lyrique, et faire éclater les larmes avec les applaudissements, que de rencontrer réunis dans une salle du Louvre ou du Palais les bons citoyens du Parlement, de l'Université, de la bourgeoisie sauvée par Henri IV et encore reconnaissante. » Il est juste d'ajouter que dans cette strophe, louée

La plupart de leurs vœux tendent au changement ;
Et comme s'ils vivoient des misères publiques,
Pour les renouveler ils font tant de pratiques,
Que qui n'a point de peur n'a point de jugement. 30

En ce fâcheux état ce qui nous réconforte,
C'est que la bonne cause est toujours la plus forte,
Et qu'un bras si puissant t'ayant pour son appui,
Quand la rébellion plus qu'une hydre féconde
Auroit pour le combattre assemblé tout le monde, 35
Tout le monde assemblé s'enfuiroit devant lui.

Conforme donc, Seigneur, ta grâce à nos pensées ;
Ote-nous ces objets qui des choses passées
Ramènent à nos yeux le triste souvenir ;
Et comme sa valeur, maîtresse de l'orage, 40
A nous donner la paix a montré son courage,
Fais luire sa prudence à nous l'entretenir.

par Sainte-Beuve, Malherbe paraît s'être inspiré de Ronsard, dans son *Discours sur les misères du temps*, lorsque celui-ci, parlant de l'Opinion, fille de Fantaisie, qu'accompagnent « la jeunesse, l'erreur, l'orgueil et la manie, » s'écrie, avec une expression que n'a point laissé échapper Malherbe : .

> Ce monstre qui *se coule* en nos cerveaux après
> Va gagnant la raison laquelle habite auprès ;
> Et alors toute chose en l'homme est desbordée
> Quand par l'opinion la raison est guidée.

32. — On pourrait trop facilement opposer à ce vers tous ceux que les poëtes ont consacrés aux jugements de la Fortune. Voyez André Chénier, *Odes*, V, p. 450. La Fontaine a dit avec plus de vérité :

> La raison du plus fort est toujours la meilleure.

31. — [Ces vers sont d'une expression grande, d'une tournure pleine de magnificence et de sublime. Ils feraient honneur à Racine. A. CHÉNIER.]

Il n'a point son espoir au nombre des armées,
Étant bien assuré que ces vaines fumées
N'ajoutent que de l'ombre à nos obscurités.   45
L'aide qu'il veut avoir, c'est que tu le conseilles ;
Si tu le fais, Seigneur, il fera des merveilles,
Et vaincra nos souhaits par nos prospérités.

Les fuites des méchants, tant soient-elles secrètes,
Quand il les poursuivra, n'auront point de cachettes ; 50
Aux lieux les plus profonds ils seront éclairés ;
Il verra sans effet leur honte se produire,
Et rendra les desseins qu'ils feront pour lui nuire
Aussitôt confondus comme délibérés.

La rigueur de ses lois, après tant de licence,   55
Redonnera le cœur à la foible innocence,
Que dedans la misère on faisoit envieillir.
A ceux qui l'oppressoient il ôtera l'audace ;
Et sans distinction de richesse ou de race,
Tous de peur de la peine auront peur de faillir.   60

La terreur de son nom rendra nos villes fortes,
On n'en gardera plus ni les murs ni les portes,

45-48. — [Vide ! A. Chénier.]
51. — *Éclairés*, mis en pleine lumière, c'est-à-dire découverts.
56. — *Le cœur*. Aujourd'hui on mettrait plus volontiers *du cœur*. Corneille emploie tantôt l'une, tantôt l'autre expression. Les exemples manquent dans le *Lexique* de M. Godefroy. On en trouvera plusieurs dans le *Dictionnaire* de M. Littré.
57. — *Envieillir*, pour *s'envieillir*.
60. — « C'est la traduction, dit Saint-Marc, de ce vers commun :
  Oderunt peccare mali formidine pœnæ,
lequel est parodié de celui d'Horace (*Epit.*, I, xvi, 52) :
  Oderunt peccare boni virtutis amore. »
61. — [Strophe excellente. Le premier vers est plein de sens et

Les veilles cesseront au sommet de nos tours ;
Le fer mieux employé cultivera la terre,
Et le peuple qui tremble aux frayeurs de la guerre,   65
Si ce n'est pour danser, n'aura plus de tambours.

Loin des mœurs de son siècle il bannira les vices,
L'oisive nonchalance et les molles délices,
Qui nous avoient portés jusqu'aux derniers hasards ;
Les vertus reviendront de palmes couronnées,   70
Et ses justes faveurs, aux mérites données,
Feront ressusciter l'excellence des arts.

d'une expression nerveuse. Le troisième est pittoresque et d'une franchise, d'une pureté et d'une élégance de langage admirable ; de même est le suivant. La pensée du dernier est excellente. A. Chénier.]

66. — L'édition que lisait André Chénier donne *n'orra* (futur du verbe *ouïr*), aussi ajoute-t-il à la note précédente : « *N'orra* n'est pas heureux. » Cette leçon, adoptée par Saint-Marc sur la foi d'un recueil de 1620, manque d'autorité et ne peut être admise. Saint-Marc a rapproché de ce passage des vers latins et italiens et un charmant fragment de Bacchylide *sur la Paix*, dont à la vérité il a arrangé quelque peu la traduction pour l'occasion, en rapprochant deux membres de phrase qui ne sont pas consécutifs. Cette strophe semble due à un souvenir de Ronsard (*Odes*, I, 1) :

>   Diversement, ô paix heureuse,
>   Tu es la garde vigoureuse
>   Des peuples et de leurs cités ;
>   Des royaumes la clef tu portes,
>   Tu ouvres des villes les portes
>   Sereñant leurs adversités.
>   . . . .
>   En lieu du fer outrageux
>   Des menaces et des flammes
>   Tu nous ramènes les jeux
>   Le bal et l'amour des dames.

67. — [Celle-ci n'est pas moins belle et pour le sens et pour tout : peut-être même est-elle plus parfaite comme poésie. La belle image que celle du quatrième vers ! Il n'y a rien en notre langue d'un style plus excellent que ces trois derniers vers-là. A. Chénier.]

La foi de ses aïeux, ton amour et ta crainte,
Dont il porte dans l'âme une éternelle empreinte,
D'actes de piété ne pourront l'assouvir ;   75
Il étendra ta gloire autant que sa puissance,
Et n'ayant rien si cher que ton obéissance,
Où tu le fais régner, il te fera servir.

Tu nous rendras alors nos douces destinées ;
Nous ne reverrons plus ces fâcheuses années,   80
Qui pour les plus heureux n'ont produit que des pleurs.
Toute sorte de biens comblera nos familles,
La moisson de nos champs lassera les faucilles,
Et les fruits passeront la promesse des fleurs.

La fin de tant d'ennuis dont nous fûmes la proie   85
Nous ravira les sens de merveille et de joie ;
Et d'autant que le monde est ainsi composé,
Qu'une bonne fortune en craint une mauvaise,

75. — *Ton amour et ta crainte* ; ici le pronom possessif, *ton, ta*, est employé pour le génitif du pronom personnel, *de toi* (Dieu).
75. — [Difficile ! A. Chénier.]
78. — [Équivoque ! A. Chénier.] L'équivoque provient de ce que dans le premier membre de phrase *le* est sujet de l'infinitif *régner*, et que, dans le second, *te* est le régime de l'infinitif *servir*.
79. — [Autre strophe pure, harmonieuse, animée, pleine de grâce et de facilité. Je ne sais rien nulle part où il y ait plus d'imagination, de goût, de vraie poésie que dans les deux derniers vers. Le dernier surtout est d'une élégance si exquise, qu'il n'a pas été surpassé en français. Il est tout à fait virgilien. A. Chénier.]
84. — [Divin ! A. Chénier.] A. Chénier a dit dans *Arcas et Palémon*, p. 90 :

    Et l'automne a tenu les promesses de Flore.

Et voyez la pensée contraire dans une de ses *Élégies*, I, ix, p. 175.
86. — [Au second vers, *merveille* est employé dans son sens primitif d'*étonnement*, comme *maraviglia* en italien. Il faut s'en souvenir et l'imiter ; car c'est une vraie richesse de langage. A. Chénier.]

Ton pouvoir absolu, pour conserver notre aise,
Conservera celui qui nous l'aura causé.

Quand un roi fainéant, la vergogne des princes,
Laissant à ses flatteurs le soin de ses provinces,
Entre les voluptés indignement s'endort,
Quoique l'on dissimule, on n'en fait point d'estime ;
Et si la vérité se peut dire sans crime,   95
C'est avecque plaisir qu'on survit à sa mort.

Mais ce roi, des bons rois l'éternel exemplaire,
Qui de notre salut est l'ange tutélaire,
L'infaillible refuge et l'assuré secours,
Son extrême douceur ayant dompté l'envie,   100
De quels jours assez longs peut-il borner sa vie,
Que notre affection ne les juge trop courts ?

Nous voyons les esprits nés à la tyrannie,
Ennuyés de couver leur cruelle manie,
Tourner tous leurs conseils à notre affliction ;   105

---

91. — [Voilà une strophe divine, pleine de noblesse, de courage, de liberté, d'une force et d'une franchise d'expression qui rend le poëte respectable et décèle une grande âme. Il est beau d'oser écrire à un roi sur ce ton. Mais Henri IV pouvait tout entendre. Il y a d'autant plus de mérite à avoir fait cette strophe, qu'elle renferme une allusion évidente au règne de Henri III. A. Chénier.] Cette strophe fut la seule, suivant Pellisson, à laquelle l'Académie ne trouva rien à dire. « Et par là il paraît, ajoute Ménage, qu'ils n'ont pas désapprouvé le mot de *vergogne :* dont je leur say bon gré. » Chevreau, dans son verbeux commentaire, s'est montré plus sévère que l'Académie tout entière. Le mot était déjà vieilli à cette époque ; mais cette strophe de Malherbe suffira pour le conserver à la haute poésie.

97. — *Exemplaire*, modèle : voy. dans Littré deux beaux exemples, l'un de Corneille, l'autre de Bourdaloue.

8

Et lisons clairement dedans leur conscience,
Que s'ils tiennent la bride à leur impatience,
Nous n'en sommes tenus qu'à sa protection.

Qu'il vive donc, Seigneur, et qu'il nous fasse vivre !
Que de toutes ces peurs nos âmes il délivre ; 110
Et rendant l'univers de son heur étonné,
Ajoute chaque jour quelque nouvelle marque
Au nom qu'il s'est acquis du plus rare monarque
Que ta bonté propice ait jamais couronné !

Cependant son dauphin, d'une vitesse prompte, 115
Des ans de sa jeunesse accomplira le compte ;
Et suivant de l'honneur les aimables appas,
De faits si renommés ourdira son histoire,
Que ceux qui dedans l'ombre éternellement noire
Ignorent le soleil, ne l'ignoreront pas. 120

Par sa fatale main qui vengera nos pertes,
L'Espagne pleurera ses provinces désertes,
Ses châteaux abattus et ses camps déconfits ;

---

120. — [Noble, pompeux, grave, *Stesichorique graves camenae*. A. Chénier.] — *Ignorer ;* Chénier a dit, *Élégies*, II, III :

> . . . . Et les amants,
> Ignorant le parjure, ignorent les serments.

121. — *Fatale*, conduite par le destin, au sens latin. Cf. plus loin. XXI, 155.

122. — Cf. ci-dessus, VII, 57.

123. — *Déconfits*, défaits, rompus, dispersés. Littré : « *Déconfire*, qui appartenait autrefois aussi bien au style élevé qu'au style ordinaire, a perdu de sa dignité, et ne se dit plus guère qu'avec un sens de moquerie ou de plaisanterie. » Éd. 1862 : « Ses champs. »

Et si de nos discords l'infâme vitupère
A pu la dérober aux victoires du père, 125
Nous la verrons captive aux triomphes du fils.

XXI

SUR L'ATTENTAT

[COMMIS EN LA PERSONNE DE HENRI LE GRAND

LE 19 DÉCEMBRE 1605

ODE

1606

Que direz-vous, races futures,
Si quelquefois un vrai discours
Vous récite les aventures
De nos abominables jours ?

124. — *Discords*, dissensions civiles. Littré : « L'Académie dit que ce mot vieillit ; les exemples ci-dessus (de Béranger) prouvent qu'il n'en est rien ; et ce mot reste très-bon en poésie et dans la prose élevée. » — *Vitupère*, blâme, mot hors d'usage. *L'infâme vitupère* est très-obscur par suite d'une transposition qui n'est pas heureuse ; pour arriver au sens réel il faut prendre le substantif de l'adjectif et l'adjectif correspondant au substantif : *L'infamie blâmable*.

XXI. — Cet attentat fut commis sur le pont Neuf par un nommé Jacques des Isles, selon l'Estoile (voy. l'éd. 1862), procureur à Senlis. Il saisit le roi par son manteau et le lui arracha ; on constata sa folie et il ne fut point puni. — Cette pièce parut, en 1607, dans le *Parnasse des plus excellents poëtes de ce temps*.

1. — [Cette ode est une de celles où Malherbe a mis le plus de cette chaleur et de cet enthousiasme qui constituent le genre lyrique. En général, il en manque. A. CHÉNIER.]

Lirez-vous, sans rougir de honte, 5
Que notre impiété surmonte
Les faits les plus audacieux
Et les plus dignes du tonnerre,
Qui firent jamais à la terre
Sentir la colère des cieux ? 10

O que nos fortunes prospères
Ont un change bien apparent !
O que du siècle de nos pères
Le nôtre s'est fait différent !
La France, devant ces orages, 15
Pleine de mœurs et de courages
Qu'on ne pouvoit assez louer,
S'est faite aujourd'hui si tragique,
Qu'elle produit ce que l'Afrique
Auroit vergogne d'avouer. 20

Quelles preuves incomparables
Peut donner un prince de soi,

---

6. — *Surmonte*, dépasse, surpasse.

11. — [On assure que Malherbe lui-même condamnait cette expression. Il avait tort. Racine a dit (*Esth.*, III, IV) :

Ont vu bénir le cours de leurs destins prospères.

A. CHÉNIER.]

Et Voltaire dans *OEdipe*, IV, I :

Dans le cours triomphant de ses destins prospères.

Voyez dans la Vie de Malherbe par Racan l'anecdote relative à M. de Termes. — « Je ne sais, dit Ménage (à propos du mot *prospère*) pourquoi nos puristes font aujourd'huy difficulté de s'en servir. » *Prospère*, remarque d'Olivet (*sur Racine*), ne se dit presque plus en prose; mais en vers il est toujours beau, et ce mot n'est pas le seul qui, à mesure qu'il vieillit pour la prose, n'en devient que plus poétique. » Voy. le *Lexique de Corneille* de M. Godefroy.

12. — *Change*, succession d'états divers; il a dit autre part, XLVIII, 16 : « Le change des saisons. »

Que les rois les plus adorables
N'en quittent l'honneur à mon roi ?
Quelle terre n'est parfumée
Des odeurs de sa renommée ?
Et qui peut nier qu'après Dieu,
Sa gloire, qui n'a point d'exemples,
N'ait mérité que dans nos temples
On lui donne le second lieu ?

Qui ne sait point qu'à sa vaillance
Il ne se peut rien ajouter ?
Qu'on reçoit de sa bienveillance
Tout ce qu'on en doit souhaiter ?
Et que si de cette couronne,
Que sa tige illustre lui donne,
Les lois ne l'eussent revêtu,
Nos peuples d'un juste suffrage
Ne pouvoient, sans faire naufrage,
Ne l'offrir point à sa vertu ?

Toutefois, ingrats que nous sommes,
Barbares et dénaturés,
Plus qu'en ce climat où les hommes
Par les hommes sont dévorés,

26. — [Ces deux vers ont une tournure bouffonne.
      Odeur de saint se sentait à la ronde!
                            A. Chénier.]

30. — [Tous ces éloges-là sont d'une gaucherie ! A. Chénier.]
39. — [Rime parasite. A. Chénier.]
40. — « La même idée, remarque M. Lalanne, est exprimée dans les vers de Ronsard sur Charles IX :
      Et quand il ne seroit héritier de l'Empire,
      Sur ses rares vertus on le devroit élire.

Toujours nous assaillons sa tête 45
De quelque nouvelle tempête ;
Et d'un courage forcené,
Rejetant son obéissance,
Lui défendons la jouissance
Du repos qu'il nous a donné. 50

La main de cet esprit farouche,
Qui, sorti des ombres d'enfer,
D'un coup sanglant frappa sa bouche,
A peine avoit laissé le fer ;
Et voici qu'un autre perfide, 55
Où la même audace réside,
Comme si détruire l'État
Tenoit lieu de juste conquête,
De pareilles armes s'apprête
A faire un pareil attentat. 60

O soleil, ô grand luminaire !
Si jadis l'horreur d'un festin
Fit que de ta route ordinaire
Tu reculas vers le matin,
Et d'un émerveillable change 65
Te couchas aux rives du Gange,
D'où vient que ta sévérité,
Moindre qu'en la faute d'Atrée,

---

53. — Jean Châtel, qui blessa le roi à la lèvre dans la chambre même de Gabrielle d'Estrées.
65. — *Émerveillable*, non recueilli par l'Académie. Voy. d'autres exemples dans Littré. — *Change*, pas au même sens qu'au vers 12; ici signifie changement. M. Littré (au mot *Émerveillable*) lit *échange*, mais par inadvertance peut-être.

Ne punit point cette contrée
D'une éternelle obscurité ?   70

Non, non, tu luis sur le coupable,
Comme tu fais sur l'innocent ;
Ta nature n'est point capable
Du trouble qu'une âme ressent ;
Tu dois ta flamme à tout le monde ;   75
Et ton allure vagabonde
Comme une servile action
Qui dépend d'une autre puissance,
N'ayant aucune connoissance,
N'a point aussi d'affection.   80

Mais, ô planète belle et claire,
Je ne parle pas sagement ;
Le juste excès de la colère
M'a fait perdre le jugement ;
Ce traître, quelque frénésie   85
Qui travaillât sa fantaisie,

70. — [Cette strophe est belle ; le passage est rapide et chaud. Le troisième et le quatrième vers rendent très-bien une belle image, que les deux suivants gâtent. La faute d'Atrée est de la dernière faiblesse. Cette strophe pathétique et inattendue est, je crois, ce qu'il y a de plus lyrique dans tout Malherbe. A. Chénier.]

72. — Ménage a rapproché de ces vers ce passage de saint Mathieu, V, vers. 45 : « Qui solem suum oriri facit super bonos et malos, et pluit super justos et injustos ; » et un passage de Sénèque au livre IV, chap. xxv, du *Traité des bienfaits*, que Malherbe a traduit ainsi : « Les méchants voient le soleil comme les bons, et les mers ne font pas meilleure mine à la barque d'un marchand qu'à la frégate d'un écumeur. »

75. — [Cela devient sec et froid. A. Chénier.]

81. — [Et ceci à la glace, et d'un style burlesque. A. Chénier.]

86. — *Fantaisie*, imagination. Voy. le *Dict.* de Littré où se trouve citée la définition de ce mot tirée du *Dictionnaire philosophique* de Voltaire.

Eut encore assez de raison
Pour ne vouloir rien entreprendre,
Bel astre, qu'il n'eût vu descendre
Ta lumière sous l'horizon.   80

Au point qu'il écuma sa rage,
Le dieu de Seine étoit dehors
A regarder croître l'ouvrage
Dont ce prince embellit ses bords.
Il se resserra tout à l'heure   95
Au plus bas lieu de sa demeure ;
Et ses nymphes dessous les eaux,
Toutes sans voix et sans haleine,
Pour se cacher furent en peine
De trouver assez de roseaux.   100

La terreur des choses passées
A leurs yeux se ramentevant
Faisoit prévoir à leurs pensées
Plus de malheurs qu'auparavant ;
Et leur étoit si peu croyable   105
Qu'en cet accident effroyable
Personne les pût secourir,
Que, pour en être dégagées,
Le ciel les auroit obligées,
S'il leur eût permis de mourir.   110

---

91. — *Point*, moment. — *Écuma sa rage*, la débarrassa de son écume. Pendant l'attente *il écumait de rage*, et quand le moment fut venu *il écuma sa rage*.

94. — [Cette strophe est fort bien ; la fin en est charmante. C'est une idée très-ingénieuse de faire sortir les dieux de la Seine pour admirer les bâtiments que le roi faisait construire. A. Chénier.] Voy. Marot, *Chant nuptial du roi d'Écosse*. — C'était la grande galerie du Louvre que faisait alors construire le roi.

Revenez, belles fugitives ;
De quoi versez-vous tant de pleurs ?
Assurez vos âmes craintives,
Remettez vos chapeaux de fleurs.
Le roi vit, et ce misérable, 115
Ce monstre vraiment déplorable,
Qui n'avoit jamais éprouvé
Que peut un visage d'Alcide,
A comméncé le parricide,
Mais il ne l'a pas achevé. 120

Pucelles, qu'on se réjouisse ;
Mettez-vous l'esprit en repos ;
Que cette peur s'évanouisse,
Vous la prenez mal à propos ;
Le roi vit, et les destinées 125
Lui gardent un nombre d'années
Qui fera maudire le sort
A ceux dont l'aveugle manie
Dresse des plans de tyrannie
Pour bâtir quand il sera mort. 130

O bienheureuse intelligence,
Puissance, quiconque tu sois,
Dont la fatale diligence

---

111. — [Ceci est charmant, d'un style frais et plein de grâce, et feraitbien plus d'effet si les strophes qui précèdent peignaient la terreur avec des couleurs plus fortes et plus animées. A. Chénier.].

115. — Il se répète ; voy. VII, 26.

121. — [Cette strophe et la précédente auraient dû être fondues en une. La marche est lente. A. Chénier.]

133. — [Le mot *fatal* est là dans le vrai sens du latin. On ne l'em-

Préside à l'empire françois !
Toutes ces visibles merveilles 135
De soins, de peines et de veilles,
Qui jamais ne t'ont pu lasser,
N'ont-elles pas fait une histoire
Qu'en la plus ingrate mémoire
L'oubli ne sauroit effacer ? 140

Ces archers aux casaques peintes
Ne peuvent pas n'être surpris,
Ayant à combattre les feintes
De tant d'infidèles esprits.
Leur présence n'est qu'une pompe ; 145
Avecque peu d'art on les trompe.
Mais de quelle dextérité
Se peut déguiser une audace,
Qu'en l'âme aussitôt qu'en la face
Tu n'en lises la vérité ? 150

Grand démon d'éternelle marque,
Fais qu'il te souvienne toujours

ploie plus ainsi. C'était une richesse véritable. Malherbe l'aimait. Il a dit ailleurs (XXXI, 71 ; cf. XX, 121) :

> Qui ne sait de quelles tempêtes
> Leur *fatale* main autrefois,
> Portant la foudre de nos rois,
> Des Alpes a battu les têtes ?....

Et ailleurs (CXII, 115) :

> Par cet exploit fatal.....
>   A. CHÉNIER.]

A. Chénier se trompe en disant que ce mot ne s'emploie plus ainsi ; voy. le *Dictionnaire* de Littré.

151. — [Toute cette fin est trop longue, défaut commun à presque toutes les odes de Malherbe, et même de Rousseau. Il est bien difficile de soutenir si longtemps le ton de chaleur et d'enthousiasme qui convient à la lyre. A. CHÉNIER.]

Que tous nos maux en ce monarque
Ont leur refuge et leur secours ;
Et qu'arrivant l'heure prescrite, 155
Que le trépas, qui tout limite,
Nous privera de sa valeur,
Nous n'avons jamais eu d'alarmes
Où nous ayons versé des larmes
Pour une semblable douleur. 160

Je sais bien que par la justice,
Dont la paix accroît le pouvoir,
Il fait demeurer la malice
Aux bornes de quelque devoir,
Et que son invincible épée 165
Sous telle influence est trempée,
Qu'elle met la frayeur partout
Aussitôt qu'on la voit reluire :
Mais quand le malheur veut nous nuire,
De quoi ne vient-il point à bout ? 170

Soit que l'ardeur de la prière
Le tienne devant un autel,
Soit que l'honneur à la barrière
L'appelle à débattre un cartel,
Soit que dans la chambre il médite, 175
Soit qu'aux bois la chasse l'invite,
Jamais ne t'écarte si loin,
Qu'aux embûches qu'on lui peut tendre

---

171. — [Cette strophe est belle, surtout pour le tour, qui est le même que dans l'Ode au duc de Bellegarde :

    Soit que l'honneur de la carrière, etc...

                            A. CHÉNIER.]

Tu ne sois prêt à le défendre,
Sitôt qu'il en aura besoin. 180

Garde sa compagne fidèle,
Cette reine, dont les bontés
De notre foiblesse mortelle
Tous les défauts ont surmontés.
Fais que jamais rien ne l'ennuie ; 185
Que toute infortune la fuie ;
Et qu'aux roses de sa beauté
L'âge, par qui tout se consume,
Redonne contre sa coutume
La grâce de la nouveauté. 190

Serre d'une étreinte si ferme
Le nœud de leurs chastes amours,
Que la seule mort soit le terme
Qui puisse en arrêter le cours.
Bénis les plaisirs de leur couche, 195
Et fais renaître de leur souche
Des scions si beaux et si verts,
Que de leur feuillage sans nombre
A jamais ils puissent faire ombre
Aux peuples de tout l'univers. 200

Surtout pour leur commune joie
Dévide aux ans de leur dauphin,

194. — Dans ces quatre premiers vers, ainsi que l'a remarqué Saint-Marc, les images sont disparates.
198. — [Belle image bien rendue pour le temps. A. Chénier.]
199. — Ménage a cité ces vers des *Géorgiques* de Virgile (II, 488) qui se rapprochent en effet de ceux de Malherbe par l'expression :

. . . O qui me gelidis in vallibus Hæmi
Sistat, et ingenti ramorum protegat umbra !

A longs filets d'or et de soie,
Un bonheur qui n'ait point de fin ;
Quelques vœux que fasse l'envie, 205
Conserve-leur sa chère vie ;
Et tiens par elle ensevelis
D'une bonace continue
Les aquilons, dont sa venue
A garanti les fleurs de lis. 210

Conduis-le sous leur assurance
Promptement jusques au sommet
De l'inévitable espérance
Que son enfance leur promet.
Et pour achever leurs journées, 215
Que les oracles ont bornées
Dedans le trône impérial,
Avant que le ciel les appelle,
Fais-leur ouïr cette nouvelle,
Qu'il a rasé l'Escurial. 220

205. — [(XXXI, 241) :

> Ainsi de tant d'or et de soie
> Ton âme dévide le cours....

Ailleurs (CXXIV, 5) :

> Nos jours filés de toutes soies
> Ont des ennuis comme des joies.

Cette image est belle et poétique. Malherbe l'a épuisée. Il se répète souvent soit pour la pensée, soit pour l'expression ; souvenons-nous aussi qu'il faisait sa langue et qu'à mesure qu'il enfantait une nouvelle pensée, il lui fallait créer aussi une expression nouvelle. A. Chénier.]

211. — [Quatre vers fort beaux. *L'inévitable espérance* est de la précision la plus heureuse et la plus poétique. A. Chénier.]

XXII

AUX DAMES

POUR LES DEMI-DIEUX MARINS CONDUITS PAR NEPTUNE

STANCES

1606

O ! qu'une sagesse profonde
Aux aventures de ce monde
Préside souverainement !
Et que l'audace est mal apprise
De ceux qui font une entreprise, 5
Sans douter de l'événement !

Le renom que chacun admire
Du prince qui tient cet empire
Nous avoit fait ambitieux
De mériter sa bienveillance, 10
Et donner à notre vaillance
Le témoignage de ses yeux.

Nos forces, partout reconnues,
Faisoient monter jusques aux nues
Les desseins de nos vanités ; 15

XXII. — Ces stances furent composées à l'occasion du ballet *des Quatre éléments*, qui fut dansé, le 20 février 1606, lors de l'accouchement de la reine. La Mer était représentée par M. de Guise, par M. de Bellegarde et autres. Voyez le récit de Bassompierre. Elles furent imprimées, en 1609, dans *le Nouveau Parnasse*.

Et voici qu'avecque des charmes
Un enfant qui n'avoit point d'armes
Nous a ravi nos libertés.

Belles merveilles de la terre,
Doux sujets de paix et de guerre, 20
Pouvons-nous avecque raison
Ne bénir pas les destinées
Par qui nos âmes enchaînées
Servent en si belle prison ?

L'aise nouveau de cette vie 25
Nous ayant fait perdre l'envie
De nous en retourner chez nous,
Soit notre gloire ou notre honte,
Neptune peut bien faire compte
De nous laisser avecque vous. 30

Nous savons quelle obéissance
Nous oblige notre naissance
De porter à sa royauté ;
Mais est-il ni crime ni blâme
Dont vous ne dispensiez une âme 35
Qui dépend de votre beauté ?

Qu'il s'en aille à ses Néréides,
Dedans ses cavernes humides,
Et vive misérablement,

---

36. — *Qui dépend de votre beauté*, qui vous est attaché par le lien de votre beauté. A. Chénier a dit dans une élégie, I, xii, p. 188 :

Sa voix, lien puissant d'où dépendent nos jours.

Confiné parmi ses tempêtes ;
Quant à nous, étant où vous êtes,
Nous sommes en notre élément.

XXIII.

AU ROI HENRI LE GRAND

SUR L'HEUREUX SUCCÈS DU VOYAGE DE SEDAN

ODE

1606

Enfin après les tempêtes
Nous voici rendus au port ;
Enfin nous voyons nos têtes
Hors de l'injure du sort.
Nous n'avons rien qui menace
De troubler notre bonace ;

XXIII. — En mars 1606, Henri IV était parti à la tête de son armée pour réduire le duc de Bouillon retranché dans Sedan. En apprenant l'arrivée du roi, Sedan se rendit dans les premiers jours d'avril. Cette ode parut, en 1607, dans le *Parnasse des plus excellents poëtes de ce temps.* — Selon Racan, cette ode était une de celles que Malherbe estimait le plus. « Elle est, remarque Sainte-Beuve (*N. L.*, XIII, p. 387) dans ce rhythme vif et pressé (la strophe de dix vers et le vers de sept syllabes) qui donne à la pensée toute son impulsion et qui semble fait pour sonner la charge ou pour chanter la victoire. Pendant toute la durée du chant, Malherbe se montre comme saisi et possédé d'une légère ivresse, jusqu'à conseiller à Henri IV la reprise des guerres et des conquêtes. » Voy. plus loin au vers 111.

Et ces matières de pleurs,
Massacres, feux et rapines,
De leurs funestes épines
Ne gâteront plus nos fleurs.   10

Nos prières sont ouïes,
Tout est réconcilié ;
Nos peurs sont évanouies,
Sedan s'est humilié ;
À peine a vu le foudre   15
Parti pour le mettre en poudre,
Que, faisant comparaison
De l'espoir et de la crainte,
Pour éviter la contrainte
Il s'est mis à la raison. *   20

Qui n'eût cru que ses murailles,
Que défendoit un lion,
N'eussent fait des funérailles
Plus que n'en fit Ilion ;
Et qu'avant qu'être à la fête   25
De si pénible conquête,

---

7. — *Matières*, causes. Les images des quatre derniers vers de cette strophe sont incohérentes. « Ces quatre derniers vers ne sont que du galimatias, » dit Saint-Marc ; et l'on ne peut le contredire.

22. — « La maison des seigneurs de la Marck, ducs de Bouillon, portait dans ses armes un *lion issant de gueules en chef.* » Éd. 1862.

23. — L'Académie a blâmé avec raison l'emploi, pourtant superbe, du mot *funérailles* dans ce vers du *Cid* :

Se faire un beau rempart de mille funérailles ;

mais c'est à tort que Chevreau le critique dans ce vers de Malherbe, la mort de héros devant une place de guerre éveillant immédiatement l'idée de funérailles.

9.

Les champs se fussent vêtus
Deux fois de robe nouvelle,
Et le fer eût en javelle
Deux fois les blés abattus ? 30

Et toutefois, ô merveille !
Mon roi, l'exemple des rois,
Dont la grandeur nonpareille
Fait qu'on adore ses lois,
Accompagné d'un génie, 35
Qui les volontés manie,
L'a su tellement presser
D'obéir et de se rendre,
Qu'il n'a pas eu pour le prendre
Loisir de le menacer. 40

Tel qu'à vagues épandues
Marche un fleuve impérieux,
De qui les neiges fondues
Rendent le cours furieux :
Rien n'est sûr en son rivage ; 45

---

27. — Voy. XVI, 31.

41-50. — « Tous les poëtes, dit Ménage, sont pleins de cette comparaison d'un grand capitaine à un grand fleuve ou à un torrent impétueux. » Chevreau et Saint-Marc ont enrichi leurs commentaires de nombreuses citations d'Homère, de Virgile, d'Horace, de Lucain, de Silius Italicus, du Tasse, de l'Arioste, de Chapelain et de Ronsard. Malherbe, très-certainement, avait présents à la mémoire les vers de Virgile, *Enéide*, II, 305 :

. . . . . . Rapidus montano flumine torrens
Sternit agros, sternit sata læta, boumque labores,
Præcipitesque trahit silvas. . . . .

Et certainement il se souvenait aussi des vers de Ronsard, *Odes*, III, v :

Comme on voit l'orgueil d'un torrent, etc.

Ce qu'il trouve il le ravage ;
Et trainant comme buissons
Les chênes et leurs racines,
Ote aux campagnes voisines
L'espérance des moissons. 50

Tel, et plus épouvantable,
S'en alloit ce conquérant,
A son pouvoir indomptable
Sa colère mesurant.
Son front avoit une audace 55
Telle que Mars en la Thrace ;
Et les éclairs de ses yeux
Étoient comme d'un tonnerre
Qui gronde contre la terre,
Quand elle a fâché les cieux. 60

Quelle vaine résistance
A son puissant appareil
N'eût porté la pénitence
Qui suit un mauvais conseil,
Et vu sa faute bornée 65
D'une chute infortunée,
Comme la rébellion,
Dont la fameuse folie
Fit voir à la Thessalie
Olympe sur Pélion ! 70

Voyez comme en son courage,
Quand on se range au devoir,
La pitié calme l'orage

Que l'ire a fait émouvoir.
A peine fut réclamée 75
Sa douceur accoutumée,
Que d'un sentiment humain
Frappé non moins que de charmes,
Il fit la paix, et les armes
Lui tombèrent de la main. 80

Arrière, vaines chimères
De haines et de rancueurs ;
Soupçons de choses amères,
Éloignez-vous de nos cœurs :
Loin, bien loin, tristes pensées 85
Où nos misères passées
Nous avoient ensevelis.
Sous Henri, c'est ne voir goutte
Que de révoquer en doute
Le salut des fleurs de lis. 90

O roi, qui du rang des hommes
T'exceptes par ta bonté,

82. — *Rancueur*, haine latente, sentiment d'envie. Littré : « Même sens que *rancune*, mais d'un style plus élevé. » Marmontel, que cite M. Littré, a dit (*Œuvres*, X, p. 436) : « *Rancune* est populaire, mais *rancœur* serait noble et plus fort que *ressentiment*. » Ronsard, *Am.*, II, xxxvii :

    La rancueur nuit toujours à ceux qui sont en vie.

81. — *Ne voir goutte*, expression devenue trop familière pour le style élevé. M. Littré cite cet exemple de Corneille, *Nicomède*, III, iv, oublié par M. Godefroy :

    Pour moi, je ne vois goutte en ce raisonnement.

Malherbe l'a employée deux fois en prose, dans sa traduction du *Traité des bienfaits* de Sénèque (V, vi et xii), avec cette légère nuance d'ironie qu'elle a conservée.

Roi, qui de l'âge où nous sommes
Tout le mal as surmonté ;
Si tes labeurs, d'où la France 95
A tiré sa délivrance,
Sont écrits avecque foi,
Qui sera si ridicule
Qu'il ne confesse qu'Hercule
Fut moins Hercule que toi ? 100

De combien de tragédies,
Sans ton assuré secours,
Étoient les trames ourdies
Pour ensanglanter nos jours !
Et qu'auroit fait l'innocence, 105
Si l'outrageuse licence,
De qui le souverain bien
Est d'opprimer et de nuire,
N'eût trouvé pour la détruire
Un bras fort comme le tien ? 110

Mon roi, connois ta puissance,
Elle est capable de tout ;

---

100. — Hyperbole dont Malherbe offre d'autres exemples ; voyez LVIII, 1 et XLVII, 23. Sur cette figure, consultez Balzac, *Entretien* XXXI, ainsi que Ménage, Chevreau et Saint-Marc, qui en ont rassemblé de nombreux exemples. André Chénier, *Art d'aimer*, XIII, p. 416, a su la rajeunir par un tour particulier emprunté à la Fontaine :

Offrons tout ce qu'on doit d'encens, d'honneurs suprêmes
Aux dieux, à la beauté plus divine qu'eux-mêmes.

110. — Après avoir cité cette strophe (*N. L.*, XIII, p. 388), Sainte-Beuve ajoute : « Il y a dans cette strophe bien de la légèreté martiale et de l'élégante hardiesse. Mais ce n'est pas notre pièce de choix aujourd'hui : Malherbe y fait trop le jeune homme. »

Tes desseins n'ont pas naissance
Qu'on en voit déjà le bout;
Et la Fortune, amoureuse 115
De ta vertu généreuse,
Trouve de si doux appas
A te servir et te plaire,
Que c'est la mettre en colère
Que de ne l'employer pas. 120

Use de sa bienveillance,
Et lui donne ce plaisir,
Qu'elle suive ta vaillance
A quelque nouveau désir.
Où que tes bannières aillent, 125
Quoi que tes armes assaillent,
Il n'est orgueil endurci
Que brisé comme du verre
A tes pieds elle n'atterre
S'il n'implore ta merci. 130

Je sais bien que les oracles
Prédisent tous qu'à ton fils
Sont réservés les miracles
De la prise de Memphis ;
Et que c'est lui dont l'épée, 135
Au sang barbare trempée,
Quelque jour apparoissant
A la Grèce qui soupire,

---

129. — *Atterrer*, avec son sens primitif, renverser à terre.
138. — Voilà de ces passages qui, chez les anciens, avaient fait surnommer les poëtes *sacri vates*.

Fera décroître l'empire
De l'infidèle Croissant. 140

Mais tandis que les années
Pas à pas font avancer
L'âge où de ses destinées
La gloire doit commencer,
Que fais-tu, que, d'une armée 145
A te venger animée,
Tu ne mets dans le tombeau
Ces voisins, dont les pratiques
De nos rages domestiques
Ont allumé le flambeau ? 150

Quoique les Alpes chenues
Les couvrent de toutes parts,
Et fassent monter aux nues
Leurs effroyables remparts ;
Alors que de ton passage 155
On leur fera le message,
Qui verront-elles venir
Envoyé sous tes auspices,
Qu'aussitôt leurs précipices
Ne se laissent aplanir ? 160

140. — En disant qu'il a imité cette pensée dans une de ses élégies, Ménage exprime le regret naïf de n'avoir pu exprimer en latin l'antithèse de *décroistre* et de *croissant*.

145. — *Que fais-tu, que... tu ne mets ?...* Quelle chose fais-tu à cause de laquelle tu ne mets ?... Pourquoi ne mets-tu ? Après *Que fais-tu que*, la Fontaine (*Fables*, VIII, v) emploie avec raison le subjonctif :

Que fais-tu, Jupiter, que du haut de la nue
Tu n'en perdes la race afin de me venger.

Crois-moi, contente l'envie
Qu'ont tant de jeunes guerriers
D'aller exposer leur vie
Pour t'acquérir des lauriers ;
Et ne tiens point ocieuses 165
Ces âmes ambitieuses,
Qui, jusques où le matin
Met les étoiles en fuite,
Oseront sous ta conduite
Aller querir du butin. 170

Déjà le Tessin tout morne
Consulte de se cacher,
Voulant garantir sa corne,
Que tu lui dois arracher ;
Et le Pô, tombe certaine 175
De l'audace trop hautaine,
Tenant baissé le menton
Dans sa caverne profonde,
S'apprête à voir en son onde
Choir un autre Phaéton. 180

Va, monarque magnanime,
Souffre à ta juste douleur
Qu'en leurs rives elle imprime
Les marques de ta valeur ;

165. — *Ocieux*, oisif. Littré cite cette remarque de Marmontel (Œuvres, X, p. 432) : « *Oisif* se disait de la personne, *ocieux* de la situation ; pourquoi l'avoir abandonné ? »
175. — Les anciens représentaient allégoriquement les Fleuves avec une tête de taureau.
180. — Voyez la même pensée plus haut, XIV, 220

L'astre dont la course ronde 185
Tous les jours voit tout le monde
N'aura point achevé l'an
Que tes conquêtes ne rasent
Tout le Piémont, et n'écrasent
La couleuvre de Milan. 190

Ce séra là que ma lyre,
Faisant son dernier effort,
Entreprendra de mieux dire
Qu'un cygne près de sa mort ;
Et, se rendant favorable 195
Ton oreille incomparable,
Te forcera d'avouer
Qu'en l'aise de la victoire
Rien n'est si doux que la gloire
De se voir si bien louer. 200

Il ne faut pas que tu penses
Trouver de l'éternité
En ces pompeuses dépenses
Qu'invente la vanité :
Tous ces chefs-d'œuvres antiques 205
Ont à peine leurs reliques.

---

185. — *Ronde* pour circulaire. Fénelon (exemple cité par M. Littré) a dit *une danse ronde* pour désigner une danse qui se déroule circulairement, d'où l'expression elliptique de *une ronde*.

190. — Allusion aux armes du duché de Milan : un serpent qui avale un enfant.

206. — [Ce mot de *reliques* est beau et sonore ; de plus, employé rarement, il est encore presque tout neuf. C'est pourquoi il ne faut point qu'il soit perdu pour notre poésie. Racine, qui connais-

Par les Muses seulement
L'homme est exempt de la Parque,
Et ce qui porte leur marque
Demeure éternellement.   210

Par elles traçant l'histoire
De tes faits laborieux,
Je défendrai ta mémoire
Du trépas injurieux ;
Et quelque assaut que te fasse   215
L'oubli, par qui tout s'efface,
Ta louange dans mes-vers,

sait les véritables richesses et qui ne les laissait point échapper, l'a mis en usage deux fois ; dans *Phèdre* (V, vi) :

> Ils s'arrêtent non loin de ces tombeaux antiques
> Où des rois, ses aïeux, sont les froides reliques.

dans *Bajazet* (III, ii) :

> Déjà, sur un vaisseau dans le port préparé,
> Chargeant de mon débris les reliques plus chères,
> Je méditais ma fuite aux terres étrangères.

Ce dernier exemple est très-beau et bien hardi. A. Chénier.] Cf. André Chénier, *Elégies*, I, ix, p. 174. Ménage en a cité quelques exemples de Ronsard et de du Bellay. « Mot qui vieillit, dit M. Littré, mais qui est défendu par l'autorité de Racine et que A. de Musset a heureusement rajeuni, dans *la Nuit d'octobre* :

> Ainsi doivent dormir nos sentiments éteints ;
> Ces reliques du cœur ont aussi leur poussière. »

Lamartine aussi l'a magnifiquement employé dans les *Harmonies poétiques* (*Jéhovah*) en parlant des hiéroglyphes :

> D'un passé sans mémoire, incertaines reliques,

207. — Horace, *Odes*, IV, viii :

> Dignum laude virum Musa vetat mori.

À ce vers d'Horace, cité par Ménage, Saint-Marc ajoute un passage de Properce, III, i.

D'amarante couronnée,
N'aura sa fin terminée
Qu'en celle de l'univers.

XXIV

FIN D'UNE ODE POUR LE ROI

FRAGMENT

1600

Je veux croire que la Seine
Aura des cygnes alors,
Qui pour toi seront en peine
De faire quelques efforts.
Mais vu le nom que me donne
Tout ce que ma lyre sonne,
Quelle sera la hauteur
De l'hymne de ta victoire,
Quand elle aura cette gloire,
Que Malherbe en soit l'auteur !

218. — « *Couronner quelqu'un d'amarante*, dit Ménage, est une façon de parler très-belle et très-poétique pour dire *lui donner l'immortalité*, l'amarante étant une fleur qui ne se flétrit pas, comme le marque son nom, et qui pour cela est appelée l'*immortelle*. »

XXIV. — Publiée en 1630. Ces vers, comme l'a dit M. Lalanne, se rapportent très-vraisemblablement à la pièce XXIII.

[Belle strophe. Les premiers vers sont charmants par l'image et par l'allusion. Au reste, il paraît que ces vanteries poétiques étaient dans Malherbe une simple imitation des anciens, principalement des lyriques. Il avait prévu qu'il pourrait terminer plusieurs odes par

XXV

CHANSON

160

Qu'autres que vous soient désirées,
Qu'autres que vous soient adorées,
Cela se peut facilement ;
Mais qu'il soit des beautés pareilles
A vous, merveille des merveilles,
Cela ne se peut nullement.

Que chacun sous telle puissance
Captive son obéissance,
Cela se peut facilement ;

quelques strophes de ce genre, que l'enthousiasme et le délire rendent excusables et même aimables dans les grands poëtes ; et, pour cet effet, il s'était sans doute exercé à les tourner de plusieurs manières, afin de les trouver toutes prêtes et de les clouer au besoin.

C'est ainsi, mais avec moins de succès, qu'il avait pris une maîtresse poétique, une dame de ses pensées, à qui il pût adresser ses vers d'amour. Mais ces vers-là même prouvent qu'il n'a jamais aimé. Ce sont de froides et galantes fadaises qui n'ont aucun poison, et le jeune amoureux peut les lire sans danger. A. Chénier.]

XXV. — Cette chanson, imprimée, en 1607, dans le *Parnasse des plus excellents poëtes de ce temps*, avait été faite, selon Ménage, dans la chambre de madame de Bellegarde, par elle, par Racan et par Malherbe, à l'imitation d'une chanson espagnole. Berthelot fit de cette pièce une parodie qu'on trouvera dans les notes de Ménage ; deux ou trois couplets seuls ont quelque sel : Malherbe, assure Ménage, se vengea de Berthelot en lui faisant donner des coups de bâton.

8. — *Captive*, rende captive, enchaîne.

Mais qu'il soit une amour si forte
Que celle-là que je vous porte,
Cela ne se peut nullement.

Que le fâcheux nom de cruelles
Semble doux à beaucoup de belles,
Cela se peut facilement ;
Mais qu'en leur âme trouve place
Rien de si froid que votre glace,
Cela ne se peut nullement.

Qu'autres que moi soient misérables
Par vos rigueurs inexorables,
Cela se peut facilement ;
Mais que la cause de leurs plaintes
Porte de si vives atteintes,
Cela ne se peut nullement.

Qu'on serve bien, lorsque l'on pense
En recevoir la récompense,
Cela se peut facilement ;
Mais qu'une autre foi que la mienne
N'espère rien et se maintienne,
Cela ne se peut nullement.

Qu'à la fin la raison essaie
Quelque guérison à ma plaie,
Cela se peut facilement ;
Mais que d'un si digne servage
La remontrance me dégage,
Cela ne se peut nullement.

Qu'en ma seule mort soient finies
Mes peines et vos tyrannies,
Cela se peut facilement ;
Mais que jamais par le martyre 40
De vous servir je me retire,
Cela ne se peut nullement.

XXVI

POUR M. DE BELLEGARDE

STANCES

1606

Philis, qui me voit le teint blême,
Les sens ravis hors de moi-même,
Et les yeux trempés tout le jour,
Cherchant la cause de ma peine,
Se figure, tant elle est vaine, 5
Qu'elle m'a donné de l'amour.

Je suis marri que la colère
Me porte jusqu'à lui déplaire ;

XXVI. — Ces stances imprimées, en 1607, dans le *Parnasse des plus excellents poëtes de ce temps*, furent faites, dit Ménage, pour M. de Bellegarde, au sujet d'une fille qui s'était imaginé que M. de Bellegarde l'aimait.

7. — *Marri*, fâché, terme vieilli.

Mais pourquoi ne m'est-il permis
De lui dire qu'elle s'abuse, 10
Puisqu'à ma honte elle s'accuse
De ce qu'elle n'a point commis ?

En quelle école nonpareille
Auroit-elle appris la merveille
De si bien charmer ses appas, 15
Que je pusse la trouver belle,
Pâlir, transir, languir pour elle,
Et ne m'en apercevoir pas ?

Oh ! qu'il me seroit désirable
Que je ne fusse misérable 20
Que pour être dans sa prison !
Mon mal ne m'étonneroit guères,
Et les herbes les plus vulgaires
M'en donneroient la guérison.

Mais, ô rigoureuse aventure ! 25
Un chef-d'œuvre de la nature,
Au lieu du monde le plus beau,
Tient ma liberté si bien close,
Que le mieux que je m'en propose
C'est d'en sortir par le tombeau. 30

Pauvre Philis mal avisée,
Cessez de servir de risée,

---

15. — C'est mal à propos que Chevreau blâme Malherbe d'avoir employé *charmer* dans le sens de *rendre charmant*; ce mot est ici pris dans son acception propre. *Charmer ses appas*, c'est exercer une influence magique sur ses appas.

Et souffrez que la vérité
Vous témoigne votre ignorance,
Afin que, perdant l'espérance, 35
Vous perdiez la témérité.

C'est de Glycère que procèdent
Tous les ennuis qui me possèdent,
Sans remède et sans réconfort.
Glycère fait mes destinées ; 40
Et, comme il lui plaît, mes années
Sont ou près ou loin de la mort.

C'est bien un courage de glace,
Où la pitié n'a point de place,
Et que rien ne peut émouvoir ;
Mais quelque défaut que j'y blâme, 45
Je ne puis l'ôter de mon âme,
Non plus que vous y recevoir.

XXVII

AU ROI HENRI LE GRAND

SONNET

1607

Je le connois, Destins, vous avez arrêté
Qu'aux deux fils de mon roi se partage la terre,

XXVII. — Ce sonnet, imprimé pour la première fois, en 1611, dans le *Temple d'Apollon*, fut composé à l'occasion de la naissance du

Et qu'après le trépas ce miracle de guerre
Soit encore effroyable en sa postérité.

Leur courage aussi grand que leur postérité 5
Tous les forts orgueilleux brisera comme verre ;
Et qui de leurs combats attendra le tonnerre
Aura le châtiment de sa témérité.

Le cercle imaginé qui de même intervalle
Du Nord et du Midi les distances égale, 10
De pareille grandeur bornera leur pouvoir :

Mais étant fils d'un père où tant de gloire abonde,
Pardonnez-moi, Destins, quoi qu'ils puissent avoir,
Vous ne leur donnez rien s'ils n'ont chacun un monde.

second fils du roi, ce petit duc d'Orléans qui, né le 16 avril 1607, mourut le 17 novembre 1611, et dont Malherbe composa l'épitaphe (voy. LIV).
4. — *Effroyable*, dans le sens de effrayant, redoutable, ainsi que le remarque M. Littré.

XXVIII

AU ROI HENRI LE GRAND

SONNET

1607

Mon roi, s'il est ainsi que des choses futures
L'école d'Apollon apprend la vérité,
Quel ordre merveilleux de belles aventures
Va combler de lauriers votre postérité !

Que vos jeunes lions vont amasser de proie, 5
Soit qu'aux rives du Tage ils portent leurs combats,
Soit que de l'Orient mettant l'empire bas,
Ils veuillent rebâtir les murailles de Troie !

Ils seront malheureux seulement en un point :
C'est que, si leur courage à leur fortune joint 10
Avoit assujetti l'un et l'autre hémisphère,

Votre gloire est si grande en la bouche de tous,
Que toujours on dira qu'ils ne pouvoient moins faire,
Puisqu'ils avoient l'honneur d'être sortis de vous.

XXVIII. — Ce sonnet, composé dans la même occasion que le précédent, parut, en 1609, dans le *Nouveau recueil des plus beaux vers de ce temps*. Il est irrégulier.
2. Les anciens décoraient les poètes du nom de prophètes ou de devins sacrés, *sacri vates*.
8. — Métaphore mal soutenue, dit avec raison Saint-Marc.

XXIX

AU ROI HENRI LE GRAND

POUR LE PREMIER BALLET DE MONSEIGNEUR LE DAUPHIN

SONNET

1608

Voici de ton État la plus grande merveille,
Ce fils où ta vertu reluit si vivement ;
Approche-toi, mon prince, et vois le mouvement
Qu'en ce jeune dauphin la musique réveille.

Qui témoigna jamais une si juste oreille 5
A remarquer des tons le divers changement ?
Qui jamais à les suivre eut tant de jugement,
Ou mesura ses pas d'une grâce pareille ?

Les esprits de la cour, s'attachant par les yeux
A voir en cet objet un chef-d'œuvre des cieux, 10
Disent tous que la France est moins qu'il ne mérite.

Mais moi, que du futur Apollon avertit,
Je dis que sa grandeur n'aura point de limite,
Et que tout l'univers lui sera trop petit.

XXIX. — Ce sonnet, imprimé pour la première fois dans l'édition de 1630, fut composé non pas en 1610, ainsi que l'avait dit Saint-Marc, mais en 1608, comme l'a établi M. Lalanne en fixant, d'après une lettre de Malherbe lui-même, la date du premier ballet dansé par le dauphin (depuis Louis XIII) au mois de mars de l'année 1608.

12-14. — Comparez avec les sonnets XXVII et XXVIII.

XXX

POUR LE PORTRAIT DE MONTAIGNE

1608

Voici du grand Montaigne une entière figure.
Le peintre a peint le corps, et lui son bel esprit :
Le premier par son art égale la nature ;
Mais l'autre la surpasse en tout ce qu'il écrit.

XXXI

A M. DE BELLEGARDE

GRAND ÉCUYER DE FRANCE

ODE

1608

A la fin, c'est trop de silence
En si beau sujet de parler ;

XXX. — Ce quatrain, inscrit au bas du portrait de Montaigne, gravé par Thomas de Leu, qui se trouve en tête des éditions de Paris, 1608 et 1611, fut indiqué par M. G. Guizot à M. Lalanne, qui l'inséra au tome V des *OEuvres de Malherbe*, dans les *Additions et corrections*, p. XIV. C'est sur l'indication contenue dans une note manuscrite de Jamet que M. Payen, dans ses *Documents inédits sur Montaigne* (1847), avait restitué ce quatrain à Malherbe.

XXXI. — « Malherbe, dit Ménage, fit cette ode étant adomestiqué chez M. de Bellegarde, deux ans avant la mort du roi Henri le

Le mérite qu'on veut celer
Souffre une injuste violence.
Bellegarde, unique support 5
Où mes vœux ont trouvé leur port,
Que tarde ma paresse ingrate,
Que déjà ton bruit nonpareil
Aux bords du Tage et de l'Euphrate
N'a vu l'un et l'autre soleil ? 10

Les Muses hautaines et braves
Tiennent le flatter odieux,
Et comme parentes des dieux
Ne parlent jamais en esclaves ;
Mais aussi ne sont-elles pas 15

Grand. » Elle parut, en 1609, dans le *Nouveau Parnasse*. Le texte des premiers recueils diffère beaucoup de celui de l'édition de 1630 ; c'est une des pièces auxquelles Malherbe fit le plus de corrections. On trouvera le texte primitif soit dans l'édition de Saint-Marc, p. 458, soit dans l'édition de 1862, p. 117. — A propos du début de cette pièce, Ménage remarque que Scarron a visé cet endroit de Malherbe dans son Ode à madame d'Aiguillon :

> Or çà, tout de bon je commence.
> Aussi bien c'est trop de silence
> En si beau sujet de parler.
> Ces vers sont ici d'importance :
> J'ai fort bien fait de les voler.

11. — *Braves*, belles, d'une beauté qui décèle une âme vaillante, qui ont un juste orgueil peint sur les traits. C'est avec ce sens très-relevé, dont M. Littré ne fait pas mention, que Ronsard emploie ce mot dans le deuxième chant de *la Franciade :*

> Puis, comme un astre, entra dedans la salle
> Brave d'orgueil et de pompe royalle.

Voy. VIII, 1.

14. — Après avoir cité ces beaux vers, Sainte-Beuve (*N. L.*, XIII, p. 587) dit, en appréciant comme il convient le cœur haut placé de Malherbe malgré son souci du positif : « On ne fait pas ainsi résonner de telles cordes quand on ne les a pas en soi. » Malherbe s'est inspiré, dans le commencement de cette pièce, de l'ode que

De ces beautés dont les appas
Ne sont que rigueur et que glace,
Et de qui le cerveau léger,
Quelque service qu'on leur fasse,
Ne se peut jamais obliger ! 20

La vertu, qui de leur étude
Est le fruit le plus précieux,
Sur tous les actes vicieux
Leur fait haïr l'ingratitude ;
Et les agréables chansons, 25
Par qui les doctes nourrissons
Savent charmer les destinées,
Récompensent un bon accueil
De louanges que les années
Ne mettent point dans le cercueil. 30

Les tiennes par moi publiées,
Je le jure sur les autels,

Ronsard adresse aux filles de Henri II, et dans laquelle il dit aux Muses :

> Vous savez, pucelles chères,
> Que libre oncques je n'appris
> De vous faire mercenaires
> Ni chétives prisonnières,
> Vous vendant pour quelques pris ;
> Mais, sans être marchandées,
> Vous savez que librement
> Je vous ai toujours guidées
> Ès maisons recommandées
> Pour leurs vertus seulement.

20. — *S'obliger*, se lier par la reconnaissance. La pensée de Malherbe est que les Muses sont fières et franches, mais ne sont ni froides ni ingrates.

23. — *Sur*, par dessus.

27. — *Charmer*, exercer un charme sur.

En la mémoire des mortels
Ne seront jamais oubliées ;
Et l'éternité que promet 35
La montagne au double sommet
N'est que mensonge et que fumée,
Ou je rendrai cet univers
Amoureux de ta renommée,
Autant que tu l'es de mes vers. 40

Comme, en cueillant une guirlande,
L'homme est d'autant plus travaillé
Que le parterre est émaillé
D'une diversité plus grande ;
Tant de fleurs de tant de côtés 45

36. — Il désigne le Parnasse par une image empruntée aux poëtes anciens.

41-60. — Ce passage, comme l'a remarqué Ménage, a été vraisemblablement imité de ces vers de l'ode de du Bellay au prince de Melfe :

> Mais comme errant par une prée,
> De diverses fleurs diaprée,
> La vierge souvent n'a loisir,
> Parmi tant de beautés nouvelles,
> De reconnoître les plus belles,
> Et ne sait lesquelles choisir ;
>
> Ainsi confus de merveilles,
> Pour tant de vertus pareilles,
> Qu'en toi reluire je vois,
> Je perds toute connoissance,
> Et pauvre par l'abondance,
> Ne sait que choisir en toi.

Et les vers de Malherbe, à leur tour, ont été, non pas imités par Scarron, mais enchâssés par lui dans son Ode à la duchesse d'Aiguillon :

> Vous serez encore pillé,
> Prince de la rime normande :
> Comme en cueillant une guirlande
> On a l'esprit fort travaillé,
> Quand d'une diversité grande
> Le jardin se trouve émaillé.

Faisant paroître en leurs beautés
L'artifice de la nature,
Qu'il tient suspendu son désir,
Et ne sait en cette peinture
Ni que laisser, ni que choisir : 50

Ainsi quand, pressé de la honte
Dont me fait rougir mon devoir,
Je veux mon œuvre concevoir
Qui pour toi les âges surmonte,
Tu me tiens les sens enchantés 55
De tant de rares qualités
Où brille un excès de lumière,
Que plus je m'arrête à penser
Laquelle sera la première,
Moins je sais par où commencer. 60

Si nommer en son parentage
Une longue suite d'aïeux
Que la gloire a mis dans les cieux
Est réputé grand avantage,
De qui n'est-il point reconnu 65
Que toujours les tiens ont tenu
Les charges les plus honorables,
Dont le mérite et la raison,
Quand les Destins sont favorables,
Parent une illustre maison ? 70

61. — *Parentage*, union par les liens du sang ou par des alliances.
67. — Voyez, dans Brantôme, la Vie du maréchal de Termes et celle du maréchal de Bellegarde. Le premier contribua puissamment au gain de la bataille de Cérisoles, où il fut fait prisonnier. (Éd. 1862.)

Qui ne sait de quelles tempêtes
Leur fatale main autrefois,
Portant la foudre de nos rois,
Des Alpes a battu les têtes?
Qui n'a vu dessous leurs combats 75
Le Pô mettre les cornes bas,
Et les peuples de ses deux rives,
Dans la frayeur ensevelis,
Laisser leurs dépouilles captives
A la merci des fleurs de lis? 80

Mais de chercher aux sépultures
Des témoignages de valeur,
C'est à ceux qui n'ont rien du leur
Estimable aux races futures;
Non pas à toi qui, revêtu 85
De tous les dons que la vertu
Peut recevoir de la Fortune,
Connois que c'est que du vrai bien,
Et ne veux pas, comme la lune,
Luire d'autre feu que du tien. 90

Quand le monstre infâme d'Envie,
A qui rien de l'autrui ne plaît,
Tout lâche et perfide qu'il est,

76. — Voyez ci-dessus XXII, 175.
83. — *Rien du leur*, rien de ce qui est à eux.
90. — Voilà peut-être la source du mot de Rivarol : « Champcenetz, c'est mon clair de lune. »
92. — *L'autrui*, le droit d'autrui, le bien d'autrui. C'est, dit M. Littré, un terme de l'ancienne chancellerie. Du temps de Ménage, cette façon de parler était déjà du vieux temps. Dans l'ancienne langue, *autrui* avait toujours un sens absolu et indéterminé; voy. Burguy, *Gram. de la langue d'oïl*, I, p. 172.

Jette les yeux dessus ta vie,
Et te voit emporter le prix 95
Des grands cœurs et des beaux esprits,
Dont aujourd'hui la France est pleine,
Est-il pas contraint d'avouer
Qu'il a lui-même de la peine
A s'empêcher de te louer? 100

Soit que l'honneur de la carrière
T'appelle à monter à cheval,
Soit qu'il se présente un rival
Pour la lice ou pour la barrière,
Soit que tu donnes ton loisir 105
A prendre quelque autre plaisir,
Éloigné des molles délices,
Qui ne sait que toute la cour
A regarder tes exercices
Comme à des théâtres accourt? 110

Quand tu passas en Italie,
Où tu fus querir pour mon roi
Ce joyau d'honneur et de foi
Dont l'Arne à la Seine s'allie,
Thétis ne suivit-elle pas 115
Ta bonne grâce et tes appas,
Comme un objet émerveillable,

101. — Voyez ci-dessus, XXI, 171, la note d'André Chénier.
108. — Selon Racan, Malherbe blâmait les poëtes de son temps qui faisaient rimer *cour* avec les mots terminés en *our*, car, à cette époque, *cour* s'écrivait *court*, suivant l'étymologie. Voy., dans Littré, les exemples cités dans l'Historique du mot.
112. — C'est M. de Bellegarde qui avait été chargé d'accompagner Marie de Médicis lorsqu'elle vint en France.

Et jura qu'avecque Jason
Jamais Argonaute semblable
N'alla conquérir la Toison ? 120

Tu menois le blond Hyménée,
Qui devoit solennellement
De ce fatal accouplement
Célébrer l'heureuse journée.
Jamais il ne fut si paré, 125
Jamais en son habit doré
Tant de richesses n'éclatèrent ;
Toutefois les nymphes du lieu,
Non sans apparence, doutèrent
Qui de vous deux étoit le dieu. 130

De combien de pareilles marques,
Dont on ne me peut démentir,
Ai-je de quoi te garantir
Contre les menaces des Parques ?
Si ce n'est qu'un si long discours 135
A de trop pénibles détours ;
Et qu'à bien dispenser les choses,
Il faut mêler pour un guerrier
A peu de myrte et peu de roses
Force palme et force laurier. 140

Achille étoit haut de corsage ;
L'or éclatoit en ses cheveux,

125. — De cet accouplement prédit par les destins. Mais *fatal*
ne relève pas suffisamment le mot *accouplement*, aussi Ménage
aurait-il désiré que Malherbe eût dit : De ce divin accouplement.
141. — *Corsage*, le buste. Ce mot, qui ne s'emploie plus guère
qu'en parlant des femmes, était, aux seizième et dix-septième siè-

Et les dames avecque vœux
Soupiroient après son visage;
Sa gloire à danser et chanter, 145
Tirer de l'arc, sauter, lutter,
A nulle autre n'étoit seconde :
Mais s'il n'eût rien eu de plus beau,
Son nom, qui vole par le monde,
Seroit-il pas dans le tombeau? 150

S'il n'eût, par un bras homicide
Dont rien ne repoussoit l'effort,
Sur Ilion vengé le tort
Qu'avoit reçu le jeune Atride,
De quelque adresse qu'au giron 155
Ou de Phénix, ou de Chiron,
Il eût fait son apprentissage,
Notre âge auroit-il aujourd'hui
Le mémorable témoignage
Que la Grèce a donné de lui? 160

C'est aux magnanimes exemples,
Qui, sous la bannière de Mars,
Sont faits au milieu des hasards,
Qu'il appartient d'avoir des temples;
Et c'est avecque ces couleurs 165
Que l'histoire de nos malheurs

cles, du style élevé et héroïque, et était presque toujours accompagné de quelque martiale épithète : de haut, de vaillant corsage.

143 et 144. — Ces deux vers présentent un curieux anachronisme de sentiment et d'expression.

165. — *Couleurs* n'est pas ici au figuré, mais au propre : C'est en peignant de tes hauts faits un tableau héroïque...

Marquera si bien ta mémoire
Que tous les siècles à venir
N'auront point de nuit assez noire
Pour en cacher le souvenir. 170

En ce long temps, où les manies
D'un nombre infini de mutins,
Poussés de nos mauvais destins,
Ont assouvi leurs félonies,
Par quels faits d'armes valeureux, 175
Plus que nul autre aventureux,
N'as-tu mis ta gloire en estime,
Et déclaré ta passion
Contre l'espoir illégitime
De la rebelle ambition ? 180

Tel que d'un effort difficile
Un fleuve, au travers de la mer,
Sans que son goût devienne amer,
Passe d'Élide en la Sicile ;
Ses flots, par moyens inconnus, 185
En leur douceur entretenus,
Aucun mélange ne reçoivent,
Et dans Syracuse arrivant

181-190. — Chevreau dit que cette comparaison est tirée de Stace, *Silves*, I, II, 203; c'est une erreur. Stace, dans cet épithalame, compare la constance et les épreuves de l'amant à celles de l'Alphée qui traverse la mer pour s'unir à l'Aréthuse. Dans Malherbe, la comparaison porte sur le phénomène supposé de l'Alphée traversant l'onde amère en conservant la douceur de ses eaux. Voltaire, comme l'a remarqué M. Lalanne, a imité cette comparaison au neuvième chant de *la Henriade*, en parlant de Mornay.

Sont trouvés de ceux qui les boivent
Aussi peu salés que devant : 190

Tel entre ces esprits tragiques,
Ou plutôt démons insensés,
Qui de nos dommages passés
Tramoient les funestes pratiques,
Tu ne t'es jamais diverti 195
De suivre le juste parti ;
Mais, blâmant l'impure licence
De leurs déloyales humeurs,
As toujours aimé l'innocence
Et pris plaisir aux bonnes mœurs. 200

Depuis que, pour sauver sa terre,
Mon roi, le plus grand des humains,
Eut laissé partir de ses mains
Le premier trait de son tonnerre,
Jusqu'à la fin de ses exploits, 205
Que tout eut reconnu ses lois,
A-t-il jamais défait armée,
Pris ville, ni forcé rempart,
Où ta valeur accoutumée
N'ait eu la principale part ? 210

Soit que près de Seine et de Loire
Il pavât les plaines de morts,

---

195. — *Se divertir* est pris ici dans son sens propre, se détourner. *Divertir* pour *détourner* était autrefois d'un emploi très-fréquent. Corneille et Molière en offrent de nombreux exemples.
212. — Voy. IX, 4. C'est une imitation ou une réminiscence de

Soit que le Rhône outre ses bords
Lui vit faire éclater sa gloire,
Ne l'as-tu pas toujours suivi, 215
Ne l'as-tu pas toujours servi,
Et toujours par dignes ouvrages
Témoigné le mépris du sort
Que sait imprimer aux courages
Le soin de vivre après la mort ? 220

Mais quoi ! ma barque vagabonde
Est dans les syrtes bien avant,
Et le plaisir, la décevant,
Toujours l'emporte au gré de l'onde.
Bellegarde, les matelots 225
Jamais ne méprisent les flots,
Quelque phare qui les éclaire ;
Je ferai mieux de relâcher,
Et borner le soin de te plaire,
Par la crainte de te fâcher. 230

L'unique but où mon attente
Croit avoir raison d'aspirer,
C'est que tu veuilles m'assurer
Que mon offrande te contente.
Donne-m'en d'un clin de tes yeux 235

Ronsard, qui a dit, dans son Ode (III, v) à Henri III, alors duc d'Angoulême :

> Vainqueur, tu paveras espais
> De corps morts toute la campagne.

215. — *Outre*, au delà. Littré : « Ce sens, qui est le sens propre, n'est plus usité, et il ne subsiste aujourd'hui que dans certains mots composés. » Cependant M. Littré cite, un peu plus haut, un exemple tiré de l'*Itinéraire* de Chateaubriand.

Un témoignage gracieux;
Et si tu la trouves petite,
Ressouviens-toi qu'une action
Ne peut avoir peu de mérite,
Ayant beaucoup d'affection. 240

Ainsi de tant d'or et de soie
Ton âge dévide son cours,
Que tu reçoives tous les jours
Nouvelles matières de joie!
Ainsi tes honneurs florissants 245
De jour en jour aillent croissants
Malgré la fortune contraire!
Et ce qui les fait trébucher,
De toi ni de Termes, ton frère,
Ne puisse jamais approcher! 250

Quand la faveur à pleines voiles,
Toujours compagne de vos pas,
Vous feroit devant le trépas
Avoir le front dans les étoiles,
Et remplir de votre grandeur 255
Ce que la terre a de rondeur,
Sans être menteur, je puis dire

236. — *Gracieux.* Sur les fortunes diverses de ce mot, voyez la remarque de M. Littré.
254. — Littré : « Poétiquement, *avoir, porter le front dans les étoiles,* être au comble de la gloire. » La source de cette expression est virgilienne.
256. — *Rondeur*; voy. *Rond,* XXIII, 185. Ronsard, *Odes,* I, 1 :

    Elle (la paix) courba le large tour
    De l'air qui cerne tout autour
    Le rond du grand parc où nous sommes,
    Peuplant sa grande *rondeur* d'hommes.

Que jamais vos prospérités
N'iront jusques où je désire,
Ni jusques où vous méritez.   260

XXXII

A M. DE FLURANCE

SUR SON ART D'EMBELLIR

SONNET

1608

Voyant ma Caliste si belle,
Que l'on n'y peut rien désirer,
Je ne pouvois me figurer
Que ce fût chose naturelle.

J'ignorois que ce pouvoit être   5
Qui lui coloroit ce beau teint,

XXXII. — Ce sonnet irrégulier se trouve en tête du livre de David de Rivault, seigneur de Flurance, paru en 1608, et intitulé : *l'Art d'embellir, tiré du sens de ce sacré Paradoxe : « La sagesse de la personne embellit sa face, etc. »* Sur ce Flurance et ses ouvrages, voyez Ménage.

1. — On sait que la personne que Malherbe a chantée sous le nom de Caliste, c'est la vicomtesse d'Auchy, qui s'appelait, de son nom de famille, Charlotte Jouvenel des Ursins. On a un certain nombre de lettres de Malherbe qui lui sont adressées; voy. *les Œuvres complètes*, éd. 1862, tome IV, p. 150 et suivantes.

5 et suiv. — D'après Tallemant des Réaux, cette vicomtesse d'Auchy n'avait rien des attraits que lui prête le poëte : « Elle n'avait rien de beau que la gorge et le tour du visage. Elle avait un teint

Où l'Aurore même n'atteint,
Quand elle commence de naître.

Mais, Flurance, ton docte écrit
M'ayant fait voir qu'un bel esprit 10
Est la cause d'un beau visage ;

Ce ne m'est plus de nouveauté,
Puisqu'elle est parfaitement sage,
Qu'elle soit parfaite en beauté.

XXXIII

SUR L'ABSENCE DE LA VICOMTESSE D'AUCHY

SONNET

1608

Quel astre malheureux ma fortune a bâtie ?
A quelles dures lois m'a le ciel attaché,
Que l'extrême regret ne m'ait point empêché
De me laisser résoudre à cette départie ?

---

de malade, et ses yeux furent toujours les moins brillants et les moins clairvoyants du monde. »

XXXIII. — Ce sonnet et les huit pièces suivantes, dit l'éditeur de 1862, furent insérés dans le *Nouveau Recueil des plus beaux vers de ce temps*, publié en 1609 et précisément dédié à la vicomtesse d'Auchy.

1. — Tous les commentateurs ont fait remarquer cette incohérence d'images.

4. — *Départie,* terme vieilli, dont le sens primitif est *séparation.*

Quelle sorte d'ennuis fut jamais ressentie
Égale au déplaisir dont j'ai l'esprit touché ?
Qui vit jamais coupable expier son péché
D'une douleur si forte et si peu divertie ?

On doute en quelle part est le funeste lieu
Que réserve aux damnés la justice de Dieu,
Et de beaucoup d'avis la dispute en est pleine.

Mais sans être savant et sans philosopher,
Amour en soit loué, je n'en suis point en peine :
Où Caliste n'est point, c'est là qu'est mon enfer.

XXXIV

POUR LA MÊME

STANCES

1608

Laisse-moi, raison importune,
Cesse d'affliger mon repos,
En me faisant mal à propos
Désespérer de ma fortune;

---

9. — *Part, lieu.* La différence entre *part* (cf. ci-dessus, IV, 592) et *lieu,* c'est que *part* se dit d'un espace considéré dans ses rapports avec le tout qui le contient, et que *lieu* se dit d'un espace considéré dans ses rapports avec son contenu.

XXXIV. — Voyez la première note de la pièce XXXIII, et XXXII, 1.

Tu perds temps de me secourir,
Puisque je ne veux point guérir.

Si l'Amour en tout son empire,
Au jugement des beaux esprits,
N'a rien qui ne quitte le prix
A celle pour qui je soupire,
D'où vient que tu me veux ravir
L'aise que j'ai de la servir ?

A quelles roses ne fait honte
De son teint la vive fraîcheur ?
Quelle neige a tant de blancheur
Que sa gorge ne la surmonte ?
Et quelle flamme luit aux cieux
Claire et nette comme ses yeux ?

Soit que de ses douces merveilles
Sa parole enchante les sens,
Soit que sa voix de ses accents
Frappe les cœurs par les oreilles,
A qui ne fait-elle avouer
Qu'on ne la peut assez louer ?

9. — *N'a rien*, n'a personne, aucun sujet, qui ne cède le prix. Aux deux exemples de Molière que cite M. Littré (*Rien*, 11°), où *rien* est employé avec la signification de *personne*, on pourrait ajouter ce vers de Malherbe et celui-ci d'André Chénier, *Élégies*, II, xi :

Non, rien n'est plus heureux que le mortel tranquille.

Ainsi que, dans l'Historique, l'exemple de Saint-Gelais cité dans le lexique d'A. Chénier.
15-18. — Voy. XXXII, 5.

Tout ce que d'elle on me peut dire, 25
C'est que son trop chaste penser,
Ingrat à me récompenser,
Se moquera de mon martyre ;
Supplice qui jamais ne faut
Aux désirs qui volent trop haut. 30

Je l'accorde, il est véritable :
Je devois bien moins désirer ;
Mais mon humeur est d'aspirer
Où la gloire est indubitable.
Les dangers me sont des appas : 35
Un bien sans mal ne me plaît pas.

Je me rends donc sans résistance
A la merci d'elle et du sort :
Aussi bien par la seule mort
Se doit faire la pénitence 40
D'avoir osé délibérer
Si je la devois adorer.

29. — *Ne faut*, ne manque.

XXXV

POUR LA MÊME

SONNET
1 08

Il n'est rien de si beau comme Caliste est belle ;
C'est une œuvre où nature a fait tous ses efforts ;
Et notre âge est ingrat qui voit tant de trésors,
S'il n'élève à sa gloire une marque éternelle.

La clarté de son teint n'est pas chose mortelle : 5
Le baume est dans sa bouche, et les roses dehors ;
Sa parole et sa voix ressuscitent les morts,
Et l'art n'égale point sa douceur naturelle.

La blancheur de sa gorge éblouit les regards ;
Amour est en ses yeux, il y trempe ses dards, 10
Et la fait reconnoître un miracle visible.

XXXV. — Voyez la première note de la pièce XXXIII. Berthelot, qui n'aimait pas Malherbe, dit Saint-Marc, en fit une parodie qui se trouve dans diverses éditions du *Cabinet satirique*. Voyez quelques vers de cette parodie, cités par M. Lalanne, dans l'édition de 1862.

1. — Littré : « *Comme* s'est dit après *autant, aussi, tant, si*. Cette construction ne s'emploie plus, du moins dans le style ordinaire ; car, en vers et dans le style élevé, elle serait acceptable et ne paraîtrait pas surannée. »

7. — Ronsard, *Amours*, I, CXL, a aussi célébré chez sa maîtresse :

Ce doux parler qui les mourants réveille.

9. — Voy. XXXII, 5.

10. — Imité de Ronsard, *Sonnets pour Hélène*, XXIX :

De vos yeux, le miroüer du ciel et de nature,
La retraite d'Amour, la forge de ses dards.

En ce nombre infini de grâces et d'appas,
Qu'en dis-tu, ma raison ? crois-tu qu'il soit possible
D'avoir du jugement et ne l'adorer pas ?

XXXVI

SUR L'ÉLOIGNEMENT PROCHAIN D'UNE DAME

STANCES

1608

Le dernier de mes jours est dessus l'horizon :
Celle dont mes ennuis avoient leur guérison
S'en va porter ailleurs ses appas et ses charmes.
Je fais ce que je puis, l'en pensant divertir ;
Mais tout m'est inutile, et semble que mes larmes   5
Excitent sa rigueur à la faire partir.

Beaux yeux, à qui le ciel et mon consentement,
Pour me combler de gloire, ont donné justement
Dessus mes volontés un empire suprême,
Que ce coup m'est sensible, et que tout à loisir   10

Tremper a ici la même signification que dans l'expression de *tremper du fer*.

XXXVI. — Voyez la première note de la pièce XXXIII. Selon Racan, ces stances auraient été composées pour la vicomtesse d'Auchy. Mais la marquise de Rambouillet assurait à Ménage qu'elles avaient été faites pour la comtesse de la Roche, au nom de laquelle feraient allusion les vers 26 et 27.

4. — *Divertir*, détourner.

Je vais bien éprouver qu'un déplaisir extrême
Est toujours à la fin d'un extrême plaisir !

Quel tragique succès ne dois-je redouter
Du funeste voyage où vous m'allez ôter
Pour un terme si long tant d'aimables délices, 15
Puisque, votre présence étant mon élément,
Je pense être aux enfers et souffrir leurs supplices,
Lorsque je m'en sépare une heure seulement !

Au moins si je voyois cette fière beauté,
Préparant son départ, cacher sa cruauté 20
Dessous quelque tristesse, ou feinte ou véritable ;
L'espoir, qui volontiers accompagne l'amour,
Soulageant ma langueur, la rendroit supportable,
Et me consoleroit jusques à son retour.

Mais quel aveuglement me le fait désirer ? 25
Avec quelle raison me puis-je figurer
Que cette âme de roche une grâce m'octroie,
Et qu'ayant fait dessein de ruiner ma foi,
Son humeur se dispose à vouloir que je croie
Qu'elle a compassion à s'éloigner de moi ? 30

Puis, étant son mérite infini comme il est,
Dois-je pas me résoudre à tout ce qui lui plaît,
Quelques lois qu'elle fasse et quoi qu'il m'en advienne,

---

11 et 12. — La chute du sonnet d'Oronte, dans *le Misanthrope*, a quelque rapport à cela :

> Belle Philis, on désespère
> Alors qu'on espère toujours.

17. — Il se répète ; voy. ci-dessus XXXIII, 14.

Sans faire cette injure à mon affection,
D'appeler sa douleur au secours de la mienne, 35
Et chercher mon repos en son affliction?

Non, non, qu'elle s'en aille à son contentement,
Ou dure ou pitoyable, il n'importe comment ;
Je n'ai point d'autre vœu que ce qu'elle souhaite ;
Et quand de mes souhaits je n'aurois jamais rien, 40
Le sort en est jeté, l'entreprise en est faite,
Je ne saurois brûler d'autre feu que du sien.

Je ne ressemble point à ces foibles esprits
Qui, bientôt délivrés comme ils sont bientôt pris,
En leur fidélité n'ont rien que du langage ; 45
Toute sorte d'objets les touche également.
Quant à moi, je dispute avant que je m'engage ;
Mais quand je l'ai promis, j'aime éternellement.

45. — Comparez avec la cinquième strophe de la pièce XVI.
48. — « J'ai appris de M. de Racan, dit Ménage, que cette stance et celle qui commence par *Voilà comme je vis, voilà ce que j'endure*, qui est de la plainte d'Alcandre pour la captivité de sa maîtresse (XLIX), étaient les deux de toutes les poésies de Malherbe que Malherbe estimait davantage. » Ces deux stances ne sont pas de celles qui nous plaisent aujourd'hui.

XXXVII

A LA VICOMTESSE D'AUCHY

SONNET

1608

Beauté, de qui la grâce étonne la nature,
Il faut donc que je cède à l'injure du sort,
Que je vous abandonne, et, loin de votre port,
M'en aille au gré du vent suivre mon aventure !

Il n'est ennui si grand que celui que j'endure ; 5
Et la seule raison qui m'empêche la mort,
C'est le doute que j'ai que ce dernier effort
Ne fût mal employé pour une âme si dure.

Caliste, où pensez-vous ? qu'avez-vous entrepris ?
Vous résoudrez-vous point à borner ce mépris, 10
Qui de ma patience indignement se joue ?

Mais, ô de mon erreur l'étrange nouveauté !
Je vous souhaite douce, et toutefois j'avoue
Que je dois mon salut à votre cruauté.

XXXVII. — Voyez la première note de la pièce XXXIII.
7. — Sur *doute*, féminin, voy. X, 10.
9. — *Où*, à quoi. Voyez nombre d'exemples dans le *Lexique de Corneille* de M. Godefroy, tome II, 92-94. J'en extrais cet exemple de Racan, *Berg.*, IV, v :

Ah pauvre malheureux ! hélas ! *où pensais-tu*
Alors que tu faisais ce tort à la vertu ?

XXXVIII

SUR L'ABSENCE DE LA MÊME

SONNET

1608

Beaux et grands bâtiments d'éternelle structure,
Superbes de matière et d'ouvrages divers,
Où le plus digne roi qui soit en l'univers
Aux miracles de l'art fait céder la nature ;

Beau parc et beaux jardins, qui, dans votre clôture, 5
Avez toujours des fleurs et des ombrages verts,
Non sans quelque démon qui défend aux hivers
D'en effacer jamais l'agréable peinture ;

Lieux qui donnez aux cœurs tant d'aimables désirs ;
Bois, fontaines, canaux, si, parmi vos plaisirs, 10
Mon humeur est chagrine et mon visage triste,

XXXVIII. — Voyez la première note de la pièce XXXIII. Ce sonnet, dit Ménage, a été fait à Fontainebleau. [Je crois que c'est le meilleur. Au reste, un bon sonnet n'a jamais eu un grand charme pour moi ; c'est un genre de poésie que je n'aime point, même dans Pétrarque, et je ne sais pourquoi Despréaux l'enrichit d'une *beauté suprême*. A. CHÉNIER.] C'était, de tous ses sonnets, celui que Malherbe préférait, au dire de Balzac, dans son XXXII° entretien.

7. — [Céphale, dans *les Filles de Minée*, appelle les vents des *démons* dans ce vers charmant :

Venez, *légers démons*, par qui nos champs fleurissent.

A. CHÉNIER.]

Voy. Ronsard, *Amours*, l. XXXI.

Ce n'est point qu'en effet vous n'ayez des appas ;
Mais quoi que vous ayez, vous n'avez point Caliste,
Et moi je ne vois rien quand je ne la vois pas.

XXXIX

SUR LE MÊME SUJET

SONNET

1608

Caliste, en cet exil, j'ai l'âme si gênée,
Qu'au tourment que je souffre il n'est rien de pareil ;
Et ne saurois ouïr ni raison ni conseil,
Tant je suis dépité contre ma destinée.

J'ai beau voir commencer et finir la journée,   5
En quelque part des cieux que luise le soleil,
Si le plaisir me fuit, aussi fait le sommeil,
Et la douleur que j'ai n'est jamais terminée.

14. — Ce sonnet aboutit à la première méditation de Lamartine :
         Un seul être vous manque et tout est dépeuplé.

Ménage, Chevreau et Saint-Marc ont rapproché de ce vers de Malherbe une épigramme de Méléagre qui se trouve dans le XIIe livre (ép. 60) de *l'Anthologie palatine*. Cf. *Annot.*, p. 456, éd. Didot. Ce dernier vers du sonnet de Malherbe la traduit fidèlement.

XXXIX. — Voyez la première note de la pièce XXXIII.

Toute la cour fait cas du séjour où je suis,
Et pour y prendre goût je fais ce que je puis ;   10
Mais j'y deviens plus sec, plus j'y vois de verdure.

En ce piteux état si j'ai du réconfort,
C'est, ô rare beauté, que vous êtes si dure,
Qu'autant près comme loin je n'attends que la mort.

XL

POUR LA MÊME

SONNET

1608

C'est fait, belle Caliste, il n'y faut plus penser ;
Il se faut affranchir des lois de votre empire.
Leur rigueur me dégoûte, et fait que je soupire
Que ce qui s'est passé n'est à recommencer.

Plus en vous adorant je me pense avancer,   5
Plus votre cruauté, qui toujours devient pire,
Me défend d'arriver au bonheur où j'aspire,
Comme si vous servir étoit vous offenser.

11. — *Sec*, au figuré, le contraire de *florissant*.

XL. — Voyez la première note de la pièce XXXIII.
3. — *Soupirer que*, avoir le regret que. Joindre cet exemple à celui que donne M. Littré de madame de Sévigné.

Adieu donc, ô beauté, des beautés la merveille !
Il faut qu'à l'avenir ma raison me conseille, 10
Et dispose mon âme à se laisser guérir.

Vous m'étiez un trésor aussi cher que la vie ;
Mais puisque votre amour ne se peut acquérir,
Comme j'en perds l'espoir, j'en veux perdre l'envie.

XLI

A MADAME LA PRINCESSE DE CONTI

POUR M. DE BELLEGARDE

STANCES

1608

Dure contrainte de partir,
A quoi je ne puis consentir,
Et dont je ne m'ose défendre,
Que ta rigueur a de pouvoir,
Et que tu me fais bien apprendre 5
Quel tyran c'est que le devoir !

XLI. — Ces stances parurent, en 1609, dans le *Nouveau Parnasse*, et dans le *Nouveau Recueil des plus beaux vers de ce temps*. « J'ai appris de M. de Racan, dit Ménage, que Malherbe fit ces stances pour la vicomtesse d'Auchy, mais qu'elles servirent à M. de Bellegarde pour la princesse de Conti. » Celle-ci était la fille de Henri, duc de Guise, surnommé *le Balafré*.

J'aurai donc nommé ces beaux yeux
Tant de fois mes rois et mes dieux,
Pour aujourd'hui n'en tenir compte,
Et permettre qu'à l'avenir   10
On leur impute cette honte
De n'avoir su me retenir !

Ils auront donc ce déplaisir
Que je meurs après un désir
Où la vanité me convie,   15
Et qu'ayant juré si souvent
D'être auprès d'eux toute ma vie,
Mes serments s'en aillent au vent !

Vraiment je puis bien avouer
Que j'aurois tort de me louer   20
Par-dessus le reste des hommes ;
Je n'ai point d'autre qualité
Que celle du siècle où nous sommes,
La fraude et l'infidélité.

Mais à quoi tendent ces discours,   25
O beauté, qui de mes amours
Êtes le port et le naufrage ?
Ce que je dis contre ma foi,
N'est-ce pas un vrai témoignage
Que je suis déjà hors de moi ?   30

Votre esprit, de qui la beauté
Dans la plus sombre obscurité

Se fait une insensible voie,
Ne vous laisse pas ignorer
Que c'est le comble de ma joie 35
Que l'honneur de vous adorer.

Mais pourrois-je n'obéir pas
Au Destin, de qui le compas
Marque à chacun son aventure,
Puisqu'en leur propre adversité 40
Les dieux, tout-puissants de nature,
Cèdent à la nécessité ?

Pour le moins j'ai ce réconfort,
Que les derniers traits de la mort
Sont peints en mon visage blême, 45
Et font voir assez clair à tous
Que c'est m'arracher à moi-même
Que de me séparer de vous.

Un lâche espoir de revenir
Tâche en vain de m'entretenir, 50
Ce qu'il me propose m'irrite ;
Et mes vœux n'auront point de lieu,
Si par le trépas je n'évite
La douleur de vous dire adieu.

35. — *Insensible*, dont on ne perçoit pas les progrès. Malherbe a dit, XI, 73 : « Le temps d'un insensible cours... »
39. — *Aventure*, ce qui doit avenir, le sort.
52. — Littré (*Lieu*, 19°) : « N'avoir point de lieu, n'être pas reçu, admis... Cet emploi vieillit. » Voy. de nombreux exemples, dans le *Lexique de Corneille*, tome II, p. 18.

XLII

A CALISTE

POUR METTRE DEVANT SES HEURES

ÉPIGRAMME

AV. 1615

Tant que vous serez sans amour,
Caliste, priez nuit et jour ;
Vous n'aurez point miséricorde:
Ce n'est pas que Dieu ne soit doux ;
Mais pensez-vous qu'il vous accorde 5
Ce qu'on ne peut avoir de vous?

XLIII

SUR LE MÊME SUJET

ÉPIGRAMME

AV. 1615

Prier Dieu qu'il vous soit propice,
Tant que vous me tourmenterez,
C'est le prier d'une injustice.
Faites-moi grâce, et vous l'aurez.

XLII. — Cette épigramme et la suivante furent publiées, en 1615, dans les *Délices de la poésie française*. M. Lalanne les a rapprochées, avec raison, des pièces précédentes; elles doivent être du même temps.

XLIII. — Voyez la note précédente.

XLIV

AU SUJET DE LA GOUTTE DU ROI

SONNET

1609

Quoi donc ! c'est un arrêt qui n'épargne personne,
Que rien n'est ici-bas heureux parfaitement,
Et qu'on ne peut au monde avoir contentement,
Qu'un funeste malheur aussitôt n'empoisonne !

La santé de mon prince en la guerre étoit bonne, 5
Il vivoit aux combats comme en son élément ;
Depuis que dans la paix il règne absolument,
Tous les jours la douleur quelque atteinte lui donne.

Dieux, à qui nous devons ce miracle des rois,
Qui du bruit de sa gloire et de ses justes lois 10
Invite à l'adorer tous les yeux de la terre ;

Puisque seul, après vous, il est notre soutien,
Quelques malheureux fruits que produise la guerre,
N'ayons jamais la paix, et qu'il se porte bien !

XLIV. — Publié, pour la première fois, en 1615, dans les *Délices de la poésie française*, ce sonnet ne fut joint aux Œuvres de Malherbe que dans l'édition de Saint-Marc.

XLV

POUR LE BALLET DE LA REINE

STANCES

1609

La Renommée au roi.

Pleine de langues et de voix,
O roi, le miracle des rois,
Je viens de voir toute la terre,
Et publier en ses deux bouts
Que pour la paix ni pour la guerre 5
Il n'est rien de pareil à vous.

Par ce bruit je vous ai donné
Un renom qui n'est terminé
Ni de fleuve ni de montagne;
Et par lui j'ai fait désirer 10
A la troupe que j'accompagne
De vous voir et vous adorer.

Ce sont douze rares beautés,
Qui de si dignes qualités

XLV. — Le ballet de la Reine fut dansé dans les premiers mois de l'année 1609; voy. Bassompierre et le *Journal de l'Estoile*. « Les vers de Malherbe, dit M. Lalanne, ont paru d'abord, et sans nom d'auteur, non pas en 1620, comme le dit Saint-Marc, mais en 1609, dans un petit volume resté inconnu jusqu'ici et intitulé : *Recueil des vers du balet de la Reyne*. Paris, in-12, p. 8. »
1. — C'est la Renommée aux cent voix qui parle.
2. — Cf. XLIV, 9.
4. — Voy. X, 6.

Tirent un cœur à leur service, 15
Que leur souhaiter plus d'appas,
C'est vouloir avec injustice
Ce que les cieux ne peuvent pas.

L'Orient, qui de leurs aïeux
Sait les titres ambitieux, 20
Donne à leur sang un avantage
Qu'on ne leur peut faire quitter,
Sans être issu du parentage,
Ou de vous, ou de Jupiter.

Tout ce qu'à façonner un corps 25
Nature assemble de trésors
Est en elles sans artifice ;
Et la force de leurs esprits,
D'où jamais n'approche le vice,
Fait encore accroître leur prix. 30

Elles souffrent bien que l'Amour
Par elles fasse chaque jour
Nouvelle preuve de ses charmes ;
Mais sitôt qu'il les veut toucher,
Il reconnoît qu'il n'a point d'armes 35
Qu'elles ne fassent reboucher.

Loin des vaines impressions
De toutes folles passions,

15. — *Tirent*, attirent. Molière a dit dans *l'Étourdi*, III, 11 :
    Sa grâce et sa vertu sont de douces amorces
    Qui pour tirer les cœurs ont d'incroyables forces.

36. — *Reboucher*, pour se reboucher, terme vieilli, se fausser, s'émousser.

La vertu leur apprend à vivre,
Et dans la cour leur fait des lois 40
Que Diane auroit peine à suivre,
Au plus grand silence des bois.

Une reine qui les conduit
De tant de merveilles reluit,
Que le soleil qui tout surmonte, 45
Quand même il est plus flamboyant,
S'il étoit sensible à la honte,
Se cacheroit en la voyant.

Aussi le temps a beau courir,
Je la ferai toujours fleurir 50
Au rang des choses éternelles,
Et, non moins que les immortels,
Tant que mon dos aura des ailes,
Son image aura des autels.

Grand roi, faites-leur bon accueil ; 55
Louez leur magnanime orgueil
Que vous seul avez fait ployable,
Et vous acquerrez sagement,
Afin de me rendre croyable,
La faveur de leur jugement. 60

46. — *Flamboyant.* D'après ce que dit Ménage, quelques puristes avaient voulu ridiculiser un sonnet de Chapelain où ce mot se trouve employé. Cependant, il est ancien dans la langue, puisqu'on le trouve, au treizième siècle, dans la *Chanson d'Antioche*. Voy. Littré, *Flamboyer*, Hist. — Ronsard, *Odes*, I, III :

> Là, les faits de tes aïeux
> Vont flambloyant comme aux cieux
> Flamboye l'aurore claire.

Jusqu'ici vos faits glorieux
Peuvent avoir des envieux ;
Mais quelles âmes si farouches
Oseront douter de ma foi,
Quand on verra leurs belles bouches
Les raconter avecque moi ?

XLVI

POUR LE BALLET DE MADAME

STANCES

1609

De petites Nymphes menant l'Amour prisonnier.

AU ROI.

À la fin tant d'amants, dont les âmes blessées
  Languissent nuit et jour,
Verront sur leur auteur leurs peines renversées,
Et seront consolés aux dépens de l'Amour.

XLVI. — M. Lalanne, rectifiant Saint-Marc, a placé ces vers au mois de mars 1609, d'après une lettre de Malherbe à Peiresc. Ils furent publiés en 1620, dans les *Délices de la poésie française*. Madame, la fille aînée du roi, avait tout au plus sept ans. « J'ai appris de M. de Racan, dit Ménage, que Malherbe fit ces vers en un jour. » L'idée première de ces vers est antique ; voy. dans l'*Anthologie grecque*, traduite par M. Dehèque, au tome I, p. 518, l'*Amour fugitif* de Moschus, et au tome II, p. 165 et 166, plusieurs épigrammes *Sur une statue de l'Amour enchaîné*. Différents traits de ces petites pièces grecques se retrouvent dans les stances de Malherbe.

3. — *Renversées*, reversées.

Ce public ennemi, cette peste du monde,
    Que l'erreur des humains
Fait le maître absolu de la terre et de l'onde,
Se trouve à la merci de nos petites mains.

Nous le vous amenons dépouillé de ses armes,
    O roi, l'astre des rois !
Quittez votre bonté, moquez-vous de ses larmes,
Et lui faites sentir la rigueur de vos lois.

Commandez que sans grâce on lui fasse justice ;
    Il sera malaisé
Que sa vaine éloquence ait assez d'artifice
Pour démentir les faits dont il est accusé.

Jamais ses passions, par qui chacun soupire,
    Ne nous ont fait d'ennui ;
Mais c'est un bruit commun que dans tout votre empire
Il n'est point de malheur qui ne vienne de lui.

Mars, qui met sa louange à déserter la terre
    Par des meurtres épais,
N'a rien de si tragique aux fureurs de la guerre,
Comme ce déloyal aux douceurs de la paix.

---

5. — *Ce public ennemi*, pour cet ennemi public. La même inversion dans A. Chénier, *le Mendiant* :

    . . . . . Ici l'on hait plus que l'enfer
   Le public ennemi, le riche au cœur de fer.

21. — *Louange*, gloire. — *Déserter*, rendre désert, sens vieilli.
22. — *Épais*, s'applique ici à l'idée de *cadavres* que fait naître le mot *meurtre*. Voyez ce mot dans l'exemple cité de Ronsard, ci-dessus, XXXI, 212.

Mais, sans qu'il soit besoin d'en parler davantage, 25
      Votre seule valeur,
Qui de son impudence a ressenti l'outrage,
Vous fournit-elle pas une juste douleur?

Ne mêlez rien de lâche à vos hautes pensées,
      Et, par quelques appas 30
Qu'il demande merci de ses fautes passées,
Imitez son exemple à ne pardonner pas.

L'ombre de vos lauriers admirés de l'envie
      Fait l'Europe trembler ;
Attachez bien ce monstre, ou le privez de vie, 35
Vous n'aurez jamais rien qui vous puisse troubler.

XLVII

POUR ALCANDRE

STANCES

1609

« Quelque ennui donc qu'en cette absence
      Avec une injuste licence
      Le Destin me fasse endurer,

XLVII. — Cette pièce, et les quatre suivantes, furent composées pour Henri IV (Alcandre), qui s'était épris d'une violente passion pour Charlotte-Marguerite de Montmorency (Oranthe). Celle-ci, au mois de mai 1609, avait épousé Henri de Bourbon, prince de Condé,

Ma peine lui semble petite,
Si chaque jour il ne l'irrite 5
D'un nouveau sujet de pleurer !

« Paroles que permet la rage
A l'innocence qu'on outrage,
C'est aujourd'hui votre saison :
Faites-vous ouïr en ma plainte ; 10
Jamais l'âme n'est bien atteinte
Quand on parle avecque raison.

« O fureurs, dont même les Scythes
N'useroient pas vers des mérites
Qui n'ont rien de pareil à soi ! 15
Ma dame est captive ; et son crime,
C'est que je l'aime, et qu'on estime
Qu'elle en fait de même de moi.

« Rochers, où mes inquiétudes
Viennent chercher les solitudes 20

qui, pour soustraire sa femme aux poursuites du roi, s'éloigna de la cour et alla se réfugier d'abord en Suisse, ensuite, après un retour de peu de durée, à Landrecies, puis à Bruxelles. — Ces stances parurent pour la première fois dans l'édition de 1630.

11 et 12. — Ménage cite la même pensée, familière d'ailleurs aux poëtes, chez Pétrarque et chez Bertaut.

14. — Littré : « Les grammairiens prétendent que *vers* ne peut pas se dire pour *envers*, au sens figuré et moral ; et, en effet, l'Académie a suivi leur décision, mais à tort ; car ni la dérivation (*vers* et *envers* étant étymologiquement le même mot), ni l'usage ne justifient cette décision : les meilleurs auteurs, Corneille, Molière, Pascal, Racine, Voltaire, ont donné à *vers* le sens d'*envers* ; l'on peut suivre au besoin leur exemple. »

15. — *A soi*, à eux. Littré, Rem., 5 : « Des grammairiens ont prétendu que *soi* était toujours singulier. C'est une erreur ; de sa nature, *soi* n'est pas plus singulier que *se*. » Cf. Génin, *Lexique de Molière*.

Pour blasphémer contre le sort,
Quoiqu'insensibles aux tempêtes,
Je suis plus rocher que vous n'êtes,
De le voir et n'être pas mort.

« Assez de preuves à la guerre, 25
D'un bout à l'autre de la terre,
Ont fait paroître ma valeur ;
Ici je renonce à la gloire,
Et ne veux point d'autre victoire
Que de céder à ma douleur. 30

« Quelquefois les dieux pitoyables
Terminent des maux incroyables ;
Mais en un lieu que tant d'appas
Exposent à la jalousie,
Ne seroit-ce pas frénésie 35
De ne les en soupçonner pas ?

« Qui ne sait combien de mortelles
Les ont fait soupirer pour elles,
Et d'un conseil audacieux,

---

22. — Éd. 1862 : « Quittez la demeure où vous êtes. » — Ce vers est en blanc dans les premières éditions. L'édition de 1617 a introduit le vers rétabli par l'éditeur de 1862. Celui que nous donnons est dû à Ménage, qui ne dit point s'il est de lui ou de Malherbe.

55. — *Lieu,* là où l'on aime et par suite la personne aimée elle-même. Ronsard a dit, *Amours,* I, cxli :

> J'avais l'esprit tout morne et tout pesant
> Quand je receu du lieu qui me tourmente
> La pomme d'or. . . . .

Et, *Amours,* II, xxxv :

> Mes souspirs, mes amis, vous m'estes agréables,
> D'autant que vous sortez pour un lieu qui le vaut,

En bergers, bêtes et satyres, 40
Afin d'apaiser leurs martyres,
Les ont fait descendre des cieux ?

« Non, non, si je veux un remède,
C'est de moi qu'il faut qu'il procède,
Sans les importuner de rien ; 45
J'ai su faire la délivrance
Du malheur de toute la France,
Je la saurai faire du mien.

« Hâtons donc ce fatal ouvrage ;
Trouvons le salut au naufrage, 50
Et multiplions dans les bois
Les herbes, dont les feuilles pointes
Gardent les sanglantes empreintes
De la fin tragique des rois.

« Pour le moins la haine et l'envie 55
Ayant leur rigueur assouvie,
Quand j'aurai clos mon dernier jour,
Oranthe sera sans alarmes,
Et mon trépas aura des larmes
De quiconque aura de l'amour. » 60

51-54. — L'hyacinthe, née du sang d'Hyacinthe et d'Ajax, sur les pétales de laquelle les anciens croyaient lire les deux lettres AI, commencement du nom d'Ajax et exclamation de douleur chez les Grecs. « Le nom de *rois*, appliqué à ces deux héros, a dit M. Lalanne, est un souvenir de Virgile, *Egl.*, III, 106 : « Inscripti « nomina regum flores. » — « Ces quatre vers sont merveilleux, s'écrie Ménage ; et je les achèterais volontiers d'une centaine des miens. »

59-60. — Voyez cette mélancolique pensée habilement mise en scène par A. Chénier dans son idylle de *Clytie*, p. 62.

A ces mots tombant sur la place,
Transi d'une mortelle glace,
Alcandre cessa de parler ;
La nuit assiégea ses prunelles,
Et son âme, étendant les ailes, 65
Fut toute prête à s'envoler.

« — Que fais-tu, monarque adorable,
Lui dit un démon favorable,
En quels termes te réduis-tu ?
Veux-tu succomber à l'orage, 70
Et laisser perdre à ton courage
Le nom qu'il a pour sa vertu ?

« N'en doute point, quoi qu'il advienne,
La belle Oranthe sera tienne ;
C'est chose qui ne peut faillir. 75
Le temps adoucira les choses,
Et tous deux vous aurez des roses,
Plus que vous n'en saurez cueillir. »

69. — *En quels termes*, en quel état.
72. — *Nom*, réputation, renom.

XLVIII

POUR ALCANDRE

STANCES

1609

Revenez, mes plaisirs, ma dame est revenue ;
Et les vœux que j'ai faits pour revoir ses beaux yeux,
Rendant par mes soupirs ma douleur reconnue,
    Ont eu grâce des cieux.

Les voici de retour, ces astres adorables,
Où prend mon océan son flux et son reflux ;
Soucis, retirez-vous, cherchez les misérables,
    Je ne vous connois plus.

Peut-on voir ce miracle, où le soin de nature
A semé comme fleurs tant d'aimables appas,
Et ne confesser point qu'il n'est pire aventure
    Que de ne la voir pas !

XLVIII. — Voyez la première note de la pièce XLVII. Ces stances furent publiées pour la première fois en 1620, dans les *Délices de la poésie française*.

3. — *Reconnue* n'est pas ici pour *connue*, ainsi que le dit Ménage. Les soupirs sont les signes auxquels on *reconnaît* la douleur.

6. — Voyez la même expression ci-dessus, XII, 2.

Certes l'autre soleil, d'une erreur vagabonde,
Court inutilement par ses douze maisons ;
C'est elle, et non pas lui, qui fait sentir au monde   15
    Le change des saisons.

Avecque sa beauté toutes beautés arrivent ;
Ces déserts sont jardins de l'un à l'autre bout,
Tant l'extrême pouvoir des grâces qui la suivent
    Les pénètre partout.   20

Ces bois en ont repris leur verdure nouvelle ;
L'orage en est cessé, l'air en est éclairci ;
Et même ces canaux ont leur course plus belle,
    Depuis qu'elle est ici.

13. — *Erreur*, action d'errer çà et là. Voyez dans Littré les exemples de Delille et de P.-L. Courier. L'expression de Malherbe s'applique au changement qui se manifeste chaque jour dans la position du soleil, par suite de l'inclinaison de l'axe de la terre sur le plan de l'écliptique.

14. — A..Chénier a employé la même périphrase, *Élégie*, I, XI :

> Si je vis, le soleil aura passé deux fois
> Dans les douze palais où résident les mois.

Maisons est le terme technique employé en astrologie pour désigner les divisions du zodiaque. Régnier, *Sat.* v :

> Selon que le soleil se loge en ses maisons.

17 et suiv. — Comparez avec Ronsard, *Amours*, I, cxxi.

21. — Ce vers, dit Ménage, semble être imité de ce vers de Desportes, dans le cinquième des sonnets à Diane :

> Les forests ont repris leur vert accoustrement.

24. — « Alfred de Musset (dit Sainte-Beuve, après avoir cité ces vers, *N. L.*, XIII, p. 412) semble s'être inspiré de cette douceur d'harmonie dans ces beaux vers sur Fontainebleau, et ce *Souvenir* de lui, si plein de tendresse, est précisément dans le même rhythme que les stances de Malherbe. »

De moi, que les respects obligent au silence,
J'ai beau me contrefaire et beau dissimuler ;
Les douceurs où je nage ont une violence
    Qui ne se peut celer.

Mais, ô rigueur du sort ! tandis que je m'arrête
A chatouiller mon âme en ce contentement,
Je ne m'aperçois pas que le Destin m'apprête
    Un autre partement.

Arrière ces pensées que la crainte m'envoie !
Je ne sais que trop bien l'inconstance du sort ;
Mais de m'ôter le goût d'une si chère joie,
    C'est me donner la mort.

32. — *Partement*, départ, terme vieilli, qu'on trouve employé dans une épigramme de Racan et une lettre (XXX) de Voiture ; voy. Jaubert, *Glossaire du centre de la France*. Le prince de Condé devait, en effet, bientôt s'éloigner de Fontainebleau une seconde fois.

XLIX

PLAINTE D'ALCANDRE

SUR LA CAPTIVITÉ DE SA MAÎTRESSE

STANCES

1609

« Que d'épines, Amour, accompagnent tes roses !
Que d'une aveugle erreur tu laisses toutes choses
    A la merci du sort !
Qu'en tes prospérités à bon droit on soupire,
Et qu'il est malaisé de vivre en ton empire,   5
    Sans désirer la mort !

« Je sers, je le confesse, une jeune merveille,
En rares qualités à nulle autre pareille,
    Seule semblable à soi ;
Et, sans faire le vain, mon aventure est telle,   10
Que de la même ardeur que je brûle pour elle,
    Elle brûle pour moi.

XLIX. — Parues, en 1615, dans les *Délices de la poésie française*. Elles furent mises en musique par Boesset. Cette pièce, jointe à une lettre à Peiresc, existe manuscrite à la Bibliothèque nationale. Voy. éd. 1862, p. 158.

1. — Voy. X, 15.

9. — Voy. XLVII, 15. — Ménage relève la même expression dans une lettre de Brutus à Cicéron : « Labeo Segulius, homo sui simillimus. »

« Mais parmi tout cet heur, ô dure destinée!
Que de tragiques soins, comme oiseaux de Phinée,
 Sens-je me dévorer!   15
Et ce que je supporte avecque patience,
Ai-je quelque ennemi, s'il n'est sans conscience,
 Qui le vît sans pleurer?

« La mer a moins de vents qui ses vagues irritent
Que je n'ai de pensers qui tous me sollicitent   20
 D'un funeste dessein ;
Je ne trouve la paix qu'à me faire la guerre;
Et si l'enfer est fable au centre de la terre,
 Il est vrai dans mon sein.

« Depuis que le soleil est dessus l'hémisphère,   25
Qu'il monte ou qu'il descende, il ne me voit rien faire
 Que plaindre et soupirer ;
Des autres actions j'ai perdu la coutume;
Et ce qui s'offre à moi, s'il n'a de l'amertume,
 Je ne puis l'endurer.   30

---

14. — *Soins*, très-fréquent au seizième et au dix-septième siècles dans le sens de *soucis*. Ronsard, *Amours*, I, xiii, a dit : « En lieu d'un aigle, un soin... ronge... ma poitrine. » Les oiseaux qui s'acharnèrent sur Phinée sont les Harpies.

18. — M. Lalanne rappelle les vers de Virgile, *Énéide*, II, 6 :

 . . . . Quis talia fando
 Myrmidonum Dolopumve aut duri miles Ulyssei
 Temperet a lacrymis. . . . .

On peut ajouter de beaux vers de Silius Italicus, II, 650, sur les malheurs de Sagonte.

29. — André Chénier, dans l'*Élégie à Versailles* :

 Une paix taciturne et sombre,
 Voilà tous mes souhaits. . . .

« Comme la nuit arrive, et que par le silence,
Qui fait des bruits du jour cesser la violence,
  L'esprit est relâché,
Je vois de tous côtés, sur la terre et sur l'onde,
Les pavots qu'elle sème assoupir tout le monde,   35
  Et n'en suis point touché.

« S'il m'advient quelquefois de clore les paupières,
Aussitôt ma douleur en nouvelles matières
  Fait de nouveaux efforts ;
Et de quelque souci qu'en veillant je me ronge,   40
Il ne me trouble point comme le meilleur songe
  Que je fais quand je dors.

« Tantôt cette beauté, dont ma flamme est le crime,
M'apparoit à l'autel, où comme une victime
  On la veut égorger ;   45
Tantôt je me la vois d'un pirate ravie,
Et tantôt la fortune abandonne sa vie
  A quelque autre danger.

« En ces extrémités la pauvrette s'écrie :
Alcandre, mon Alcandre, ôte-moi, je te prie,   50
  Du malheur où je suis !
La fureur me saisit, je mets la main aux armes ;
Mais son destin m'arrête, et lui donner des larmes,
  C'est tout ce que je puis.

« Voilà comme je vis, voilà ce que j'endure,   55
Pour une affection que je veux qui me dure

---

50. — Sur cette expression de tendresse, *mon Alcandre*, voy. IX, 25.

Au delà du trépas.
Tout ce qui me la blâme offense mon oreille ;
Et qui veut m'affliger, il faut qu'il me conseille
De ne m'affliger pas. 60

« On me dit qu'à la fin toute chose se change,
Et qu'avecque le temps les beaux yeux de mon ange
Reviendront m'éclairer ;
Mais voyant tous les jours ses chaînes se restreindre,
Désolé que je suis, que ne dois-je point craindre, 65
Ou que puis-je espérer ?

« Non, non, je veux mourir, la raison m'y convie ;
Aussi bien le sujet qui m'en donne l'envie
Ne peut être plus beau ;
Et le sort, qui détruit tout ce que je consulte, 70
Me fait voir assez clair que jamais ce tumulte
N'aura paix qu'au tombeau. »

Ainsi le grand Alcandre aux campagnes de Seine
Faisoit, loin de témoins, le récit de sa peine,
Et se fondoit en pleurs. 75
Le fleuve en fut ému, ses nymphes se cachèrent,
Et l'herbe du rivage, où ses larmes touchèrent,
Perdit toutes ses fleurs.

64. — *Restreindre*, au sens propre, qui est peu usité, de *resserrer*.
70. — *Consulter*, délibérer.

L

SUR LE MÊME SUJET

CHANSON

1610

Que n'êtes-vous lassées,
  Mes tristes pensées,
De troubler ma raison,
Et faire avecque blâme
  Rebeller mon âme   5
Contre ma guérison !

Que ne cessent mes larmes,
  Inutiles armes !
Et que n'ôte des cieux
La fatale ordonnance   10
  A ma souvenance
Ce qu'elle ôte à mes yeux !

O beauté nonpareille,
  Ma chère merveille,
Que le rigoureux sort   15
Dont vous m'êtes ravie

L. — Cette chanson parut, en 1615, dans les *Délices de la poésie française;* elle fut mise en musique par Guesdron.
5. — *Rebeller,* pour *se rebeller.*
16. — *Dont,* par lequel.

Aimeroit ma vie,
S'il m'envoyoit la mort!

Quelles pointes de rage
 Ne sent mon courage
De voir que le danger,
En vos ans les plus tendres,
 Menace vos cendres
D'un cercueil étranger!

Je m'impose silence
 En la violence
Que me fait le malheur;
Mais j'accrois mon martyre,
 Et n'oser rien dire
M'est douleur sur douleur.

Aussi suis-je un squelette,
 Et la violette,
Qu'un froid hors de saison
Ou le soc a touchée,
 De ma peau séchée
Est la comparaison.

Dieux, qui les destinées
 Les plus obstinées
Tournez de mal en bien,

---

34. — Imité de Virgile, *Énéide*, IX, 435, comme l'a remarqué Saint-Marc :

> Purpureus veluti quum flos, succisus aratro
> Languescit moriens; lassove papavera collo
> Demisere caput, pluvia quum forte gravantur.

Après tant de tempêtes 40
  Mes justes requêtes
N'obtiendront-elles rien ?

Avez-vous eu les titres
  D'absolus arbitres
De l'état des mortels, 45
Pour être inexorables
  Quand les misérables
Implorent vos autels ?

Mon soin n'est point de faire
  En l'autre hémisphère 50
Voir mes actes guerriers,
Et jusqu'aux bords de l'onde
  Où finit le monde
Acquérir des lauriers.

Deux beaux yeux sont l'empire 55
  Pour qui je soupire ;
Sans eux rien ne m'est doux.
Donnez-moi cette joie
  Que je les revoie,
Je suis dieu comme vous.

49. — Comparez cette strophe avec la cinquième de la pièce XLVII.

60. — Il termine par une pensée que bien des poëtes ont imitée de Sappho, entre autres, Catulle, LI, Ronsard, *Chanson, Am.*, II, et A. Chénier, *Élégies*, III, v.

LI

SUR LE MÊME SUJET

STANCES

1610

« Donc cette merveille des cieux,
Pour ce qu'elle est chère à mes yeux,
En sera toujours éloignée,
Et mon impatiente amour,
Par tant de larmes témoignée,
N'obtiendra jamais son retour !

« Mes vœux donc ne servent de rien !
Les dieux, ennemis de mon bien,
Ne veulent plus que je la voie ;
Et semble que les rechercher
De me permettre cette joie,
Les invite à me l'empêcher.

« O beauté, reine des beautés !
Seule de qui les volontés

LI. — Publiées, en 1611, dans *le Temple d'Apollon*. [Il y a d'excellentes choses dans cette pièce et dans les deux autres (XLVII et XLIX).] Les vers qu'il a faits pour les amours d'autrui valent mieux que ceux où il chante les siens ; mais tout cela est encore bien froid. On ne s'échauffe pas de la chaleur d'un autre, et il n'avait jamais aimé lui-même. Je n'aime point à voir sa lyre devenir *l'entremetteuse* du roi et de plusieurs particuliers. A. CHÉNIER.]

2. — *Pour ce*, voy. XIX, 10.
10. — *Rechercher*, prier.

Président à ma destinée, 15
Pourquoi n'est, comme la Toison,
Votre conquête abandonnée
A l'effort de quelque Jason ?

« Quels feux, quels dragons, quels taureaux,
Quelle horreur de monstres nouveaux, 20
Et quelle puissance de charmes
Garderoit que jusqu'aux enfers
Je n'allasse avecque les armes
Rompre vos chaînes et vos fers ?

« N'ai-je pas le cœur aussi haut, 25
Et, pour oser tout ce qu'il faut,
Un aussi grand désir de gloire,
Que j'avois lorsque je couvri
D'exploits d'éternelle mémoire
Les plaines d'Arques et d'Ivry ? 30

« Mais quoi ! ces lois, dont la rigueur
Retient mes souhaits en langueur,
Règnent avec un tel empire,
Que si le ciel ne les dissout,

---

28. — *Couvri*, serait aujourd'hui une licence poétique. L'usage en a décidé ainsi. Mais en supprimant l's, Malherbe ne faisait que ramener la terminaison de la première personne à sa forme rationnelle ; c'est sur quoi Ménage s'étend avec raison. Voy. A. Brachet, *Grammaire historique de la langue française*, p. 187, et Littré, *Dict.*, *Préface*, p. xlii.

32. — *Retient* a été introduit par Ménage. Jusqu'à lui toutes les éditions donnent le pluriel *tiennent* qu'a admis l'éd. de 1862, certainement comme une inadvertance de Malherbe.

34. — Le roi fit tous ses efforts pour amener la dissolution du mariage du prince de Condé.

Pour pouvoir ce que je désire, 35
Ce n'est rien que de pouvoir tout.

« Je ne veux point, en me flattant,
Croire que le sort inconstant
De ces tempêtes me délivre ;
Quelque espoir qui se puisse offrir, 40
Il faut que je cesse de vivre,
Si je veux cesser de souffrir.

« Arrière donc ces vains discours,
Qu'après les nuits viennent les jours,
Et le repos après l'orage. 45
Autre sorte de réconfort
Ne me satisfait le courage
Que de me résoudre à la mort.

« C'est là que de tout mon tourment
Se bornera le sentiment ; 50
Ma foi seule, aussi pure et belle
Comme le sujet en est beau,
Sera ma compagne éternelle,
Et me suivra dans le tombeau. »

Ainsi, d'une mourante voix, 55
Alcandre, au silence des bois,
Témoignoit ses vives atteintes ;
Et son visage sans couleur

---

45. — Consolation toute poétique que le souvenir d'Horace (*Odes*, II, ix) ramène cependant toujours aux amants ou aux malheureux. Voyez A. Chénier, *Élégies*, I, x, p. 178.

15.

Faisoit connoître que ses plaintes
Étoient moindres que sa douleur. 60

Oranthe, qui par les zéphyrs
Reçut les funestes soupirs
D'une passion si fidèle,
Le cœur outré de même ennui,
Jura que s'il mouroit pour elle, 65
Elle mourroit avecque lui.

LII

POUR MADEMOISELLE DE CONTI

ÉPIGRAMME

1 10

N'égalons point cette petite
Aux déesses que nous récite
L'histoire des siècles passés ;
Tout cela n'est qu'une chimère ;
Il faut dire, pour dire assez : 5
Elle est belle comme sa mère.

LII. — Ces vers furent écrits à l'occasion de la naissance de la fille de Louise de Lorraine, princesse de Conti. Cette enfant, née le 8 mars 1610, mourut douze jours après. (Voy. la pièce suivante.) Ils furent publiés, en 1627, dans le *Recueil des plus beaux vers de Messieurs de Malherbe, Racan, etc.*

LIII

ÉPITAPHE DE MADEMOISELLE DE CONTI

SONNET

1610

Tu vois, passant, la sépulture
D'un chef-d'œuvre si précieux,
Qu'avoir mille rois pour aïeux
Fut le moins de son aventure.

O quel affront à la nature 5
Et quelle injustice des cieux,
Qu'un moment ait fermé les yeux
D'une si belle créature !

On doute pour quelle raison
Les Destins, si hors de saison, 10
De ce monde l'ont appelée :

Mais leur prétexte le plus beau,
C'est que la terre étoit brûlée,
S'ils n'eussent tué ce flambeau.

LIII. — Voyez la pièce précédente. Imprimée dans le même recueil.

3. — *Mille;* Malherbe condamnait l'emploi de ce nombre vague. Voy. plus loin LXXXVIII, 1.

13 et 14. — Malherbe fait usage ici d'une hyperbole extravagante et peu touchante qui avait été fort à la mode au seizième siècle. Ronsard l'a tournée et retournée en cent façons jusqu'à satiété.

LIV

A MONSEIGNEUR LE DAUPHIN

SONNET

AV. 1610

Que l'honneur de mon prince est cher aux destinées !
Que le démon est grand qui lui sert de support,
Et que visiblement un favorable sort
Tient ses prospérités l'une à l'autre enchaînées !

Ses filles sont encore en leurs tendres années,   5
Et déjà leurs appas ont un charme si fort,
Que les rois les plus grands du Ponant et du Nord
Brûlent d'impatience après leurs hyménées.

Pensez à vous, Dauphin ; j'ai prédit en mes vers
Que le plus grand orgueil de tout cet univers   10
Quelque jour à vos pieds doit abaisser sa tête ;

Mais ne vous flattez point de ces vaines douceurs :
Si vous ne vous hâtez d'en faire la conquête,
Vous en serez frustré par les yeux de vos sœurs.

LIV. — Ce sonnet fut imprimé pour la première fois en 1615, dans les *Délices de la poésie française*. Le dauphin, depuis Louis XIII, avait tout au plus neuf ans.
5. — Les trois filles de Henri IV.
9. — Voyez en effet XXIII, 131, XXVII et XXVIII.

LV

SUR UNE ABSENCE

STANCES

AV. 1610

Complices de ma servitude,
Pensers, où mon inquiétude
Trouve son repos désiré,
Mes fidèles amis et mes vrais secrétaires,
Ne m'abandonnez point en ces lieux solitaires ; 5
C'est pour l'amour de vous que j'y suis retiré.

Partout ailleurs je suis en crainte,
Ma langue demeure contrainte ;
Si je parle, c'est à regret ;
Je pèse mes discours, je me trouble et m'étonne, 10

LV. — Imprimées, en 1615, dans les *Délices de la poésie française*. Malherbe, nous apprend Ménage, fit ses stances en Bourgogne pour lui-même.

4. — *Mes fidèles amis*, c'est ainsi que Ronsard, *Amours*, II, xxxv, s'adresse à ses soupirs ; voy. les vers cités plus haut, XLVII, 33. — *Secrétaire*, est ici dans son sens propre de confident. Ménage remarque qu'il est souvent employé ainsi dans les anciens poëtes français, et il cite plusieurs exemples, et entre autres celui-ci de Ronsard :

Vous ruisseaux, vous rochers, vous antres solitaires,
Soyez de mon malheur fidelles secrétaires.

Cependant, ajoute-t-il, quand Malherbe publia ces stances, on moqua de cet endroit.

Tant j'ai peu d'assurance en la foi de personne ;
Mais à vous je suis libre, et n'ai rien de secret.

    Vous lisez bien en mon visage
    Ce que je souffre en ce voyage,
    Dont le ciel m'a voulu punir ; 15
Et savez bien aussi que je ne vous demande,
Étant loin de ma dame, une grâce plus grande
Que d'aimer sa mémoire et m'en entretenir.

    Dites-moi donc sans artifice,
    Quand je lui vouai mon service, 20
    Faillis-je en mon élection ?
N'est-ce pas un objet digne d'avoir un temple,
Et dont les qualités n'ont jamais eu d'exemple,
Comme il n'en fut jamais de mon affection ?

    Au retour des saisons nouvelles, 25
    Choisissez les fleurs les plus belles
    De qui la campagne se peint ;
En trouverez-vous une où le soin de nature
Ait avecque tant d'art employé sa peinture,
Qu'elle soit comparable aux roses de son teint ? 30

12. — *A vous; à* exprime ici un rapport général de situation, rapport plus souvent déterminé par *avec, vis-à-vis de,* etc.
18. — *Mémoire,* le souvenir que l'on garde de quelqu'un.
21. — *Élection,* choix ; c'est bien à tort que Voltaire, dans son Commentaire sur Corneille, a condamné l'emploi de ce mot lorsqu'il n'apporte pas l'idée de plusieurs suffrages. Voy. le *Lexique de Corneille* de M. Godefroy, I, p. 252. Cet emploi est très-commun au seizième siècle.
27. — Comparez avec le vers 33 de la pièce XVI et le vers 8 de la pièce XXXVIII.
30. — Voy. XXXIV, 14 ; XXXV, 6. Ce portrait est semblable à celui qu'il a tracé de la vicomtesse d'Auchy.

Peut-on assez vanter l'ivoire
De son front, où sont en leur gloire
La douceur et la majesté,
Ses yeux, moins à des yeux qu'à des soleils semblables,
Et de ses beaux cheveux les nœuds inviolables,   35
D'où n'échappe jamais rien qu'elle ait arrêté ?

Ajoutez à tous ces miracles
Sa bouche, de qui les oracles
Ont toujours de nouveaux trésors ;
Prenez garde à ses mœurs, considérez-la toute :   40
Ne m'avoûrez-vous pas que vous êtes en doute
Ce qu'elle a plus parfait, ou l'esprit, ou le corps ?

Mon roi, par son rare mérite,
A fait que la terre est petite
Pour un nom si grand que le sien ;   45
Mais si mes longs travaux faisoient cette conquête,
Quelques fameux lauriers qui lui couvrent la tête,
Il n'en auroit pas un qui fût égal au mien.

---

35 et 36. — Il veut dire : Et de ses beaux cheveux la prison inviolable (cf. XIV, 204), d'où n'échappe (pour : ne s'échappe) jamais rien (qui que ce soit) qu'elle ait arrêté (saisi, appréhendé).

42. — *Plus* pour *le plus*. Quelle est en elle la chose la plus parfaite? Du Bellay, dans *le Poëte courtisan*, a dit :

> Car le vers plus coulant est le vers plus parfait.

Le comparatif se confond très-souvent avec le superlatif, et il semble qu'il sera toujours permis de préférer le comparatif, lorsque *le plus* se trouvera suivi de deux termes entre lesquels se fait la comparaison, comme dans cette phrase de Malherbe et dans celle-ci de Molière, *Avare*, II, III : « Qui est plus criminel, à votre avis ou celui qui achète un argent dont il a besoin, ou celui qui vole un argent dont il n'a que faire? »

Aussi, quoi que l'on me propose
Que l'espérance m'en est close
Et qu'on n'en peut rien obtenir,
Puisqu'à si beau dessein mon désir me convie,
Son extrême rigueur me coûtera la vie,
Ou mon extrême foi m'y fera parvenir.

Si les tigres les plus sauvages
Enfin apprivoisent leurs rages,
Flattés par un doux traitement,
Par la même raison, pourquoi n'est-il croyable
Qu'à la fin mes ennuis la rendront pitoyable,
Pourvu que je la serve à son contentement ?

Toute ma peur est que l'absence
Ne lui donne quelque licence
De tourner ailleurs ses appas ;
Et qu'étant, comme elle est, d'un sexe variable,
Ma foi, qu'en me voyant elle avoit agréable,
Ne lui soit contemptible en ne me voyant pas.

Amour a cela de Neptune,
Que toujours à quelque infortune

---

49. — *Proposer*, mettre devant les yeux de quelqu'un.

66. — *Contemptible*. Vaugelas le trouvait dur, Thomas Corneille insupportable. L'Académie le déclare vieux, mais M. Littré dit, avec raison, qu'il n'est point banni de la langue. Ce qui a fait la mauvaise fortune de ce mot, c'est que, des quatorze ou quinze termes latins formés de *contemnere*, deux seulement sont devenus français : *contempteur* et *contemptible*. Pour que ce dernier devînt d'un usage plus général, il eût fallu que *contemption* passât dans la langue ; et, pour cela, même encore aujourd'hui, l'exemple d'un écrivain autorisé suffirait. *Contemption* serait plus fort et plus relevé que *mépris*.

67. — Comparez avec la dernière strophe de la pièce XVI.

Il se faut-tenir préparé ;
Ses infidèles flots ne sont point sans orages, 70
Aux jours les plus sereins on y fait des naufrages,
Et même dans le port on est mal assuré.

  Peut-être qu'à cette même heure
  Que je languis, soupire et pleure,
  De tristesse me consumant, 75
Elle, qui n'a souci de moi, ni de mes larmes,
Étale ses beautés, fait montre de ses charmes,
Et met en ses filets quelque nouvel amant.

  Tout beau, pensers mélancoliques,
  Auteurs d'aventures tragiques, 80
  De quoi m'osez-vous discourir ?
Impudents boute-feux de noise et de querelle,
Ne savez-vous pas bien que je brûle pour elle,
Et que me la blâmer, c'est me faire mourir ?

  Dites-moi qu'elle est sans reproche, 85
  Que sa constance est une roche,
  Que rien n'est égal à sa foi ;
Prêchez-moi ses vertus, contez-m'en des merveilles,
C'est le seul entretien qui plaît à mes oreilles ;
Mais pour en dire mal n'approchez point de moi. 90

---

78. — André Chénier, *Élégies*, II, xxi, 40 :
  Vos filets aisément feront une autre proie.

82. — *Noise.* Au temps de Ménage, ce mot n'était déjà plus, selon son expression, d'un bel usage.

90. — *Dire mal*, incorrection. Malherbe veut dire : pour en dire du mal. *Dire mal* s'applique non aux choses que l'on dit, mais à la façon dont on les dit.

LVI

SUR LA MORT DE HENRI LE GRAND

STANCES

1610

« Enfin l'ire du ciel et sa fatale envie,
Dont j'avois repoussé tant d'injustes efforts,
Ont détruit ma fortune, et, sans m'ôter la vie,
    M'ont mis entre les morts.

« Henri, ce grand Henri, que les soins de nature   5
Avoient fait un miracle aux yeux de l'univers,
Comme un homme vulgaire est dans la sépulture
    A la merci des vers.

« Belle âme, beau patron des célestes ouvrages,
Qui fus de mon espoir l'infaillible recours,   10
Quelle nuit fut pareille aux funestes ombrages
    Où tu laisses mes jours !

LVI. — Ces stances, composées à l'occasion de la mort du roi, assassiné le 14 mai 1610, et auxquelles, suivant Racan, Malherbe travailla jusqu'à la fin de sa vie, ne parurent, pour la première fois, que dans l'édition de 1630. L'Alcippe, dans la bouche duquel le poëte met ses stances, ne serait autre que le duc de Bellegarde, suivant Ménage, qui l'avait appris de Racan.

5. — Voyez la même expression dans la pièce LV, 28.

8. — Nous avons déjà rencontré cette image (XIII, 24), tirée des réalités de la mort. Nous la retrouverons dans la paraphrase du psaume CXLV.

11. — *Ombrages*, obscurité.

« C'est bien à tout le monde une commune plaie,
Et le malheur que j'ai, chacun l'estime sien ;
Mais en quel autre cœur est la douleur si vraie, 15
    Comme elle est dans le mien ?

« Ta fidèle compagne, aspirant à la gloire
Que son affliction ne se puisse imiter,
Seule de cet ennui me débat la victoire,
    Et me la fait quitter. 20

« L'image de ses pleurs, dont la source féconde
Jamais depuis ta mort ses vaisseaux n'a taris,
C'est la Seine en fureur qui déborde son onde
    Sur les quais de Paris.

« Nulle heure de beau temps ses orages n'essuie, 25
Et sa grâce divine endure en ce tourment
Ce qu'endure une fleur que la bise ou la pluie
    Bat excessivement.

« Quiconque approche d'elle a part à son martyre,
Et par contagion prend sa triste couleur; 30

---

21. — On a critiqué la comparaison que Malherbe fait des pleurs de la reine au débordement de la Seine. L'exagération est moins dans l'image elle-même que dans la trop grande précision des détails. La métaphore eût mieux valu que la comparaison. C'est ainsi que la Fontaine a employé cette image avec un art inimitable :

    Pleurez, nymphes de Vaux, faites croître vos ondes.

23. — *Déborder*, employé activement. Le vers de Malherbe est le seul exemple cité par M. Littré. Au quinzième et au seizième siècles, on disait d'une rivière qu'elle se déborde.

28. — Voy. la même image, L, 33. — Ronsard, *Amours*, II, Chanson :

    Et comme un lys par trop lavé
    De quelque pluye printanière...

Car, pour la consoler, que lui sauroit-on dire
 En si juste douleur?

« Reviens la voir, grande âme ! ôte-lui cette nue
Dont la sombre épaisseur aveugle sa raison,
Et fais du même lieu d'où sa peine est venue   35
 Venir sa guérison.

« Bien que tout réconfort lui soit une amertume,
Avec quelque douceur qu'il lui soit présenté,
Elle prendra le tien, et selon sa coutume
 Suivra ta volonté.   40

« Quelque soir en sa chambre apparois devant elle,
Non le sang en la bouche et le visage blanc,
Comme tu demeuras sous l'atteinte mortelle
 Qui te perça le flanc.

« Viens-y tel que tu fus, quand aux monts de Savoie   45
Hymen en robe d'or te la vint amener,
Ou tel qu'à Saint-Denis, entre nos cris de joie,
 Tu la fis couronner.

---

35 et suiv. — « On a voulu impliquer la reine Marie de Médicis (dit Sainte-Beuve, en citant cette belle prosopopée, *N. L.*, XIII, p. 391) dans l'attentat qui ravit, à la France et à elle, son héroïque époux : une réfutation morale qui suffirait (s'il en était besoin), c'est la manière dont Malherbe, cet homme de sens, ce clairvoyant et probe témoin, lui parle de Henri IV, le lendemain de cette lamentable mort. »

45. — Voyez la même tournure et le même mouvement poétique dans André Chénier, *Fragm.*, I, *à Bacchus*, p. 121.

46. — « Vers magnifiquement nuptial, » a dit Sainte-Beuve, *N. L.*, XIII, p. 392.

« Après cet essai fait, s'il demeure inutile,
Je ne connois plus rien qui la puisse toucher ; 50
Et sans doute la France aura, comme Sipyle,
    Quelque fameux rocher.

« Pour moi, dont la foiblesse à l'orage succombe,
Quand mon heur abattu pourroit se redresser,
J'ai mis avecque toi mes desseins en la tombe ; 55
    Je les y veux laisser.

« Quoi que pour m'obliger fasse la destinée,
Et quelque heureux succès qui me puisse arriver,
Je n'attends mon repos qu'en l'heureuse journée
    Où je t'irai trouver. » 60

Ainsi, de cette cour l'honneur et la merveille,
Alcippe soupiroit, prêt à s'évanouir.
On l'auroit consolé, mais il ferme l'oreille,
    De peur de rien ouïr.

49. — Si Malherbe eût rencontré ce premier hémistiche dans Desportes, il n'eût pas manqué de le marquer d'un *cè tè sè fè*.
51. — Le Sipyle, c'est la montagne sur laquelle pleurait éternellement Niobé changée en rocher.
64. — *Rien*, quelque chose. « C'est, dit M. Littré, le sens étymologique, le sens propre, qui a été longtemps le sens essentiel et qui est encore conservé. »

LVII

A LA REINE, MÈRE DU ROI

SUR LES HEUREUX SUCCÈS DE SA RÉGENCE

ODE

1610

Nymphe qui jamais ne sommeilles,
Et dont les messages divers
En un moment sont aux oreilles
Des peuples de tout l'univers,
Vole vite, et de la contrée 5
Par où le jour fait son entrée
Jusqu'au rivage de Calis,
Conte, sur la terre et sur l'onde,
Que l'honneur unique du monde,
C'est la reine des fleurs de lis. 10

LVII. — Cette ode parut, en 1611, dans *le Temple d'Apollon;* mais à cette même date, ajoute M. Lalanne, elle fut imprimée séparément. Elle valut à Malherbe une pension de quinze cents livres de la reine mère, Marie de Médicis. [C'est une des plus belles pour le plan, la richesse du style, la nouveauté et la vérité des images, la hardiesse et la force de l'expression. A. Chénier.]

1. — [L'apostrophe est noble et belle. A. Chénier.]
2. — Éd. 1862 : « Et dont les messagers divers. »
7. — Cadix.
10. — [Le sens de cette strophe me semble fade et plat. En général, Malherbe ne loue point avec cette grâce et cette adresse qui fait pardonner l'adulation dans Virgile, Horace et Boileau. A Chénier.]

Quand son Henri, de qui la gloire
Fut une merveille à nos yeux,
Loin des hommes s'en alla boire
Le nectar avecque les dieux,
En cette aventure effroyable, 15
A qui ne sembloit-il croyable
Qu'on alloit voir une saison
Où nos brutales perfidies
Feroient naître des maladies
Qui n'auroient jamais guérison ? 20

Qui ne pensoit que les Furies
Viendroient des abîmes d'enfer,
En de nouvelles barbaries,
Employer la flamme et le fer ?

11. — [Cette strophe peut avoir donné naissance à la plus belle strophe de Racan, qui est si justement fameuse :

> Ce grand Henri, dont la mémoire
> A triomphé du monument,
> Est maintenant comblé de gloire
> Sur les voûtes du firmament.
> La nuit pour lui n'a plus de voiles,
> Il marche dessus les étoiles,
> Il boit dans la coupe des dieux,
> Et voit sous ses pieds les tempêtes
> Venger sur nos coupables têtes
> La juste colère des cieux.
>   A. Chénier.]

14. — [Horace, *Odes*, III, III :

> Quos inter Augustus recumbens
> Purpureo bibit ore nectar.
>   A. Chénier.]

Tous les commentateurs avaient indiqué ce rapprochement avant André Chénier, qui lui-même a dit, dans *l'Aveugle*, en parlant d'Homère :

> Convive du nectar, disciple aimé des dieux.

21. — [Très-belle image, supérieurement rendue et d'une manière bien lyrique. Ce développement de sa pensée donne de la chaleur à l'ode et est flatteur pour la reine. A. Chénier.]

Qu'un débordement de licence
Feroit souffrir à l'innocence
Toute sorte de cruautés,
Et que nos malheurs seroient pires
Que naguère sous les Busires
Que cet Hercule avoit domptés?

Toutefois, depuis l'infortune
De cet abominable jour,
A peine la quatrième lune
Achève de faire son tour;
Et la France a les destinées
Pour elles tellement tournées
Contre les vents séditieux,
Qu'au lieu de craindre la tempête,
Il semble que jamais sa tête
Ne fut plus voisine des cieux.

Au delà des bords de la Meuse,
L'Allemagne a vu nos guerriers,
Par une conquête fameuse,
Se couvrir le front de lauriers.
Tout a fléchi sous leur menace;

29. — *Busiris*, roi d'Égypte, célèbre dans l'histoire ancienne par ses cruautés envers les étrangers qu'il sacrifiait aux dieux.
30. — [Cela est heureux et sent le travail. A. CHÉNIER.]
40. — [Belle image, belle tournure, belle expression, belle harmonie. A. CHÉNIER.] C'est peut-être à Malherbe que la Fontaine doit ce vers (I, xxii) :
De qui la tête au ciel était voisine.
45. — La prise de Juliers, le 2 septembre 1610, par les troupes françaises, commandées par le maréchal de la Châtre et soutenues par Maurice de Nassau.
45. — [J'aime ce vers-là beaucoup. A. CHÉNIER.]

L'Aigle même leur a fait place,
Et, les regardant approcher,
Comme lions à qui tout cède,
N'a point eu de meilleur remède
Que de fuir et se cacher.

O reine, qui pleine de charmes
Pour toute sorte d'accidents,
As borné le flux de nos larmes
En ces miracles évidents,
Que peut la fortune publique
Te vouer d'assez magnifique,
Si, mise au rang des immortels
Dont ta vertu suit les exemples,
Tu n'as avec eux, dans nos temples,
Des images et des autels?

Que sauroit enseigner aux princes
Le grand démon qui les instruit,
Dont ta sagesse en nos provinces

. 46. — L'aigle est l'emblème de l'Allemagne et de l'Autriche.
51-54. — [*Charmes* est là dans le sens propre, ce qui n'est pas arrangé d'une manière heureuse. Ces quatre vers ne sont pas bien écrits.
L'apostrophe est bien placée. Le plan de cette ode est bien conduit. La marche en est belle et lyrique. A. Chénier.]
55. — [Six vers fort beaux, bien écrits, pleins d'harmonie, et dont la tournure est bien noble. Les deux premiers, dont l'expression est belle et neuve, ont l'air d'une allusion à ces magnifiques médailles grecques et romaines, et à leurs inscriptions. A. Chénier.]
58. — Éd. 1862 : « Dont la vertu suit les exemples. »
62. — [*Démon*, poétique et noble en ce sens, qui est celui du génie. Il faut l'employer. A. Chénier.] Voyez plus haut XXXVIII, 7. André Chénier, comme il se l'était promis, n'a pas manqué de s'en servir (*Élégies*, I, xii). Corneille et Racine en ont fait un fréquent et heureux usage ; voyez les exemples rassemblés par M. Littré.

Chaque jour n'épande le fruit ?
Et qui justement ne peut dire, 65
A te voir régir cet empire,
Que, si ton heur étoit pareil
A tes admirables mérites,
Tu ferois dedans ses limites
Lever et coucher le soleil ? 70

Le soin qui reste à nos pensées,
O bel astre ! c'est que toujours
Nos félicités commencées
Puissent continuer leur cours.
Tout nous rit, et notre navire 75
A la bonace qu'il désire ;
Mais si quelque injure du Sort
Provoquoit l'ire de Neptune,
Quel excès d'heureuse fortune
Nous garantiroit de la mort ? 80

Assez de funestes batailles
Et de carnages inhumains

69. — [Il a souvent répété cette image ; elle est belle et grande. Le beau vers d'*Esther* (III, iv) :

    Et renferma les mers dans vos vastes limites.

a quelque rapport à cela. A. Chénier.]

71. — *Soin*, souci. [La transition est heureuse et facile ; peut-être est-ce trop d'une strophe entière pour l'exprimer ; mais cela marche bien. A. Chénier.]

75. — [Il fait *navire* masculin dans cet endroit : ailleurs (IV, 70 ; LXVIII, 74) il le met au féminin. A. Chénier.]

78. — [Il a voulu suivre sa métaphore et avec raison ; mais le sens est noyé dans les mots. A. Chénier.]

81 et suiv. — [Pathétique et chaud. L'expression du troisième et du quatrième vers est vive et forte. Horace dit (*Epodes*, VII) :

        Sua .
   Urbs hæc periret dextera.

Ont fait en nos propres entrailles
Rougir nos déloyales mains ;
Donne ordre que sous ton génie   85
Se termine cette manie,
Et que, las de perpétuer
Une si longue malveillance,
Nous employions notre vaillance
Ailleurs qu'à nous entre-tuer.   90

La Discorde aux crins de couleuvres,
Peste fatale aux potentats,
Ne finit ses tragiques œuvres
Qu'en la fin même des États.
D'elle naquit la frénésie   95
De la Grèce contre l'Asie,
Et d'elle prirent le flambeau
Dont ils désolèrent leur terre,
Les deux frères de qui la guerre
Ne cessa point dans le tombeau.   100

Et ailleurs (*Épodes*, XVI) :
> Suis et ipsa Roma viribus ruit.

Et Corneille (*Horace*, IV, v; cf. *Cinna*, I, III) :
> Et de ses propres mains déchire ses entrailles.

L'expression de Malherbe est peut-être plus forte encore. A. Chénier.]

90. — [Précision. A. Chénier.] — *Ailleurs*, d'une autre manière, comme en latin *aliorsum*.

91. — [*Crins* vaut bien mieux là que *cheveux*. A. Chénier.] Virgile a dit, *Énéide*, VI, 280, ainsi que l'avait remarqué Chevreau :
> Discordia demens
> Vipereum crinem vittis innexa cruentis.

Cf. André Chénier, *le Jeu de paume*, 151, *Fragm.*, XIV, et *Hermès*, III, *Prol.*, 38. Voy. dans le *Dict.* de Littré l'exemple de madame de Sévigné, qui est un souvenir du vers de Malherbe.

97. — [Belle tournure. A. Chénier.]

99. — Étéocle et Polynice.

100. — [Cette strophe est fort belle. Les deux derniers vers sont

C'est en la paix que toutes choses
Succèdent selon nos désirs ;
Comme au printemps naissent les roses;
En la paix naissent les plaisirs ;
Elle met les pompes aux villes, 105
Donne aux champs les moissons fertiles,
Et de la majesté des lois
Appuyant les pouvoirs suprêmes,
Fait demeurer les diadèmes
Fermes sur la tête des rois. 110

parfaits. On ne saurait exprimer un sens plus mâle et plus énergique d'une manière plus simple et plus franche. Ce tour est à imiter. A. Chénier.]

101. — [Voilà une strophe divine, et qui suit bien la précédente. Cela est plein de vie et de mouvement. Comme ce tableau de la paix est plein et achevé! comme les quatre premiers vers, délicieux et pleins de grâce, contrastent aisément avec le ton noble et l'image frappante de la fin! Il faut voir dans Tibulle un tableau de la paix, d'une couleur moins forte, et qui n'est pas aussi vif ni aussi rapide, mais charmant et parfait dans son genre. A. Chénier.] Voyez un autre tableau de la paix dans Malherbe, XX, 66, et le passage cité de Ronsard; cf. A. Chénier, *la Liberté*, 69 et les notes.

104. — Ronsard, *Odes*, I, I, a dit en parlant de la paix :

Car, partout où volait la belle
Les amours volaient avec elle.

Si nous citons Ronsard, c'est que Malherbe s'en souvenait certainement. Dans la strophe qui suit ces deux vers, Ronsard parle d'*Ilion que dévora le feu grec*, ce qui nous reporte à la strophe précédente de Malherbe.

110. — « Quelle auguste et souveraine image de la stabilité! (a dit Sainte-Beuve, *N. L.*, XIII, p. 593). On a, dans ces beaux endroits de Malherbe, le bon sens politique élevé à la poésie. André Chénier, qui admire ce tableau de la paix, *plein et achevé*, renvoie à cet autre tableau qu'en a tracé Tibulle, d'une couleur moins forte, également vrai et parfait dans son genre : *Interea Pax arva colat, etc.* Mais Malherbe n'est pas un bucolique ni un élégiaque; c'est un poète royal. » Voici, dans André Chénier, *le Jeu de paume*, l'image contraire, mais également belle :

Les tyrans ébranlés en hâte à leurs fronts blêmes,
Pour retenir leurs tremblants diadèmes
Portèrent leurs royales mains.

Ce sera dessous cette égide
Qu'invincible de tous côtés
Tu verras ces peuples sans bride
Obéir à tes volontés ;
Et, surmontant leur espérance, 115
Remettras en telle assurance
Leur salut qui fut déploré,
Que vivre au siècle de Marie,
Sans mensonge et sans flatterie,
Sera vivre au siècle doré. 120

Les Muses, les neuf belles fées,
Dont les bois suivent les chansons,
Rempliront de nouveaux Orphées

114. — [Belle image ! A. Chénier.] Ronsard a dit, dans l'ode déjà citée :

> Ton peuple justement tu guides,
> Appris au mestier comme il faut
> Lui lâcher et serrer les brides.

115. — [*Surmontant* pour *surpassant*. A. Chénier.]
117. — [*Déploré* est là dans le sens de (Ovide, *Métam.*, I, 272) :

> Deplorata coloni
> Vota jacent.

Je ne doute pas qu'on ne pût trouver quelque subterfuge pour le faire passer aujourd'hui. A. Chénier.] « *Déploré*, dans le sens de *désespéré*, dit M. Littré, est un latinisme, et présentement peu usité; mais il l'a été beaucoup au dix-septième siècle, et, en l'employant bien, on pourrait encore s'en servir; il faudrait surtout se régler sur les exemples de Massillon. »

122. — [Cela est charmant et d'une poésie exquise :

> Blandum et auritas fidibus canoris
> Ducere quercus.

dit Horace (*Odes*, I, xii), en parlant d'Orphée. Et plus haut :

> Unde vocalem temere insecutæ
> Orphea sylvæ.

Boileau dit (*Épître VIII : au roi*) :

> Je crois voir les rochers accourir pour m'entendre.

La troupe de leurs nourrissons ;
Tous leurs vœux seront de te plaire ; 125
Et, si ta faveur tutélaire
Fait signe de les avouer,
Jamais ne partit de leurs veilles
Rien qui se compare aux merveilles
Qu'elles feront pour te louer. 130

En cette hautaine entreprise,
Commune à tous les beaux esprits,
Plus ardent qu'un athlète à Pise,
Je me ferai quitter le prix ;
Et quand j'aurai peint ton image, 135

Ailleurs (*Épître XI ; A mon jardinier*) il appelle les Muses du même nom que Malherbe leur donne ici :

> Sans cesse poursuivant ces fugitives fées.

Toute cette strophe est d'une harmonie charmante ; je le remarque rarement, parce qu'il faudrait le remarquer à chaque pas. A. CHÉNIER.] Voyez André Chénier lui-même, dans *l'Art d'aimer*, fragment XII.

130. — [Belle tournure. A. CHÉNIER.]

133. — [Comparaison noble et précise, d'autant plus heureuse dans un poëte lyrique, qu'elle rappelle Pindare, le prince des lyriques, dont Malherbe ne faisait pas grand cas. A. CHÉNIER.]

135-140. — Dans toutes les éditions, cette ode se trouve suivie du fragment suivant que M. Lalanne, avec raison, a replacé parmi les variantes :

> Et quand j'aurais peint ton image,
> Comme j'en prépare l'ouvrage,
> Sans doute on dira quelque jour :
> Quoi que d'Apelle on nous raconte,
> Malherbe, pouvait, à sa honte,
> Achever la mère d'Amour.

Ménage, d'ailleurs, et Saint-Marc l'avaient donné comme variante. [Ce fragment paraît n'être qu'une manière nouvelle de remplir l'avant-dernière strophe de l'ode précédente. Je la trouve meilleure que celle qui est restée. Il serait quelquefois à désirer que nous eussions les brouillons des grands poëtes, pour voir par combien d'échelons ils ont passé. A. CHÉNIER.]

Quiconque verra mon ouvrage
Avoûra que Fontainebleau,
Le Louvre, ni les Tuileries,
En leurs superbes galeries,
N'ont point un si riche tableau. 140

Apollon à portes ouvertes
Laisse indifféremment cueillir
Les belles feuilles toujours vertes
Qui gardent les noms de vieillir ;
Mais l'art d'en faire des couronnes 145
N'est pas su de toutes personnes ;
Et trois ou quatre seulement,
Au nombre desquels on me range,
Peuvent donner une louange
Qui demeure éternellement. 150

141. — Les Grecs, Ménage le rappelle, avaient ce proverbe :
« Ouvertes sont les portes des Muses. »
145. — Éd. 1862 : « Mais l'art d'en faire les couronnes. »
150. — Après avoir relevé le sentiment superbe avec lequel Malherbe se sépare hautement de la foule des poëtes et se place d'autorité dans le groupe des maîtres, Sainte-Beuve cite cette strophe (N. L., XIII, p. 383) et ajoute : « En le disant de la sorte, il nous donne à nous-même le sentiment du sublime. »

LVIII

ÉPITAPHE

DE FEU MONSEIGNEUR LE DUC D'ORLÉANS

SONNET

1611

Plus Mars que Mars de la Thrace,
Mon père victorieux
Aux rois les plus glorieux
Ota la première place.

Ma mère vient d'une race 5
Si fertile en demi-dieux,
Que son éclat radieux
Toutes lumières efface.

Je suis poudre toutefois,
Tant la Parque a fait ses lois 10
Égales et nécessaires.

Rien ne m'en a su parer :
Apprenez, âmes vulgaires,
A mourir sans murmurer.

LVIII. — Ce sonnet parut, en 1620, dans les *Délices de la poésie française*. Le petit duc d'Orléans, dont Malherbe a composé l'épitaphe, était le second fils d'Henri IV. Né le 16 avril 1607, il mourut le 17 novembre 1611.

1. — Voy. XXIII, 100.

LIX

A LA REINE MARIE DE MÉDICIS

SUR LA MORT DE MONSEIGNEUR LE DUC D'ORLÉANS

SONNET

1611

Consolez-vous, Madame, apaisez votre plainte :
La France, à qui vos yeux tiennent lieu de soleil,
Ne dormira jamais d'un paisible sommeil,
Tant que sur votre front la douleur sera peinte.

Rendez-vous à vous-même, assurez votre crainte, 5
Et de votre vertu recevez ce conseil,
Que souffrir sans murmure est le seul appareil
Qui peut guérir l'ennui dont vous êtes atteinte.

Le ciel, en qui votre âme a borné ses amours,
Étoit bien obligé de vous donner des jours 10
Qui fussent sans orage et qui n'eussent point d'ombre ;

LIX. — Imprimé dans l'édition de 1630.
5. — *Assurer*, rassurer, tranquilliser. Littré : « Voltaire a blâmé cet emploi d'*assurer* dans Corneille (*Nicomède*, IV, III) ; il est vrai que nous disons maintenant de préférence *rassurer*. Mais *assurer* était en plein usage avec ce sens parmi les contemporains de Corneille ; et on pourrait encore s'en servir dans la poésie et la prose élevée. »
11. — Voy. LVI, 11.

Mais ayant de vos fils les grands cœurs découverts,
N'a-t-il pas moins failli d'en ôter un du nombre
Que d'en partager trois en un seul univers?

LX

A M. DU MAINE

SUR SES ŒUVRES SPIRITUELLES.

SONNET

1611

Tu me ravis, du Maine, il faut que je l'avoue,
Et tes sacrés discours me charment tellement
Que, le monde aujourd'hui ne m'étant plus que boue,
Je me tiens profané d'en parler seulement.

Je renonce à l'amour, je quitte son empire, 5
Et ne veux point d'excuse à mon impiété,
Si la beauté des cieux n'est l'unique beauté
Dont on m'orra jamais les merveilles écrire.

13. — N'a-t-il pas commis une faute moindre, en en ôtant un du nombre ?...

LX. — Ce sonnet irrégulier fut imprimé, en 1611, en tête du *Recueil des vers lugubres et spirituels* de Louis de Chabans, sieur du Maine.

8. — *Orra*, futur du verbe *ouïr*.

Caliste se plaindra de voir si peu durer
La forte passion qui me faisoit jurer 10
Qu'elle auroit en mes vers une gloire éternelle ;

Mais si mon jugement n'est point hors de son lieu,
Dois-je estimer l'ennui de me séparer d'elle,
Autant que le plaisir de me donner à Dieu ?

LXI

A LA REINE MARIE DE MÉDICIS

PENDANT SA RÉGENCE

STANCES

1611

Objet divin des âmes et des yeux,
   Reine, le chef-d'œuvre des cieux,
Quels doctes vers me feront avouer
    Digne de te louer ?

9. — La vicomtesse d'Auchy.

LXI. — Ces stances parurent, en 1620, dans les *Délices de la poésie française*. Toutes les rimes sont masculines ; cela tient, ainsi que nous l'apprend Ménage, à ce que ces stances furent composées sur l'air d'une chanson du temps. Cependant elles ne purent être chantées, Malherbe ne s'étant pas conformé à la chanson, dont le premier vers de chaque strophe était de onze syllabes.

Les monts fameux des vierges que je sers
    Ont-ils des fleurs en leurs déserts
Qui, s'efforçant d'embellir ta couleur,
    Ne ternissent la leur?

Le Thermodon a vu seoir autrefois
    Des reines au trône des rois ;
Mais que vit-il par qui soit débattu
    Le prix à ta vertu?

Certes nos lis, quoique bien cultivés,
    Ne s'étoient jamais élevés
Au point heureux où les destins amis
    Sous ta main les ont mis.

A leur odeur l'Anglois se relâchant,
    Notre amitié va recherchant ;
Et l'Espagnol, prodige merveilleux !
    Cesse d'être orgueilleux.

De tous côtés nous regorgeons de biens ;
    Et qui voit l'aise où tu nous tiens,
De ce vieux siècle aux fables récité
    Voit la félicité.

Quelque discord, murmurant bassement,
    Nous fit peur au commencement ;

---

9. — Le Thermodon est une rivière du Pont, coulant dans le pays habité par les Amazones. — *Seoir*, être assise.

11. — *Débattu*, disputé.

20. — C'est en l'année 1611 que l'on commença le traité du double mariage qui fut conclu l'année suivante entre Louis XIII et l'infante d'Espagne, le prince d'Espagne et madame Élisabeth.

25. — *Bassement*, à voix basse. Voy. ci-dessus XVII, 58.

Mais sans effet presque il s'évanouit,
  Plus tôt qu'on ne l'ouït.

Tu menaças l'orage paroissant,
  Et, tout soudain obéissant,　　　　　　　30
Il disparut comme flots courroucés
  Que Neptune a tancés.

Que puisses-tu, grand soleil de nos jours,
  Faire sans fin le même cours,
Le soin du ciel te gardant aussi bien　　　35
  Que nous garde le tien !

Puisses-tu voir sous le bras de ton fils
  Trébucher les murs de Memphis,
Et de Marseille au rivage de Tyr
  Son empire aboutir !　　　　　　　　40

Les vœux sont grands; mais avecque raison
  Que ne peut l'ardente oraison !
Et, sans flatter, ne sers-tu pas les dieux
  Assez pour avoir mieux?

32. — Comme l'a remarqué M. Lalanne, c'est une allusion au célèbre passage de Virgile, *Énéide*, I, 135, où Neptune gourmande les flots.

37-40. — Comparer cette strophe avec VII, 51 et XIV, 111.

LXII

LES SIBYLLES

SUR LA FÊTE DES ALLIANCES DE FRANCE ET D'ESPAGNE

STANCES

1612

LA SIBYLLE PERSIQUE

POUR LA REINE

Que Bellone et Mars se détachent,
Et de leurs cavernes arrachent
Tous les vents des séditions ;
La France est hors de leur furie
Tant qu'elle aura pour alcyons   5
L'heur et la vertu de Marie.

LXII. — Ces stances et les suivantes furent imprimées, en 1612, dans *le Camp de la Place Royale, ou Relation de ce qui s'est passé les 5e, 6e et 7e jours d'avril 1612, pour la publication des mariages du Roi et de Madame avec l'Infante et le Prince d'Espagne. Le tout recueilli par Honoré, sieur de Porchères, par le commandement de Sa Majesté.* L'ouverture des fêtes, dit Saint-Marc, se fit par la Gloire montée sur un char, avec les Sibylles rangées au-dessus d'elle. Les vers que la Gloire récita sont de Gombaud. Les Sibylles chantèrent ensuite les deux pièces que nous donnons ici sous les numéros LXII et LXIII et qui avaient été mises en musique par Boisset.

5. — *Pour alcyons,* c'est-à-dire : pour garants. L'alcyon était, pour les anciens, un présage de beau temps. Le moment où cet oiseau fait son nid était regardé par eux comme une époque de calme, dite des alcyons, pendant la durée de laquelle on pouvait se confier sans crainte aux flots.

LA SIBYLLE LIBYQUE

POUR LA REINE

Cesse, Pô, d'abuser le monde ;
Il est temps d'ôter à ton onde
Sa fabuleuse royauté.
L'Arne, sans en faire autres preuves, 10
Ayant produit cette beauté,
S'est acquis l'empire des fleuves.

LA SIBYLLE DELPHIQUE

SUR LE DOUBLE MARIAGE

La France à l'Espagne s'allie ;
Leur discorde est ensevelie,
Et tous leurs orages finis. 15
Armes du reste de la terre,
Contre ces deux peuples unis
Qu'êtes-vous que paille et que verre ?

LA SIBYLLE CUMÉE

SUR LE MÊME SUJET

Arrière ces plaintes communes,
Que les plus durables fortunes 20

---

9. — Virgile, *Géorg.*, I, 482 : « Fluviorum rex Eridanus. »

10. — L'Arno, qui passe à Florence, patrie de Marie de Médicis.

19. — La Sibylle qui chante cette strophe est la Sibylle de Cume ou Cymé, ville d'Éolie, et non celle de Cumes, ville de Campanie, qu'il appelle la Cumane.

Passent du jour au lendemain ;
Les nœuds de ces grands hyménées
Sont-ils pas de la propre main
De ceux qui font les destinées ?

LA SIBYLLE ÉRYTHRÉE

SUR LE MÊME SUJET

Taisez-vous, funestes langages,   25
Qui jamais ne faites présages
Où quelque malheur ne soit joint ;
La Discorde ici n'est mêlée,
Et Thétis n'y soupire point
Pour avoir épousé Pélée.   30

LA SIBYLLE SAMIENNE

AU ROI

Roi que tout bonheur accompagne,
Vois partir du côté d'Espagne
Un soleil qui te vient chercher.
O vraiment divine aventure,
Que ton respect fasse marcher   35
Les astres contre leur nature !

28-30. — On sait que Thétis avait épousé Pélée contre son gré, et qu'à leurs noces, la Discorde, qui n'avait point été invitée, jeta au milieu de l'assemblée des dieux une pomme qui portait pour inscription : A la plus belle! pomme que sur l'Ida le berger Pâris donna à Vénus

34. — Tour poétique, familier à Ronsard (*Odes*, I, xvii) :

    O vrayment marastre Nature, etc.

LA SIBYLLE CUMANE

AU ROI

O que l'heur de tes destinées
Poussera tes jeunes années
A de magnanimes soucis !
Et combien te verront répandre
De sang des peuples circoncis
Les flots qui noyèrent Léandre !

LA SIBYLLE HELLESPONTIQUE

AU ROI

Soit que le Danube t'arrête,
Soit que l'Euphrate à sa conquête
Te fasse tourner ton désir,
Trouveras-tu quelque puissance
A qui tu ne fasses choisir
Ou la mort, ou l'obéissance ?

LA SIBYLLE PHRYGIENNE

A LA REINE

Courage, reine sans pareille :
L'esprit sacré qui te conseille

---

41. — Périphrase pour désigner les Turcs. M. Littré aurait pu joindre cet exemple à celui qu'il cite de Voltaire.
42. — Les flots de l'Hellespont.
50. — M. Lalanne voit dans ce passage une allusion probable au maréchal d'Ancre.

Est ferme en ce qu'il a promis.
Achève, et que rien ne t'arrête ;
Le ciel tient pour ses ennemis
Les ennemis de cette fête.

LA SIBYLLE TIBURTINE

A LA REINE

Sous ta bonté s'en va renaître 55
Le siècle où Saturne fut maître ;
Thémis les vices détruira ;
L'honneur ouvrira son école,
Et dans Seine et Marne luira
Même sablon que dans Pactole. 60

LXIII

SUR LE MÊME SUJET

STANCES

1612

UNE DES SIBYLLES

Donc, après un si long séjour,
Fleurs de lis, voici le retour

LXIII. — Ces stances furent chantées à la suite des précédentes et « au nom de tous les Français », dit *la Relation*.

1. — *Séjour*, retard, était très-usité autrefois dans ce sens ; voy. Littré, à l'historique du mot ; cf. Godefroy, *Lexique de Corneille*.

De vos aventures prospères ;
Et vous allez être à nos yeux
Fraîches comme aux yeux de nos pères,   5
Lorsque vous tombâtes des cieux.

A ce coup s'en vont les Destins
Entre les jeux et les festins
Nous faire couler nos années,
Et commencer une saison   10
Où nulles funestes journées
Ne verront jamais l'horizon.

Ce n'est plus comme auparavant
Que, si l'Aurore en se levant
D'aventure nous voyoit rire,   15
On se pouvoit bien assurer,
Tant la Fortune avoit d'empire,
Que le soir nous verroit pleurer.

De toutes parts sont éclaircis
Les nuages de nos soucis ;   20
La sûreté chasse les craintes ;
Et la Discorde, sans flambeau,
Laisse mettre avecque nos plaintes
Tous nos soupçons dans le tombeau.

3. — *Prospères;* voy. ci-dessus XXI, 11.
6. — « Allusion, dit M. Lalanne (d'après le *Dict. de Trévoux*), à une légende assez moderne, à un petit conte sans fondement, inconnu des anciens auteurs. »
15. — *D'aventure.* Vaugelas dit que de son temps cette expression n'était plus guère en usage parmi les excellents écrivains. Il a suffi d'un vers de la Fontaine (I, xxii) pour la conserver à la langue poétique.

O qu'il nous eût coûté de morts, 25
O que la France eût fait d'efforts,
Avant que d'avoir par les armes
Tant de provinces qu'en un jour,
Belle reine, avecque vos charmes,
Vous nous acquérez par amour ! 30

Qui pouvoit, sinon vos bontés,
Faire à des peuples indomptés
Laisser leurs haines obstinées,
Pour jurer solennellement,
En la main de deux hyménées, 35
D'être amis éternellement ?

Fleur des beautés et des vertus,
Après nos malheurs abattus
D'une si parfaite victoire,
Quel marbre à la postérité 40
Fera paroître votre gloire
Au lustre qu'elle a mérité ?

Non, non, malgré les envieux,
La raison veut qu'entre les dieux
Votre image soit adorée, 45
Et qu'aidant comme eux aux mortels,
Lorsque vous serez implorée,
Comme eux vous ayez des autels.

Nos fastes sont pleins de lauriers
De toute sorte de guerriers ; 50

---

50. — Comme l'a remarqué Ménage, la phrase est incorrecte ; il faudrait : Vous nous *en* acquérez.

Mais, hors de toute flatterie,
Furent-ils jamais embellis
Des miracles que fait Marie
Pour le salut des fleurs de lis?

TOUTES LES SIBYLLES

A ce coup la France est guérie ; 55
Peuples, fatalement sauvés,
Payez les vœux que vous devez
A la sagesse de Marie.

LXIV

A LA REINE

POUR M. DE LA CEPPÈDE

SONNET

1612

J'estime la Ceppède, et l'honore, et l'admire,
Comme un des ornements des premiers de nos jours ;

---

55. — Cette stance fut réunie par Saint-Marc aux œuvres de Malherbe.

56. — *Fatalement*, conformément à la volonté du destin. Exemple remarquable de l'emploi de ce mot dans ce sens.

LXIV. — Imprimé, en 1613, en tête de l'ouvrage de M. de la Ceppède, premier président de la cour des comptes de Provence, intitulé : *Théorèmes sur le sacré mystère de notre rédemption*.

2. — *Des premiers*, qui sont parmi les premiers.

18.

Mais qu'à sa plume seule on doive ce discours,
Certes, sans le flatter, je ne l'oserois dire.

L'esprit du Tout-Puissant, qui ses grâces inspire 5
A celui qui sans feinte en attend le secours,
Pour élever notre âme aux célestes amours,
Sur un si beau sujet l'a fait si bien écrire.

Reine, l'heur de la France et de tout l'univers,
Qui voyez chaque jour tant d'hommages divers 10
Que présente la Muse aux pieds de votre image ;

Bien que votre bonté leur soit propice à tous,
Ou je n'y connois rien, ou devant cet ouvrage
Vous n'en vites jamais qui fût digne de vous.

5-8. — M. du Périer, célèbre par la *Consolation* que lui a adressée Malherbe, a eu la même pensée, remarque Ménage, dans un sonnet sur M. de Laurans, avocat général au parlement d'Aix :

> Ce n'est pas de Laurans qui parle en cette sorte,
> C'est Dieu par de Laurans qui nous fait ce discours.

André Chénier, dans *l'Aveugle* :

> Nous dirons qu'Apollon pour charmer les oreilles,
> T'a lui-même dicté de si douces merveilles.

André Chénier rappelait ici l'antique dicton grec : « Apollon dictait, Homère écrivait. »

13. — *Devant*, avant.

LXV

SUR LA PUCELLE D'ORLÉANS

ÉPIGRAMME

1613

L'ennemi, tous droits violant,
Belle Amazone, en vous brûlant,
Témoigna son âme perfide ;
Mais le Destin n'eut point de tort :
Celle qui vivoit comme Alcide
Devoit mourir comme il est mort.

LXVI

POUR LA STATUE DE LA PUCELLE D'ORLÉANS

ÉPIGRAMME

1613

Passants, vous trouvez à redire
Qu'on ne voit ici rien gravé

LXV. — Cette épigramme et la suivante sont tirées d'un recueil du temps contenant tous les vers inscrits sur les bases des statues de Charles VII et de Jeanne d'Arc, placées au quinzième siècle sur le pont de la ville d'Orléans.

2. — *Amazone*, c'est-à-dire femme d'un courage mâle et guerrier. M. Littré aurait pu utilement citer cet exemple.

5. — *Vivait*, se conduisait pendant sa vie.

LXVI. — Cette épigramme, tirée du même recueil que la précédente, fut jointe par Saint-Marc aux œuvres de Malherbe.

De l'acte le plus relevé
Que jamais l'histoire ait fait lire ;
La raison qui doit vous suffire, 5
C'est qu'en un miracle si haut,
Il est meilleur de ne rien dire
Que ne dire pas ce qu'il faut.

LXVII

PARAPHRASE DU PSAUME CXXVIII

STANCES

1614

Les funestes complots des âmes forcenées,
Qui pensoient triompher de mes jeunes années,
Ont d'un commun assaut mon repos offensé.
Leur rage a mis au jour ce qu'elle avoit de pire,
Certes, je le puis dire ; 5
Mais je puis dire aussi qu'ils n'ont rien avancé.

J'étois dans leurs filets, c'était foit de ma vie ;
Leur funeste rigueur, qui l'avoit poursuivie,

LXVII. — Cette paraphrase du psaume : *Sæpe expugnaverunt me a juventute mea*, que Malherbe met dans la bouche de Louis XIII, fut présentée au jeune roi et à la reine vers la fin d'avril 1614, quelques jours avant la conclusion du traité qui allait mettre fin à la première guerre des princes. Ces vers parurent, en 1615, dans les *Délices de la poésie française*.

Méprisoit le conseil de revenir à soi ;
Et le coutre aiguisé s'imprime sur la terre   10
  Moins avant que leur guerre
N'espéroit imprimer ses outrages sur moi.

Dieu, qui de ceux qu'il aime est la garde éternelle,
Me témoignant contre eux sa bonté paternelle,
A, selon mes souhaits, terminé mes douleurs.   15
Il a rompu leur piége ; et, de quelque artifice
  Qu'ait usé leur malice,
Ses mains, qui peuvent tout, m'ont dégagé des leurs.

La gloire des méchants est pareille à cette herbe
Qui, sans porter jamais ni javelle ni gerbe,   20
Croît sur le toit pourri d'une vieille maison :
On la voit sèche et morte aussitôt qu'elle est née ;
  Et vivre une journée
Est réputé pour elle une longue saison.

Bien est-il malaisé que l'injuste licence   25
Qu'ils prennent chaque jour d'affliger l'innocence

16. — *Il a rompu leur piége*. M. Littré, au mot *Rompre*, 27°, rapproche cette expression de Malherbe de *Rompre des filets*; le mot *piége* est ici avec son sens étymologique et général de *lien*, de *lacs*, ainsi que le prouve le vers 7.

20. — Ménage, à propos de ce passage de Malherbe, a rappelé ces vers de Plaute, *Pseudolus*, 36 :

  Quasi solstitialis herba, paulisper fui :
  Repente exortus sum, repentino obcidi.

Les Latins appliquaient proverbialement cette comparaison à toutes les choses éphémères. — *Porter*, produire.

25. — Littré : « *Bien*, dans le style élevé, se met parfois en tête de la phrase, et alors le sujet se place après le verbe. Cette tournure a un peu vieilli ; cependant, elle est encore usitée, et, quand on l'emploie bien, elle fait bon effet. » C'est à peu près le jugement qu'avait porté Vaugelas sur cet emploi de *bien*.

En quelqu'un de leurs vœux ne puisse prospérer ;
Mais tout incontinent leur bonheur se retire,
  Et leur honte fait rire
Ceux que leur insolence avoit fait soupirer. 50

LXVIII

A LA REINE MARIE DE MÉDICIS

PENDANT SA RÉGENCE

ODE

1614

. . . .
. . . .

Si quelque avorton de l'Envie
Ose encore lever les yeux,
Je veux bander contre sa vie
L'ire de la terre et des cieux ;
Et dans les savantes oreilles 5
Verser de si douces merveilles,

29 et 30. — Comparez avec IX, 24.

LXVIII. — Cette ode, qui ne parut que dans l'édition de 1630, fut composée à l'occasion de la guerre des princes. Elle ne fut pas achevée, dit Ménage.

5. — *Bander*, armer. La métaphore était prise du tir de l'arc, elle se prend aujourd'hui du mécanisme de l'arme à feu.

6. — Voyez les vers d'A. Chénier, cités ci-dessus, LXIV. Ronsard, s'adressant aux Muses, *Odes*, V, xii : Lors, vous m'oirez

  A nos françaises aureilles
  Chanter vos douces merveilles.

Que ce misérable corbeau,
Comme oiseau d'augure sinistre,
Banni des rives de Caïstre,
S'aille cacher dans le tombeau.   10

Venez donc, non pas habillées,
Comme on vous trouve quelquefois,
En jupes dessous les feuillées,
Dansant au silence des bois.
Venez en robes, où l'on voie   15
Dessus les ouvrages de soie
Les rayons d'or étinceler ;
Et chargez de perles vos têtes,
Comme quand vous allez aux fêtes
Où les dieux vous font appeler.   20

Quand le sang bouillant en mes veines
Me donnoit de jeunes désirs,
Tantôt vous soupiriez mes peines,
Tantôt vous chantiez mes plaisirs ;
Mais aujourd'hui que mes années   25
Vers leur fin s'en vont terminées,
Siéroit-il bien à mes écrits
D'ennuyer les races futures

9. — Banni de la région qu'habitent les cygnes, c'est-à-dire banni de parmi les poëtes. Quel est *ce misérable corbeau ?* N'y a-t-il pas ici une allusion qui aurait échappé aux commentateurs ? Ne viserait-il pas, dans cette strophe, quelques vers satiriques de l'époque ?

11. — C'est aux Muses qu'il s'adresse.

14. — Cf. André Chénier, *Élégies*, I, IV, 8.

19. — Comme l'a remarqué Ménage, Malherbe paraît s'être inspiré de Tibulle, dans son invocation à Phœbus, II, v.

22. — *Jeunes*, qui ont les caractères de la jeunesse. Cf. A. Chénier, *Élégies*, II, III, 26.

Des ridicules aventures
D'un amoureux en cheveux gris ? 30

Non, vierges, non ; je me retire
De tous ces frivoles discours :
Ma reine est un but à ma lyre
Plus juste que nulles amours ;
Et quand j'aurai, comme j'espère, 35
Fait ouïr, du Gange à l'Ibère,
Sa louange à tout l'univers,
Permesse me soit un Cocyte,
Si jamais je vous sollicite
De m'aider à faire des vers ! 40

Aussi bien chanter d'autre chose,
Ayant chanté de sa grandeur,
Seroit-ce pas, après la rose,
Aux pavots chercher de l'odeur,
Et des louanges de la lune 45
Descendre à la clarté commune
D'un de ces feux du firmament,
Qui, sans profiter et sans nuire,
N'ont reçu l'usage de luire
Que par le nombre seulement ? 50

Entre les rois à qui cet âge
Doit son principal ornement,

---

30. — Voyez, dans Tibulle, I, 1, 69, la même idée exprimée, qu'il ne convient qu'à la jeunesse de chanter l'amour.

42. — *Chanter de,* célébrer. Tournure ancienne. Dans Littré, l'historique fournit plusieurs exemples.

44. — Ménage rappelle, au sujet de ce vers, un proverbe grec : « Tu compares la rose au pavot. »

48. — *Profiter,* être utile.

Ceux de la Tamise et du Tage
Font louer leur gouvernement ;
Mais en de si calmes provinces, 55
Où le peuple adore les princes,
Et met au degré le plus haut
L'honneur du sceptre légitime,
Sauroit-on excuser le crime
De ne régner pas comme il faut ? 60

Ce n'est point aux rives d'un fleuve
Où dorment les vents et les eaux
Que fait sa véritable preuve
L'art de conduire les vaisseaux ;
Il faut en la plaine salée 65
Avoir lutté contre Malée,
Et près du naufrage dernier,
S'être vu dessous les Pléiades,
Éloigné de ports et de rades,
Pour être cru bon marinier. 70

Ainsi quand la Grèce, partie
D'où le mol Anaure couloit,
Traversa les mers de Scythie

---

65. — *La plaine salée.* Ménage relève plusieurs fois la même expression dans Ronsard.

66. — *Malée,* promontoire de la Laconie. Passage dangereux, dont la difficulté était proverbiale chez les anciens.

67. — *Dernier,* après lequel il n'y en a plus, définitif.

68. — *Sous les Pléiades,* c'est-à-dire à l'époque où les Pléiades brillent dans le ciel après le coucher du soleil, vers le mois de novembre.

71-80. — Toute cette strophe est remplie d'allusions à l'expédition des Argonautes, commandée par Jason, fils d'Éson, et partie d'Iolchos, en Thessalie, des rives de l'Anaure. Les héros embarqués sur le navire *Argo,* dont une poutre merveilleuse, prise dans

En la navire qui parloit,
Pour avoir su des Cyanées 75
Tromper les vagues forcenées,
Les pilotes du fils d'Éson,
Dont le nom jamais ne s'efface,
Ont gagné la première place
En la fable de la Toison. 80

Ainsi, conservant cet empire
Où l'infidélité du sort,
Jointe à la nôtre encore pire,
Alloit faire un dernier effort,
Ma reine acquiert à ses mérites 85
Un nom qui n'a point de limites,
Et, ternissant le souvenir
Des reines qui l'ont précédée,
Devient une éternelle idée
De celles qui sont à venir. 90

Aussitôt que le coup tragique,
Dont nous fûmes presque abattus,
Eut fait la fortune publique
L'exercice de ses vertus,
En quelle nouveauté d'orage 95
Ne fut éprouvé son courage ?

la forêt de Dodone, rendait des oracles, entrèrent dans le Pont-Euxin, après avoir heureusement passé entre les roches Cyanées, et allèrent conquérir la Toison d'or.

74. — *Navire*, du féminin, voy. ci-dessus, LVII, 75. — André Chénier, *Hylas*, l'a appelé « le navire éloquent ». Voyez les notes.

89. — *Idée*, modèle, type. Voyez, dans Littré, l'exemple de madame de Sévigné.

91. — L'assassinat de Henri IV.

Et quelles malices de flots,
Par des murmures effroyables,
A des vœux à peine payables
N'obligèrent les matelots ? 100

Qui n'ouït la voix de Bellone,
Lasse d'un repos de douze ans,
Telle que d'un foudre qui tonne,
Appeler tous ses partisans,
Et déjà les rages extrêmes, 105
Par qui tombent les diadèmes,
Faire appréhender le retour
De ces combats dont la manie
Est l'éternelle ignominie
De Jarnac et de Moncontour ? 110

Qui ne voit encore à cette heure
Tous les infidèles cerveaux,
Dont la fortune est la meilleure,
Ne chercher que troubles nouveaux,
Et ressembler à ces fontaines 115
Dont les conduites souterraines
Passent par un plomb si gâté
Que, toujours ayant quelque tare,
Au même temps qu'on les répare,
L'eau s'enfuit d'un autre côté ? 120

97. — *Malices*, perfidies. Racine a dit, dans *Esther*, III, 1 :

Aux malices du sort enfin dérobez-vous.

D'Aubigné, *Trag.*, *Princes*, a dit: « Des malices de l'air ».
113. — C'est-à-dire qui ont la plus brillante fortune.

La paix ne voit rien qui menace
De faire renaître nos pleurs ;
Tout s'accorde à notre bonace,
Les hivers nous donnent des fleurs ;
Et si les pâles Euménides, 125
Pour réveiller nos parricides,
Toutes trois ne sortent d'enfer,
Le repos du siècle où nous sommes
Va faire à la moitié des hommes
Ignorer que c'est que le fer. 130

Thémis, capitale ennemie
Des ennemis de leur devoir,
Comme un rocher est affermie
En son redoutable pouvoir ;
Elle va d'un pas et d'un ordre 135
Où la censure n'a que mordre ;
Et les lois, qui n'exceptent rien
De leur glaive et de leur balance,
Font tout perdre à la violence
Qui veut avoir plus que le sien. 140

130. — Littré : « *Que* se dit archaïquement pour *ce que*, représentant le latin neutre *quod*. En cet emploi, il se dit surtout avec les verbes *avoir, savoir, pouvoir*, joints à *ne*. » Dans ce vers, *ignorer* est l'équivalent de *ne savoir pas*.

131. — M. Littré remarque que *capital* se place après le substantif. Il cite cependant un exemple contraire de Bossuet. Il faut y ajouter celui-ci de Malherbe.

136. — Ménage fait la réflexion assez plaisante et assez juste qu'on ne pourrait dire la même chose de ce vers.

137. — *Excepter*, mettre en dehors de. M. Littré aurait pu enregistrer ce sens, puisqu'il l'accepte pour la forme réfléchie *s'excepter*, en s'appuyant d'un exemple de Malherbe (XXIII, 92).

140. — *Le sien*, substantivement, au neutre, son bien, ce qui lui appartient.

Nos champs même ont leur abondance,
Hors de l'outrage des voleurs ;
Les festins, les jeux et la danse
En bannissent toutes douleurs.
Rien n'y gémit, rien n'y soupire ; 145
Chaque Amarille a son Tityre ;
Et, sous l'épaisseur des rameaux,
Il n'est place où l'ombre soit bonne,
Qui soir et matin ne résonne
Ou de voix, ou de chalumeaux. 150

Puis quand ces deux grands hyménées,
Dont le fatal embrassement
Doit aplanir les Pyrénées,
Auront leur accomplissement,
Devons-nous douter qu'on ne voie, 155
Pour accompagner cette joie,
L'encens germer en nos buissons,
La myrrhe couler en nos rues,

141. — [Strophe pleine de grâce, et dont les images molles et naïves contrastent d'une manière aimable et facile avec les peintures fortes qui ont précédé. A. Chénier.]

145. — [Je ne sais si le cinquième vers ne serait pas plus agréable de cette manière ou de quelque autre qui eût le même sens :

C'est d'amour seul qu'on y soupire.

Le vers suivant est délicieux. A. Chénier.] Après cette allusion à deux personnages de Virgile, Malherbe emprunte la fin de sa strophe au tableau pastoral tracé dans la première églogue :

. . . . . . Tu, Tityre, lentus in umbra,
Formosam resonare doces Amaryllida silvas.

151. — Ceux qu'il a célébrés dans la pièce LXII.

153. — « On voit, remarque avec raison M. Lalanne, que Malherbe a été le premier à dire le fameux mot : « Il n'y a plus de Pyré-« nées, » si gratuitement prêté à Louis XIV. »

19.

Et, sans l'usage des charrues,
Nos plaines jaunir de moissons ? 160

Quelle moins hautaine espérance
Pouvons-nous concevoir alors,
Que de conquêter à la France
La Propontide en ses deux bords,
Et, vengeant de succès prospères 165
Les infortunes de nos pères
Que tient l'Égypte ensevelis,
Aller si près du bout du monde,
Que le soleil sorte de l'onde
Sur la terre des fleurs de lis ? 170

Certes ces miracles visibles,
Excédant le penser humain,
Ne sont point ouvrages possibles
A moins qu'une immortelle main ;
Et la raison ne se peut dire 175
De nous voir en notre navire
A si bon port acheminés,
Ou sans fard et sans flatterie,
C'est Pallas que cette Marie
Par qui nous sommes gouvernés. 180

Quoi qu'elle soit, nymphe ou déesse,
De sang immortel ou mortel,

---

161. — *Hautaine*, haute, élevée. M. Littré remarque que ce sens, qui est le plus près du sens primitif, vieillit.

163. — *Conquêter*, conquérir. C'est un des derniers exemples, en date, de l'emploi du vieux mot français *conquester*.

174. — *A moins que*, pour *à moins que de*, par une main moindre qu'une immortelle main. Littré : « *A moins que*, sans *de*, ce qui est la locution correcte, est devenu un archaïsme. »

Il faut que le monde confesse
Qu'il ne vit jamais rien de tel ;
Et quiconque fera l'histoire 185
De ce grand chef-d'œuvre de gloire,
L'incrédule postérité
Rejettera son témoignage,
S'il ne la dépeint belle et sage
Au deçà de la vérité. 190

Grand Henri, grand foudre de guerre,
Que, cependant que parmi nous
Ta valeur étonnoit la terre,
Les Destins firent son époux ;
Roi dont la mémoire est sans blâme, 195
Que dis-tu de cette belle âme,
Quand tu la vois si dignement
Adoucir toutes nos absinthes,
Et se tirer des labyrinthes
Où la met ton éloignement ? 200

Que dis-tu, lorsque tu remarques
Après ses pas ton héritier
De la sagesse des monarques
Monter le pénible sentier,
Et, pour étendre sa couronne, 205
Croître comme un faon de lionne ?
Que s'il peut un jour égaler

---

190. — *Au deçà,* pour *au delà.*
202. — *Après ses pas,* c'est-à-dire à sa suite.
207. — *Égaler,* rendre égale. Égaler une chose *avec* une autre, au lieu de *à,* est très-rare. L'exemple de Malherbe est unique dans le *Dict.* de Littré. Racine en offre un ex. dans ses *Notes hist.*

Sa force avecque sa furie,
Les Nomades n'ont bergerie
Qu'il ne suffise à désoler. 210

Qui doute que, si de ses armes
Ilion avait eu l'appui,
Le jeune Atride avecque larmes
Ne s'en fût retourné chez lui,
Et qu'aux beaux champs de la Phrygie, 215
De tant de batailles rougie,
Ne fussent encore honorés
Ces ouvrages des mains célestes
Que, jusques à leurs derniers restes,
La flamme grecque a dévorés ! 220

211. — [Tournure vive et lyrique. Toute cette strophe est très-belle, fort bien écrite et termine l'ode à merveille. C'est une source inépuisable et sûre de poésie que de savoir ainsi désigner les événements par leurs circonstances et par les conséquences qu'ils entraînent. J'ai oublié comment les rhéteurs appellent cela. A. CHÉNIER.]

214. — *Le jeune Atride*, Ménélas. — *Avecque larmes*. Malherbe pouvait mettre *avec des larmes*; mais il traite certains substantifs comme des termes abstraits, tels que *larmes, vœux*. André Chénier a dit, en prose (p. 518) : « Ils repassent dans leur mémoire *avec larmes*, ce qu'ils y ont déjà repassé cent fois *avec larmes*. »

218. — Les murs de Troie bâtis par Apollon et Neptune.

220. — [Divin ! Horace (*Odes*, I, xv) :

> Post certas hyemes uret *achaicus*
> *Ignis* iliacas domos.

Et ailleurs (*Odes*, IV, vi) :

> Nescios fari pueros *achivis*
> Ureret *flammis*.

A. CHÉNIER.]

Cf. A. Chénier, *Élégies*, II, ix, 12, p. 258. Ronsard offre beaucoup d'exemples de cette tournure, que Chénier admire dans Malherbe.

LXIX

AU SUJET DE LA GUERRE DES PRINCES

FRAGMENT

1614

O toi, qui d'un clin d'œil sur la terre et sur l'onde
    Fais trembler tout le monde,
Dieu, qui toujours es bon et toujours l'as été,
Verras-tu concerter à ces âmes tragiques
    Leurs funestes pratiques,   5
Et ne tonneras point sur leur impiété ?

Voyez en quel état est aujourd'hui la France,
    Hors d'humaine espérance.
Les peuples les plus fiers du couchant et du nord
Ou sont alliés d'elle ou recherchent de l'être ;   10
    Et ceux qu'elle a fait naître
Tournent tous leurs conseils pour lui donner la mort !

LXIX. — Publié pour la première fois dans l'édition de 1630.
4 et 6. — Il faudrait : *tu verras et ne tonneras point?* ou bien : *verras-tu et ne tonneras-tu point?* — *Voir concerter à quelqu'un,* comme *voir faire à quelqu'un.*

LXX

PRÉDICTION DE LA MEUSE

AUX PRINCES RÉVOLTÉS

FRAGMENT

1614

Allez à la malheure, allez, âmes tragiques,
Qui fondez votre gloire aux misères publiques,
   Et dont l'orgueil ne connoît point de lois.
Allez, fleaux de la France et les pestes du monde :
Jamais pas un de vous ne reverra mon onde ;   5
   Regardez-la pour la dernière fois.

LXX. — M. Lalanne a heureusement rétabli, d'après un manuscrit de la Bibliothèque nationale, le titre de cette pièce, qui éclaire et explique cette prosopopée. Il ajoute que les princes étaient alors à Mézières.

1. — *A la malheure* (à la male heure), formule d'imprécation bien connue. Voy. LXXXIV, 1.

4. — *Fleaux*, pour *fléaux*. M. Littré remarque que dans J. Marot, *fleau* est monosyllabique. Il l'est aussi dans Ronsard. Voy. encore Quicherat, *Traité de versif.*, p. 321. Dans le centre de la France (Jaubert, *Gloss.*), on écrit et on prononce *flau*.

LXXI

SUR LA MÊME GUERRE

FRAGMENT

1614

Ames pleines de vents, que la rage a blessées,
Connoissez votre faute et bornez vos pensées
   En un juste compas ;
Attachez votre espoir à de moindres conquêtes ;
Briare avoit cent mains, Typhon avoit cent têtes,   5
Et ce que vous tentez leur coûta le trépas.

Soucis, retirez-vous, faites place à la joie,
Misérable douleur dont nous sommes la proie ;
   Nos vœux sont exaucés.
Les vertus de la reine et les bontés célestes   10
Ont fait évanouir ces orages funestes,
Et dissipé les vents qui nous ont menacés.

LXXI. — « On a de Malherbe, a dit Sainte-Beuve (*C. du L.*, VIII, p. 59), quelques belles strophes *d'attente* qui étaient toutes taillées pour des odes qui ne sont point venues ; ce sont des ébauches fières, un peu roides, des jets de marbre coupés court, mais qui sentent un mâle ciseau. » Le lecteur pourra appliquer cette juste remarque à presque tous les fragments.

LXXII

CHANSON

1614

Ils s'en vont ces rois de ma vie,
 Ces yeux, ces beaux yeux,
Dont l'éclat fait pâlir d'envie
 Ceux même des cieux.
Dieux, amis de l'innocence, 5
 Qu'ai-je fait pour mériter
Les ennuis où cette absence
 Me va précipiter ?

Elle s'en va cette merveille,
 Pour qui nuit et jour, 10
Quoi que la raison me conseille,
 Je brûle d'amour.

LXXII. — On ne sait pas au juste pour qui Malherbe fit cette chanson. Selon Racan, ce serait pour madame de Rambouillet; selon Ménage, ces vers s'adresseraient à Caliste, c'est-à-dire à la vicomtesse d'Auchy. Cette chanson parut, en 1615, dans les *Airs de cour*, avec la musique de Boesset. Elle a été mise en musique de nos jours par Reber.

1. — « Dans le sérieux, dans le tendre, en toute occasion, Malherbe a de ces beaux débuts (a dit Sainte-Beuve, *N. L.*, XIII, p. 412). Que ce soit un sonnet, une ode, une chanson, Malherbe entonne son chant avec bonheur, avec brusquerie; il l'attaque par une note qui entre et qui pénètre. Il a le geste haut et souverain, ce que j'appelle le coup d'archet. » — M. Lalanne cite un sonnet du cardinal Duperron, antérieur à cette chanson, et qui débute par ce vers :

 Ils s'en vont ces beaux yeux, ces soleils de ma vie.

    Dieux, amis de l'innocence,
      Qu'ai-je fait pour mériter
    Les ennuis où cette absence   15
      Me va précipiter?

    En quel effroi de solitude
      Assez écarté
    Mettrai-je mon inquiétude
      En sa liberté?   20
    Dieux, amis de l'innocence,
      Qu'ai-je fait pour mériter
    Les ennuis où cette absence
      Me va précipiter?

    Les affligés ont en leurs peines   25
      Recours à pleurer :
    Mais quand mes yeux seroient fontaines,
      Que puis-je espérer?
    Dieux, amis de l'innocence,
      Qu'ai-je fait pour mériter   30
    Les ennuis où cette absence
      Me va précipiter?

27. — Ménage cite ce vers de Pétrarque :

    O occhi miei, occhi non gia, ma fonti.

Ronsard, *Odes*, III, xx : Mon luth,

    Las! de mes yeux larmoyans
    Ne tarit point les fontaines.

LXXIII

ÉPITAPHE DE LA FEMME DE M. PUGET

SONNET

1614

Celle qu'avoit Hymen à mon cœur attachée,
Et qui fut ici-bas ce que j'aimai le mieux,
Allant changer la terre à de plus dignes lieux,
Au marbre que tu vois sa dépouille a cachée.

Comme tombe une fleur que la bise a séchée, 5
Ainsi fut abattu ce chef-d'œuvre des cieux ;
Et depuis le trépas qui lui ferma les yeux,
L'eau que versent les miens n'est jamais étanchée

Ni prières ni vœux ne m'y purent servir ;
La rigueur de la mort se voulut assouvir, 10
Et mon affection n'en put avoir dispense.

Toi, dont la piété vient sa tombe honorer,
Pleure mon infortune ; et, pour ta récompense,
Jamais autre douleur ne te fasse pleurer.

LXXIII. — Ce sonnet épitaphe fut composé en l'honneur de la femme d'Étienne Puget, devenu plus tard évêque de Marseille ; et c'est dans la bouche même du mari que le poète met ses vers. Sa femme était, dit Ménage, la fille de Hallé, doyen de la Chambre des comptes de Paris. Ce sonnet parut en 1615 dans les *Délices de la poésie française*.

3. — *A* au lieu de *pour*.
5. — Voyez la même comparaison, LVI, 27 et L, 52.
11. — *Dispense*, exemption.

LXXIV
DÉDICACE
DE L'ÉPITAPHE PRÉCÉDENTE
1614

Belle âme, qui fus mon flambeau,
Reçois l'honneur qu'en ce tombeau
Je suis obligé de te rendre.
Ce que je fais te sert de peu ;
Mais au moins tu vois en la cendre
Comme j'en conserve le feu.

LXXV
POUR UNE FONTAINE
INSCRIPTION
1614

Vois-tu, passant, couler cette onde,
Et s'écouler incontinent ?
Ainsi fuit la gloire du monde ;
Et rien que Dieu n'est permanent.

LXXIV. — Cette pièce parut jointe à la précédente.

LXXV. — Cette inscription, composée pour une fontaine de l'hôtel de Rambouillet, fut, depuis, gravée sur plusieurs autres fontaines. Elle parut, dit M. Lalanne, non pas en 1627, comme le dit Saint-Marc, mais en 1615, dans les *Délices de la poésie française*.

3. — Sic transit gloria mundi.

4. — *Permanent*, qui dure sans changer.

LXXVI

CHANSON

1614

Sus, debout, la merveille des belles ;
  Allons voir sur les herbes nouvelles
Luire un émail dont la vive peinture
Défend à l'art d'imiter la nature.

L'air est plein d'une haleine de roses,
  Tous les vents tiennent leurs bouches closes,
Et le soleil semble sortir de l'onde
Pour quelque amour plus que pour luire au monde.

On diroit, à lui voir sur la tête
  Ses rayons comme un chapeau de fête,   10
Qu'il s'en va suivre en si belle journée
Encore un coup la fille de Pénée.

LXXVI. — Cette chanson, publiée en 1615 dans les *Délices de la poésie française*, fut pour la première fois réunie par Saint-Marc aux œuvres de Malherbe.
  1 et 2. — Ce début, vif et rapide, est comme dérobé à Ronsard :

      Mignonne, allons voir si la rose, etc.

Voyez encore Ronsard, *Odes*, V, xxiv. Dans l'ode x du IV° livre, c'est sur ce ton léger qu'il s'adresse aux Muses :

      Sus, réveillez-vous, pucelles !

  5. — « Joli vers, tout tiède de mai, » a dit Sainte-Beuve (*N. L.*, XIII, 414).
  12. — Daphné.

Toute chose aux délices conspire,
Mettez-vous en votre humeur de rire ;
Les soins profonds d'où les rides nous viennent 15
A d'autres ans qu'aux vôtres appartiennent.

Il fait chaud, mais un feuillage sombre
Loin du bruit nous fournira quelque ombre,
Où nous ferons, parmi les violettes,
Mépris de l'ambre et de ses cassolettes. 20

Près de nous, sur les branches voisines
Des genêts, des houx et des épines,
Le rossignol, déployant ses merveilles,
Jusqu'aux rochers donnera des oreilles.

Et peut-être, à travers les fougères, 25
Verrons-nous de bergers à bergères,
Sein contre sein et bouche contre bouche,
Naître et finir quelque douce escarmouche.

C'est chez eux qu'Amour est à son aise ;
Il y saute, il y danse, il y baise, 30
Et foule aux pieds les contraintes serviles
De tant le lois qui le gênent aux villes.

O qu'un jour mon âme auroit de gloire
D'obtenir cette heureuse victoire,
Si la pitié de mes peines passées 35
Vous disposoit à semblables pensées !

29-32. — Florian a tourné cette strophe en romance.

20.

Votre honneur, le plus vain des idoles,
Vous remplit de mensonges frivoles ;
Mais quel esprit que la raison conseille,
S'il est aimé, ne rend point la pareille ? 40

LXXVII

POUR LE BALLET DE MADAME

PRINCESSE D'ESPAGNE

RÉCIT D'UN BERGER

STANCES

1615

Houlette de Louis, houlette de Marie,
Dont le fatal appui met notre bergerie
    Hors du pouvoir des loups,

37. — Ronsard, dans la *Chanson* qui est au second livre des *Amours* :
> Et nous, sous ombre d'honneur,
> Le bonheur
> Trahissons par une crainte.

LXXVII. — Ces vers parurent d'abord en feuille volante, puis, en 1615, dans la *Description du ballet de Madame*, et enfin, en 1620, dans les *Délices de la poésie française*. Ils furent composés pour le ballet qui fut dansé à la cour le 19 mars 1615, en l'honneur des alliances de France et d'Espagne (voyez les pièces LXII et LXIII). Louis XIII et la reine mère allaient partir pour Bordeaux chercher l'infante Anne d'Autriche et conduire madame Élisabeth au prince d'Espagne. Dans ce ballet, Madame remplissait le personnage de Pallas. Au milieu du ballet, un berger s'avança vers le trône du roi et de la reine et récita ces strophes. Elles étaient, au dire de Racan, parmi celles qu'affectionnait le poëte.

Vous placer dans les cieux en la même contrée
      Des balances d'Astrée,
Est-ce un prix de vertu qui soit digne de vous ?

Vos pénibles travaux, sans qui nos pâturages,
Battus depuis cinq ans de grêles et d'orages,
      S'en allaient désolés,
Sont-ce pas des effets que, même en Arcadie,
      Quoi que la Grèce die,
Les plus fameux pasteurs n'ont jamais égalés ?

Voyez des bords de Loire et des bords de Garonne
Jusques à ce rivage où Thétis se couronne
      De bouquets d'orangers,
A qui ne donnez-vous une heureuse bonace,
      Loin de toute menace
Et de maux intestins, et de maux étrangers ?

Où ne voit-on la paix, comme un roc affermie,
Faire à nos Géryons détester l'infamie
      De leurs actes sanglants ;

---

4. — *La même contrée*, pour *la contrée même*, selon l'usage du dix-septième siècle.

5. — La constellation de la Vierge.

11. — Littré : « *Die*, pour *dise*, au subjonctif est un archaïsme. (Et après de nombreux exemples de Corneille, de la Fontaine, de Molière, de Racine :) Cet archaïsme, ainsi autorisé, peut encore être conservé dans la poésie. » Alfred de Musset l'a employé dans la *Chanson de Fortunio*.

15. — André Chénier, dans l'*Hymne à la France* :

> La Provence odorante et de Zéphyre aimée
> Respire sur les mers une haleine embaumée,
> Au bord des flots couvrant, délicieux trésor,
> L'orange et le citron de leur tunique d'or.

20. — *Géryons*, tyrans, oppresseurs du peuple. Géryon, colosse antique des îles Baléares, qui nourrissait ses troupeaux avec de la chair humaine.

Et la belle Cérès, en javelles féconde,
        Oter à tout le monde
La peur de retourner à l'usage des glands ?

Aussi dans nos maisons, en nos places publiques,   25
Ce ne sont que festins, ce ne sont que musiques
        De peuples réjouis ;
Et que l'astre du jour ou se lève ou se couche,
        Nous n'avons en la bouche
Que le nom de Marie et le nom de Louis.   30

Certes une douleur quelques âmes afflige,
Qu'un fleuron de nos lis séparé de sa tige
        Soit prêt à nous quitter ;
Mais, quoi qu'on nous augure et qu'on nous fasse craindre,
        Élise est-elle à plaindre   35
D'un bien que tous nos vœux lui doivent souhaiter ?

Le jeune demi-dieu qui pour elle soupire
De la fin du couchant termine son empire
        En la source du jour ;
Elle va dans ses bras prendre part à sa gloire ;   40
        Quelle malice noire
Peut sans aveuglement condamner leur amour ?

Il est vrai qu'elle est sage, il est vrai qu'elle est belle,
Et notre affection pour autre que pour elle
        Ne peut mieux s'employer.   45

---

35. — Madame Élisabeth.
37. — Philippe IV.

Aussi la nommons-nous la Pallas de cet âge ;
  Mais que ne dit le Tage
De celle qu'en sa place il nous doit envoyer ?

Esprits malavisés, qui blâmez un échange
Où se prend et se baille un ange pour un ange,   50
  Jugez plus sainement.
Notre grande bergère a Pan qui la conseille ;
  Seroit-ce pas merveille
Qu'un dessein qu'elle eût fait n'eût bon événement ?

C'est en l'assemblement de ces couples célestes   55
Que, si nos maux passés ont laissé quelques restes,
  Ils vont du tout finir.
Mopse, qui nous l'assure, a le don de prédire ;
  Et les chênes d'Épire
Savent moins qu'il ne sait des choses à venir.   60

Un siècle renaitra comblé d'heur et de joie,
Où le nombre des ans sera la seule voie
  D'arriver au trépas.

---

48. — Anne d'Autriche.
50. — *Bâiller;* voy. IV, 173.
52. — Pan, c'est, dit Ménage, le maréchal d'Ancre.
55. — *Assemblement.* Ce mot n'est plus en usage depuis Malherbe qui l'a encore employé deux fois en prose. Ce vers est le seul exemple que cite M. Littré.
59. — Les chênes de la forêt de Dodone.
58. — Sous le nom de *Mopsus*, c'est certainement lui-même que désigne Malherbe. Ce nom, dans l'antiquité, est celui de deux devins, et surtout d'un berger poète que Virgile, *Égl.* v, qualifie du nom de « *divine poeta* ». Les poètes se plaisent, on le sait, à se poser en divins prophètes. (Cf. XIV, 211 ; LXXIX, 1.)

Tous venins y mourront comme au temps de nos pères,
  Et même les vipères   65
Y piqueront sans nuire, ou n'y piqueront pas.

La terre en tous endroits produira toutes choses ;
Tous métaux seront or, toutes fleurs seront roses,
  Tous arbres oliviers ;
L'an n'aura plus d'hiver, le jour n'aura plus d'ombre, 70
  Et les perles sans nombre
Germeront dans la Seine au milieu des graviers.

Dieux, qui de vos arrêts formez nos destinées,
Donnez un dernier terme à ces grands hyménées,
  C'est trop les différer ;   75
L'Europe les demande, accordez sa requête ;
  Qui verra cette fête,
Pour mourir satisfait n'aura que désirer.

64-66. — Virgile, *Égl.*, IV :

  Occidet et serpens et fallax herba veneni
  Occidet.

Cf. André Chénier, *le Jeune malade*, 63.

74. — *Donnez un dernier terme*, c'est-à-dire terminez, accomplissez enfin ces grands hyménées.

LXXVIII

POUR LE MÊME BALLET

CHANSON

1615

Cette Anne si belle,
Qu'on vante si fort,
Pourquoi ne vient-elle?
Vraiment elle a tort.

Son Louis soupire 5
Après ses appas ;
Que veut-elle dire,
De ne venir pas?

S'il ne la possède,
Il s'en va mourir ; 10
Donnons-y remède,
Allons la querir.

Assemblons, Marie,
Ses yeux à vos yeux ;

LXXVIII. — Cette chanson, selon Racan, fut faite très-rapidement par Malherbe; et le poète en faisait peu de cas. Elle parut, en 1615, dit M. Lalanne, avec la musique de Guesdron, dans les *Airs de cour*.

1. — Anne d'Autriche.

7. — *Que veut-elle dire?* quelle est la cause pour laquelle elle ne vient pas? Sur cette expression, voyez le *Lexique de Corneille* de M. Godefroy, II, p. 226.

Notre bergerie 15
N'en vaudra que mieux.

Hâtons le voyage ;
Le siècle doré
En ce mariage
Nous est assuré. 20

LXXIX

SUR LE MARIAGE DU ROI

AVEC ANNE D'AUTRICHE

STANCES

1615

Mopse, entre les devins, l'Apollon de cet âge,
 Avoit toujours fait espérer
Qu'un soleil qui naîtroit sur les rives du Tage
En la terre du lis nous viendroit éclairer.

Cette prédiction sembloit une aventure 5
 Contre le sens et le discours,

LXXIX. — Ces stances parurent, en 1615, dans les *Délices de la poésie française*, sous le titre d'*Epithalame*.
1. — *L'Apollon de cet âge;* cette expression semble confirmer la conjecture que nous avons émise dans une note précédente, LXXVII, 58.

N'étant pas convenable aux règles de nature
Qu'un soleil se levât où se couchent les jours.

Anne, qui de Madrid fut l'unique miracle,
    Maintenant l'aise de nos yeux,   10
Au sein de notre Mars satisfait à l'oracle,
Et dégage envers nous la promesse des cieux.

Bien est-elle un soleil ; et ses yeux adorables,
    Déjà vus de tout l'horizon,
Font croire que nos maux seront maux incurables,   15
Si d'un si beau remède ils n'ont leur guérison.

Quoi que l'esprit y cherche, il n'y voit que des chaînes
    Qui le captivent à ses lois.
Certes c'est à l'Espagne à produire des reines,
Comme c'est à la France à produire des rois.   20

Heureux couple d'amants, notre grande Marie
    A pour vous combattu le sort ;
Elle a forcé les vents et dompté leur furie ;
C'est à vous à goûter les délices du port.

Goûtez-les, beaux esprits, et donnez connoissance,   25
    En l'excès de votre plaisir,
Qu'à des cœurs bien touchés tarder la jouissance,
C'est infailliblement leur croître le désir.

---

28. — Corneille a dit, après Malherbe, dans *Polyeucte*, I, 1 :
    Et le désir s'accroît quand l'effet se recule.
Mais Ronsard, *Eglogue III*, avait dit avant Malherbe :
    Car l'attente d'un bien augmente le désir.

Les fleurs de votre amour, dignes de leur racine,
    Montrent un grand commencement ;   50
Mais il faut passer outre, et des fruits de Lucine
Faire avoir à nos vœux leur accomplissement.

Réservez le repos à ces vieilles années,
    Par qui le sang est refroidi :
Tout le plaisir des jours est en leurs matinées ;   55
La nuit est déjà proche à qui passe midi.

LXXX

POUR M. DE BELLEGARDE

CHANSON

AP. 1616

Mes yeux, vous m'êtes superflus :
Cette beauté qui m'est ravie

---

31 et 52. — « Malherbe souhaite au plus tôt un dauphin, a dit à peu près Sainte-Beuve, XIII, p. 411 ; c'est là un vœu de bon Français, mais quelque peu gaillard. »

53. — [Strophe charmante. Racan, qui souvent imite Malherbe, dit d'une manière moins heureuse et moins originale (*Berg.*, I) :

    Tout le reste de la journée
    N'a rien d'égal à la douceur
    Des plaisirs de la matinée.
                      A. Chénier.]

55. — « Vers délicieux, dit Sainte-Beuve (*C. du L.*, VIII, p. 59), qui exprime comme dans un regret rapide et sobre les premières grâces de la vie. »

LXXX. — « Malherbe, dit Ménage, fit cette chanson et la suivante pour M. de Bellegarde, qui était amoureux d'une dame de la plus

Fut seule ma vue et ma vie,
Je ne vois plus ni ne vis plus.
Qui me croit absent, il a tort :   5
Je ne le suis point, je suis mort.

O qu'en ce triste éloignement,
Où la nécessité me traîne,
Les dieux me témoignent de haine
Et m'affligent indignement !   10
Qui me croit absent, il a tort :
Je ne le suis point, je suis mort.

Quelles flèches a la douleur
Dont mon âme ne soit percée ?
Et quelle tragique pensée   15
N'est point en ma pâle couleur ?
Qui me croit absent, il a tort :
Je ne le suis point, je suis mort.

Certes, où l'on peut m'écouter,
J'ai des respects qui me font taire ;   20
Mais en un réduit solitaire

haute condition qui fust en France, et mesme dans l'Europe. » C'était Anne d'Autriche. Saint-Marc pense que ces pièces furent composées avant 1617. M. Lalanne croit, avec quelque raison, qu'on pourrait les dater de l'année 1625 ; il s'appuie sur ce que Malherbe parle assez mystérieusement à Racan, dans une lettre du 4 novembre 1625 (tome IV, p. 8), d'une pièce qu'il dit être composée de sept stances de six vers, et qui ne peut être que la suivante.

6. — Voici une historiette de Tallemant des Réaux sur M. de Bellegarde qui semble expliquer le choix du refrain de cette chanson: « Ce fut son dernier amour (Anne d'Autriche). Il disoit quasi-toujours : « Ah ! je suis mort ! » On dit qu'un jour, comme il lui demandoit ce qu'elle feroit à un homme qui lui parleroit d'amour : « Je le tuerois, » dit-elle. — « Ah ! je suis mort ! » s'écria-t-il. »

Quels regrets ne fais-je éclater !
Qui me croit absent, il a tort :
Je ne le suis point, je suis mort.

Quelle funeste liberté 25
Ne prennent mes pleurs et mes plaintes,
Quand je puis trouver à mes craintes
Un séjour assez écarté !
Qui me croit absent, il a tort :
Je ne le suis point, je suis mort. 30

Si mes amis ont quelque soin
De ma pitoyable aventure,
Qu'ils pensent à ma sépulture ;
C'est tout ce de quoi j'ai besoin.
Qui me croit absent, il a tort : 5
Je ne le suis point, je suis mort.

LXXXI

POUR LE MÊME

CHANSON

AP. 1616

C'est assez, mes désirs, qu'un aveugle penser
Trop peu discrètement vous ait fait adresser

34. — *De quoi*, pour dont.

LXXXI. — Voyez la première note de la pièce précédente. — [Un homme du génie et de la naissance de Malherbe se faire l'*entremet-*

Au plus haut objet de la terre ;
Quittez cette poursuite, et vous ressouvenez
    Qu'on ne voit jamais le tonnerre
Pardonner au dessein que vous entreprenez.

Quelque flatteur espoir qui vous tienne enchantés,
Ne connoissez-vous pas qu'en ce que vous tentez
    Toute raison vous désavoue,
Et que vous allez faire un second Ixion,
    Cloué là-bas sur une roue,
Pour avoir trop permis à son affection ?

Bornez-vous, croyez-moi, dans un juste compas,
Et fuyez une mer qui ne s'irrite pas
    Que le succès n'en soit funeste.
Le calme jusqu'ici vous a trop assurés ;
    Si quelque sagesse vous reste,
Connoissez le péril et vous en retirez.

Mais, ô conseil infâme ! ô profanes discours
Tenus indignement des plus dignes amours

teur du duc de Bellegarde et de maints autres ! cela n'est guère digne du poëte qui a dit si noblement :

> Les Muses, hautaines et braves,
> Tiennent le flatter odieux,
> Et, comme parentes des dieux,
> Ne parlent jamais en esclaves.
>   A. CHÉNIER.]

Au vers 2, *adresser* est pour *vous adresser*, ellipse qui est de règle au dix-septième siècle, après le verbe *faire* précédé de son régime. Voy. le *Lexique de Corneille*, de M. Godefroy, II, p. 186-190.

5. — Ce vers justifie l'assertion de Ménage citée dans la première note de la pièce précédente.

12. — Ixion avait voulu séduire Junon. Anne d'Autriche n'est pas nommée, mais elle est au moins bien désignée.

13. — Gardez une juste mesure.

15. — *Succès*, suite, résultat (du courroux de la mer):

21.

Dont jamais âme fut blessée !
Quel excès de frayeur m'a su faire goûter
    Cette abominable pensée,
Que ce que je poursuis me peut assez coûter ?

D'où s'est coulée en moi cette lâche poison,   25
D'oser impudemment faire comparaison
    De mes épines à mes roses ?
Moi, de qui la fortune est si proche des cieux,
    Que je vois sous moi toutes choses,
Et tout ce que je vois n'est qu'un point à mes yeux.   30

Non, non, servons Chrysanthe, et, sans penser à moi,
Pensons à l'adorer d'une aussi ferme foi
    Que son empire est légitime.
Exposons-nous pour elle aux injures du sort ;
    Et s'il faut être sa victime,   35
En un si beau danger moquons-nous de la mort.

Ceux que l'opinion fait plaire aux vanités
Font dessus leurs tombeaux graver des qualités
    Dont à peine un dieu seroit digne ;
Moi, pour un monument et plus grand et plus beau,   40
    Je ne veux rien que cette ligne :
« L'exemple des amants est clos dans ce tombeau. »

---

25. — Littré, *Dict.* : « Poison était autrefois féminin, comme le veut l'étymologie » (*potionem*, potion). C'est vers le seizième siècle qu'on retrouve les premières traces de cette modification de genre. Cf. Jaubert, *Gloss. du centre de la France.*

28. — Voy. LVII, 40.

39. — Édition 1862 : « D'où », qui forme hiatus et qui pourrait bien n'être qu'une faute d'impression.

LXXXII

POUR LA GUÉRISON DE CHRYSANTHE

STANCES

AP. 1616

Les Destins sont vaincus, et le flux de mes larmes
De leur main insolente a fait tomber les armes ;
Amour en ce combat a reconnu ma foi :
      Lauriers, couronnez-moi.

Quel penser agréable a soulagé mes plaintes,   5
Quelle heure de repos a diverti mes craintes,
Tant que du cher objet en mon âme adoré
      Le péril a duré ?

J'ai toujours vu ma dame avoir toutes les marques
De n'être point sujette à l'outrage des Parques ;   10
Mais quel espoir de bien en l'excès de ma peur
      N'estimois-je trompeur ?

LXXXII. — Chrysanthe étant le nom poétique de la personne célébrée dans les deux pièces précédentes ; on a pensé qu'il désignait ici encore Anne d'Autriche.

1 et 2. — La Fontaine, *Élégie aux nymphes de Vaux*.
    Les Destins sont contents : Oronte est malheureux.

4. — Comme l'a remarqué Ménage, Ovide a dit, *Am.*, II, XII :
    Ite triumphales circum mea tempora, lauri.

9. — *Marques*, indices, présages.

Aujourd'hui c'en est fait, elle est toute guérie ;
Et les soleils d'avril peignant une prairie,
En leurs tapis de fleurs n'ont jamais égalé 15
    Son teint renouvelé.

Je ne la vis jamais si fraîche ni si belle ;
Jamais de si bon cœur je ne brûlai pour elle,
Et ne pense jamais avoir tant de raison
    De bénir ma prison. 20

Dieux, dont la providence et les mains souveraines,
Terminant sa langueur, ont mis fin à mes peines,
Vous saurois-je payer avec assez d'encens
    L'aise que je ressens ?

Après une faveur si visible et si grande, 25
Je n'ai plus à vous faire aucune autre demande ;
Vous m'avez tout donné, redonnant à mes yeux
    Ce chef-d'œuvre des cieux.

Certes vous êtes bons ; et combien que nos crimes
Vous donnent quelquefois des courroux légitimes, 30
Quand des cœurs bien touchés vous demandent secours,
    Ils l'obtiennent toujours.

Continuez, grands dieux, et ne faites pas dire,
Ou que rien ici-bas ne connoît votre empire,
Ou qu'aux occasions les plus dignes de soins 35
    Vous en avez le moins.

29. — *Combien que*, quoique, bien que. « Cette locution a un peu vieilli, dit M. Littré, mais elle mérite d'être conservée. » Très-fréquente aux treizième, quatorzième et quinzième siècles, comme le montre l'historique du mot.

Donnez-nous tous les ans des moissons redoublées,
Soient toujours de nectar nos rivières comblées ;
Si Chrysanthe ne vit et ne se porte bien,
    Nous ne vous devons rien.

LXXXIII

POUR METTRE

AU-DEVANT DU LIVRE DU SIEUR DE LORTIGUES

ÉPIGRAMME

1617

Vous dont les censures s'étendent
Dessus les ouvrages de tous,
Ce livre se moque de vous :
Mars et les Muses le défendent.

LXXXIII. — Ce quatrain parut en 1617, au-devant des *Poëmes divers du sieur de Lortigues*, avec plusieurs autres pièces diverses à la louange de l'auteur, soldat et poëte.

LXXXIV

PROPHÉTIE DU DIEU DE SEINE

STANCES

1617

Va-t'en à la malheure, excrément de la terre,
Monstre, qui dans la paix fais les maux de la guerre,
    Et dont l'orgueil ne connoît point de lois.
En quelque haut dessein que ton esprit s'égare,
Tes jours sont à leur fin, ta chute se prépare :   5
    Regarde-moi pour la dernière fois.

C'est assez que cinq ans ton audace effrontée,
Sur des ailes de cire aux étoiles montée,
    Princes et rois ait osé défier.
La Fortune t'appelle au rang de ses victimes ;   10
Et le ciel, accusé de supporter tes crimes,
    Est résolu de se justifier.

LXXXIV. — C'est un fragment dirigé contre le maréchal d'Ancre, tué le 24 avril 1617. — [Ces deux strophes sont belles et bien écrites, et l'idée en était ingénieuse et lyrique. Mais insulter à la juste disgrâce d'un homme qu'on avait osé louer dans la prospérité ! A. CHÉNIER.]

1. — Comparez avec le fragment LXX. [La Fontaine, (*Fables*, II, IX) :

    Va-t'en, chétif insecte, excrément de la terre:
        C'est en ces mots que le lion
        Parlait un jour au moucheron.
                A. CHÉNIER.]

8. — Allusion à Icare. — [Cette allusion est heureuse et belle, et le vers très-bien fait. A. CHÉNIER.]

10. — [Bien ! A. CHÉNIER.]

11. — [C'est la belle et fameuse pensée de Claudien sur Rufin.

LXXXV

POUR LE COMTE DE CHARNY

STANCES

1619

Enfin ma patience et les soins que j'ai pris
Ont, selon mes souhaits, adouci les esprits
Dont l'injuste rigueur si longtemps m'a fait plaindre.
    Cessons de soupirer :
Grâces à mon destin, je n'ai plus rien à craindre,   5
    Et puis tout espérer.

Soit qu'étant le soleil, dont je suis enflammé,
Le plus aimable objet qui jamais fut aimé,

Plus d'un ancien l'avait eue avant lui. On trouve cité ce vers d'un poëte comique :

    Θεοῦ δ'ὄνειδος, τοὺς κακοὺς εὐδαιμονεῖν.
    Le bonheur des méchants est un crime des dieux.
                             A. Chénier.]

Voy. A. Chénier, 2⁰ édit., p. 437. Claudien, déjà cité par Ménage, a dit dans ses *Invectives contre Rufin*, I, 20 :

    Abstulit hunc tandem Rufini poena tumultum
    Absolvitque deos.

A cette citation de Claudien et du vers extrait des *Sentences* de Ménandre, Ménage ajoute des exemples de Cicéron, de Martial et de Sénèque. Cf. André Chénier, *Ode à Charlotte Corday*, 17.

LXXXV. — Ces stances furent publiées en 1620, dans les *Délices de la poésie française.* Ménage avait appris de Racan qu'elles avaient été composées pour Charles Chabot, comte de Charny, épris de mademoiselle de Castille, qu'il épousa. Celle-ci, devenue veuve, épousa le comte de Chalais, qui fut depuis décapité à Nantes.

On ne m'ait pu nier qu'il ne fût adorable ;
    Soit que d'un oppressé 10
Le droit bien reconnu soit toujours favorable,
    Les dieux m'ont exaucé.

Naguère que j'oyois la tempête souffler,
Que je voyois la vague en montagne s'enfler,
Et Neptune à mes cris faire la sourde oreille, 15
    A peu près englouti,
Eussé-je oser prétendre à l'heureuse merveille
    D'en être garanti ?

Contre mon jugement les orages cessés
Ont des calmes si doux en leur place laissés, 20
Qu'aujourd'hui ma fortune a l'empire de l'onde ;
    Et je vois sur le bord
Un ange, dont la grâce est la gloire du monde,
    Qui m'assure du port.

Certes c'est lâchement qu'un tas de médisans, 25
Imputant à l'amour qu'il abuse nos ans,
De frivoles soupçons nos courages étonnent ;
    Tous ceux à qui déplaît
L'agréable tourment que ses flammes nous donnent
    Ne savent ce qu'il est. 30

---

10. — *Oppressé*, opprimé. Littré : « Sens qui vieillit et qui serait encore d'un bon emploi dans le style élevé. »
13. — *J'oyois*, j'entendais
15. — Comparez avec XIII, 75.
29. — Antithèse familière aux poëtes ; voy. A. Chénier, *Élégies*, II, xi, p. 245.

S'il a de l'amertume à son commencement,
Pourvu qu'à mon exemple on souffre doucement,
Et qu'aux appas du change une âme ne s'envole,
  On se peut assurer
Qu'il est maître équitable, et qu'enfin il console   35
  Ceux qu'il a fait pleurer.

LXXXVI

SUR UNE IMAGE DE SAINTE CATHERINE

ÉPIGRAMME

1619

L'art, aussi bien que la nature,
Eût fait plaindre cette peinture ;
Mais il a voulu figurer
Qu'aux tourments dont la cause est belle
La gloire d'une âme fidèle   5
Est de souffrir sans murmurer.

33. — *Change*, pour *changement*.

LXXXVI. — Publiée en 1620 dans les *Délices de la poésie française*.

2. — Les commentateurs n'ont pas compris cette épigramme. M. Régnier (fils), dans le *Lexique de Malherbe*, dit : « Eût fait plaindre cette peinture (eût fait de cette peinture l'objet d'une plainte, l'eût fait regarder avec pitié). » C'est un contre-sens. *Plaindre* est ici pour *se plaindre*. Malherbe a voulu dire : L'art eût fait *se plaindre* cette peinture, lui eût fait exprimer la plainte, s'il l'eût voulu, mais il a préféré lui faire exprimer la souffrance résignée.

LXXXVII

IMITÉ DE MARTIAL

ÉPIGRAMME

1619

Jeanne, tandis que tu fus belle,
Tu le fus sans comparaison ;
Anne à cette heure est de saison,
Et ne voit rien si beau comme elle.
Comme à toi les ans lui mettront   5
Quelque jour les rides au front,
Et feront à sa tresse blonde
Même outrage qu'à tes cheveux ;
Mais voilà comme va le monde :
Je t'ai voulue, et je la veux.   10

LXXXVII. — Imprimée en 1620 dans les *Délices de la poésie française*. Voici l'épigramme de Martial (VI, 40) :

> Femina præferri potuit tibi nulla, Lycori :
>   Præferri Glyceræ femina nulla potest.
> Hæc erit hoc quod tu : tu non potes esse quod hæc est.
>   Tempora quid faciunt? hanc volo, te volui.

Voy. les *Épigrammes de Martial* (édition Simon), II, p. 164. Le traducteur cite plusieurs autres imitations de Cl. Marot, de Bussy-Rabutin, de la Monnaie, etc. Celle de Malherbe est certainement la meilleure.

LXXXVIII

A MADAME LA PRINCESSE DE CONTI

SONNET

1619

Race de mille rois, adorable princesse,
Dont le puissant appui de faveurs m'a comblé,
Si faut-il qu'à la fin j'acquitte ma promesse,
Et m'allége du faix dont je suis accablé.

Telle que notre siècle aujourd'hui vous regarde, 5
Merveille incomparable en toute qualité,
Telle je me résous de vous bailler en garde
Aux fastes éternels de la postérité.

Je sais bien quel effort cet ouvrage demande ;
Mais, si la pesanteur d'une charge si grande 10
Résiste à mon audace et me la refroidit,

Vois-je pas vos bontés à mon aide paroître,
Et parler dans vos yeux un signe qui me dit
Que c'est assez payer que de bien reconnoître ?

LXXXVIII. — Publié en 1620 dans les *Délices de la poésie française*. Le sonnet est irrégulier. Il est adressé à la princesse, pour la fille de laquelle Malherbe a composé les pièces LII et LIII.

3. — *Si faut-il*, il faut pourtant. Voy. Godefroy, *Lexique de Corneille*, II, p. 313-314.

10 et 11. — Ménage a bien vu qu'en employant *refroidir*, Malherbe ne suit pas son image ; mais il n'a pas remarqué que Malherbe emploie deux fois la même image pour exprimer deux idées exactement contraires (comp. les vers 3 et 4, 10 et 11).

LXXXIX

STANCES SPIRITUELLES

1619

Louez Dieu par toute la terre,
Non pour la crainte du tonnerre
Dont il menace les humains,
Mais pour ce que sa gloire en merveilles abonde,
Et que tant de beautés qui reluisent au monde 5
Sont des ouvrages de ses mains.

Sa providence libérale
Est une source générale
Toujours prête à nous arroser.
L'Aurore et l'Occident s'abreuvent en sa course ; 10
On y puise en Afrique, on y puise sous l'Ourse ;
Et rien ne la peut épuiser.

N'est-ce pas lui qui fait aux ondes
Germer les semences fécondes
D'un nombre infini de poissons ; 15
Qui peuple de troupeaux les bois et les montagnes,

LXXXIX. — Imprimées en 1620 dans les *Délices de la poésie française*. Elles font l'objet de la 161ᵉ lettre de Costar à la marquise de Lavardin. Après ces stances on peut relire (ce qui ne serait pas à l'avantage de Malherbe) le chœur délicieux qui termine le premier acte d'*Athalie*.

8. — *Générale*, pour *universelle*, qui aurait valu infiniment mieux.

Donne aux prés la verdure, et couvre les campagnes
    De vendanges et de moissons ?

    Il est bien dur à sa justice
    De voir l'impudente malice 20
    Dont nous l'offensons chaque jour ;
Mais, comme notre père, il excuse nos crimes,
Et même ses courroux, tant soient-ils légitimes,
    Sont des marques de son amour.

    Nos affections passagères, 25
    Tenant de nos humeurs légères,
    Se font vieilles en un moment ;
Quelque nouveau désir comme un vent les emporte ;
La sienne, toujours ferme et toujours d'une sorte,
    Se conserve éternellement. 30

XC

POUR LA MARQUISE DE RAMBOUILLET

CHANSON

1619

    Chère beauté, que mon âme ravie
    Comme son pôle va regardant,

---

29. — *D'une sorte,* d'une seule et même espèce.

XC. — Cette chanson, imprimée en 1620 dans les *Délices de la poésie française,* et aussi, dit M. Lalanne, dans le *Recueil des plus*

Quel astre d'ire et d'envie
Quand vous naissiez marquoit votre ascendant,
Que votre courage endurci, 5
Plus je le supplie, moins ait de merci ?

En tous climats, voire au fond de la Thrace,
Après les neiges et les glaçons,
Le beau temps reprend sa place,
Et les étés mûrissent les moissons : 10
Chaque saison y fait son cours ;
En vous seule on trouve qu'il gèle toujours.

J'ai beau me plaindre et vous conter mes peines,
Avec prières d'y compatir ;
J'ai beau m'épuiser les veines, 15
Et tout mon sang en larmes convertir ;
Un mal au deçà du trépas,
Tant soit-il extrême, ne vous émeut pas.

Je sais que c'est : vous êtes offensée,
Comme d'un crime hors de raison, 20
Que mon ardeur insensée
En trop haut lieu borne sa guérison ;
Et voudriez bien, pour la finir,
M'ôter l'espérance de rien obtenir.

beaux vers, fut composée sur un air donné à Malherbe, ce qui explique, mais ne justifie pas les irrégularités de la versification.

4. — *Ascendant*, signe du zodiaque qui monte sur l'horizon au moment de la naissance d'une personne, et qui, selon les astrologues, influait sur la destinée particulière de cette personne.

7 et suiv. — C'est le *Non semper imbres* d'Horace (*Odes*, II, ix). Voy. A. Chénier, *Élégies*, I, x, p. 178.

Vous vous trompez : c'est aux foibles courages, 25
   Qui toujours portent la peur au sein,
     De succomber aux orages,
Et se lasser d'un pénible dessein.
    De moi, plus je suis combattu,
Plus ma résistance montre sa vertu. 30

Loin de mon front soient ces palmes communes,
   Où tout le monde peut aspirer ;
     Loin les vulgaires fortunes,
Où ce n'est qu'un, jouir et désirer.
    Mon goût cherche l'empêchement ; 35
Quand j'aime sans peine, j'aime lâchement.

Je connois bien que, dans ce labyrinthe,
   Le ciel injuste m'a réservé
     Tout le fiel et tout l'absinthe
Dont un amant fut jamais abreuvé ; 40
    Mais je ne m'étonne de rien :
Je suis à Rodanthe, je veux mourir sien.

29. — *De moi*, pour moi.
35. — C'est la même pensée que dans la pièce X, 49.
42. — Voy. dans la *Vie de Malherbe*, par Racan, le passage : « Sa Rodanthe était madame la marquise de Rambouillet, etc. »

XCI

A MONSIEUR DU PRÉ

SUR SON PORTRAIT DE L'ÉLOQUENCE FRANÇOISE

ÉPIGRAMME

1620

Tu faux, du Pré, de nous pourtraire
Ce que l'éloquence a d'appas ;
Quel besoin as-tu de le faire ?
Qui te voit ne la voit-il pas ?

XCI. — Cette épigramme fut imprimée au commencement du *Portrait de l'éloquence française, avec dix actions oratoires*, par J. du Pré, écuyer, seigneur de la Porte, conseiller du roi et général en sa cour des aides de Normandie, 1620.
1. — *Tu faux*, tu manques, tu te trompes. Voy. XXXIV, 29. — *Pourtraire*, dépeindre.

XCII

POUR SERVIR D'ÉPITAPHE

AU CONNÉTABLE DE LUYNES

ÉPIGRAMME

1621

Cet Absinthe au nez de barbet
En ce tombeau fait sa demeure.
Chacun en rit, et moi j'en pleure :
Je le voulois voir au gibet.

XCII. — Cette épigramme contre le connétable de Luynes, mort le 25 décembre 1621, n'a paru qu'après la mort de Malherbe, dans l'édition de 1630. Cependant le poëte lui avait dédié sa traduction de Tite Live. Voy. la réflexion fort juste d'André Chénier au sujet de la pièce LXXXIV.

1. — *Absinthe*, aussi nommée *aluyne* (plante amère). Malherbe joue sur la ressemblance du mot *aluyne* et du nom du connétable. Dans cette pièce, comme dans une des précédentes (XC, 39), il fait du masculin le mot *absinthe*, qu'il a fait autre part du féminin (LXVIII, 198). Le genre de ce mot, aujourd'hui féminin, est resté longtemps indécis. Il paraît que le connétable avait, en effet, un véritable nez de barbet. M. Lalanne renvoie au portrait conservé au château de Dampierre.

XCIII

POUR LE PORTRAIT DE CASSANDRE

MAÎTRESSE DE RONSARD

ÉPIGRAMME

1622

L'art, la nature exprimant,
En ce portrait me fait belle ;
Mais si ne suis-je point telle
Qu'aux écrits de mon amant.

XCIII. — Placée au bas du portrait de Cassandre, gravé par Cl. Mellan, qui est tome I des *Œuvres de Ronsard*, édition de 1623, et qui est joint à celui de Ronsard. Colletet disait, dans le manuscrit qui a été brûlé : « Les quatre vers français qui sont au-dessous du portrait de Cassandre, dans l'édition de 1623, in-folio, sont de la façon de François de Malherbe, comme il me l'a dict souvent luy-même. »

3. — Mais pourtant je ne suis point telle... Malherbe fait dire à Cassandre : « Je suis belle, l'art du peintre m'a faite belle, mais le génie de Ronsard m'a faite plus belle encore. »

XCIV

POUR L'ENTRÉE DU ROI LOUIS XIII A AIX

INSCRIPTION

1622

La ville d'Aix au roi :

Grand fils du grand Henri, grand chef-d'œuvre des cieux,
Grand aise et grand amour des âmes et des yeux,
Louis, dont ce beau jour la présence m'octroie,
Délices des sujets à ta garde commis,
Le portrait de Pallas fut la force de Troie,   5
Le tien sera la peur de tous nos ennemis.

XCIV. — Cette pièce a été publiée, pour la première fois, dans l'édition de 1862, par M. Lalanne, qui l'a tirée des *Discours sur les arcs triomphaux dressés en la ville d'Aix, à l'heureuse arrivée du très-chrestien, très-grand et très-juste monarque Louis XIII, roy de France et de Navarre,* 1624. Ces vers étaient gravés aux pieds d'une statue de la ville d'Aix.

1. — Voyez la même expression hyperbolique à l'adresse du cardinal de Richelieu, p. CVII.

XCV

SUR LE MÊME SUJET

INSCRIPTION
1622

Amphion au roi :

Or sus, la porte est close aux tempêtes civiles :
La Justice et la Paix ont les clefs de tes villes ;
Espère tout, Louis, et ne doute de rien.
Si le dieu que je sers entend l'art de prédire,
Jamais siècle passé n'a vu monter empire   5
Où le siècle présent verra monter le tien.

Les faits de plus de marque et de plus de mérite,
Que la vanité grecque en ses fables récite,
Dans la gloire des tiens seront ensevelis.
Ton camp boira le Gange avant qu'il se repose ;   10
Et dessous divers noms ce sera même chose
Être maître du monde et roi des fleurs de lis.

XCV. — Publiée pour la première fois, dans l'édition de 1862, par M. Lalanne, et tirée du même recueil que la précédente.

2. — Ronsard, dans l'ode à Henri II :

    . . . . O Paix heureuse,
    Tu es la garde vigoureuse
    Des peuples et de leurs citez ;
    Des royaumes la clef tu portes.

XCVI

POUR LE COMTE DE SOISSONS

STANCES

1622

Ne délibérons plus, allons droit à la mort ;
La tristesse m'appelle à ce dernier effort,
    Et l'honneur m'y convie.
    Je n'ai que trop gémi :
Si, parmi tant d'ennuis, j'aime encore ma vie,   5
    Je suis mon ennemi.

O beaux yeux, beaux objets de gloire et de grandeur,
Vives sources de flamme, où j'ai pris une ardeur
    Qui toute autre surmonte ;
    Puis-je souffrir assez,   10
Pour expier le crime et réparer la honte
    De vous avoir laissés ?

Quelqu'un dira pour moi que je fais mon devoir,
Et que les volontés d'un absolu pouvoir
    Sont de justes contraintes ;   15

XCVI. — Ces stances furent composées pour Louis de Bourbon, comte de Soissons, qui espérait épouser Henriette de France, devenue, en 1625, reine d'Angleterre. Elles furent publiées, non pas en 1627, dans le *Recueil des plus beaux vers de ce temps*, comme l'avait dit Saint-Marc, mais, ainsi que le dit M. Lalanne, en 1624, dans les *Airs de cour*, avec une musique sans nom d'auteur, qui peut-être était celle de Boesset.

13. — *Pour moi*, en ma faveur.

Mais à quelle autre loi
Doit un parfait amant des respects et des craintes,
Qu'à celle de sa foi ?

Quand le ciel offriroit à mes jeunes désirs
Les plus rares trésors et les plus grands plaisirs 20
Dont sa richesse abonde,
Que saurois-je espérer
A quoi votre présence, ô merveille du monde,
Ne soit à préférer ?

On parle de l'enfer et des maux éternels 25
Baillés en châtiment à ces grands criminels
Dont les fables sont pleines ;
Mais ce qu'ils souffrent tous,
Le souffré-je pas seul en la moindre des peines
D'être éloigné de vous ? 30

J'ai beau par la raison exhorter mon amour
De vouloir réserver à l'aise du retour
Quelque reste de larmes ;
Misérable qu'il est !
Contenter sa douleur et lui donner des armes, 35
C'est tout ce qui lui plaît.

Non, non, laissons-nous vaincre après tant de combats ;
Allons épouvanter les ombres de là-bas
De mon visage blême ;

---

19. — *Jeunes désirs.* Le comte de Soissons avait alors vingt ans.
Sur cette expression, voy. ci-dessus LXVIII, 22.

Et, sans nous consoler,
Mettons fin à des jours que la Parque elle-même
A pitié de filer.

Je connois Charigène, et n'ose désirer
Qu'elle ait un sentiment qui la fasse pleurer
Dessus ma sépulture ;
Mais, cela m'arrivant,
Quelle seroit ma gloire ! et pour quelle aventure
Voudrois-je être vivant ?

XCVII

A RABEL, PEINTRE

SUR UN LIVRE DE FLEURS

SONNET

1624

Quelques louanges nonpareilles
Qu'ait Apelle encore aujourd'hui,
Cet ouvrage plein de merveilles
Met Rabel au-dessus de lui.

XCVII. — Ce sonnet irrégulier est adressé non pas à Jean Rabel, mais à son fils Daniel Rabel, peintre de fleurs, dont l'ouvrage manuscrit, *Fleurs peintes par Rabel en 1624*, a été retrouvé par M. Lalanne à la Bibliothèque nationale. Voyez la notice sur cette pièce dans l'édition de 1862, p. 257.

L'art y surmonte la nature ; 5
Et, si mon jugement n'est vain,
Flore lui conduisoit la main
Quand il faisoit cette peinture.

Certes il a privé mes yeux
De l'objet qu'ils aiment le mieux, 10
N'y mettant point de marguerite :

Mais pouvoit-il être ignorant
Qu'une fleur de tant de mérite
Aurait terni le demeurant ?

XCVIII

A MONSEIGNEUR LE DUC D'ORLÉANS

SONNET

VERS 1624

Muses, quand finira cette longue remise
De contenter Gaston, et d'écrire de lui ?

7. — Comparez avec une pensée à peu près semblable, LXIV.
14. — *Le demeurant*, le restant.
XCVIII. — Ce sonnet fut adressé à Gaston, duc d'Orléans, frère de Louis XIII. La date n'est pas certaine ; cependant il fut composé plusieurs années avant 1628, époque à laquelle le duc d'Orléans atteignit sa vingtième année (voy. le vers 14). Il parut en 1627 dans le *Recueil des plus beaux vers*.
1. — *Remise*, retard, par suite de l'action de remettre une chose à un temps plus éloigné.

Le soin que vous avez de la gloire d'autrui
Peut-il mieux s'employer qu'à si belle entreprise?

En ce malheureux siècle, où chacun vous méprise, 5
Et quiconque vous sert n'en a que de l'ennui,
Misérable neuvaine, où sera votre appui,
S'il ne vous tend les mains et ne vous favorise?

Je crois bien que la peur d'oser plus qu'il ne faut,
Et les difficultés d'un ouvrage si haut, 10
Vous ôtent le désir que sa vertu vous donne;

Mais tant de beaux objets tous les jours s'augmentants,
Puisqu'en âge si bas leur nombre vous étonne,
Comme y fournirez-vous quand il aura vingt ans?

XCIX

AU ROI LOUIS XIII

SONNET

1624

Muses, je suis confus : mon devoir me convie
A louer de mon roi les rares qualités;

---

7. — *Neuvaine*, c'est la troupe des neuf Muses. Ménage en cite plusieurs exemples de Ronsard, ainsi que M. Littré dans l'historique de ce mot.

14. — *Comme*, pour *comment*. M. Littré remarque qu'il a vieilli employé ainsi interrogativement.

XCIX. — Ce sonnet fut composé en 1624, au dire de Racan, date qu'a pu confirmer M. Lalanne (voy. l'édition de 1862, p. 260). D'ail-

Mais le mauvais destin qu'ont les témérités
Fait peur à ma foiblesse, et m'en ôte l'envie.

A quel front orgueilleux n'a l'audace ravie 5
Le nombre des lauriers qu'il a déjà plantés?
Et ce que sa valeur a fait en deux étés,
Alcide l'eût-il fait en deux siècles de vie?

Il arrivoit à peine à l'âge de vingt ans,
Quand sa juste colère, assaillant nos Titans, 10
Nous donna de nos maux l'heureuse délivrance.

Certes, ou ce miracle a mes sens éblouis,
Ou Mars s'est mis lui-même au trône de la France,
Et s'est fait notre roi sous le nom de Louis.

leurs, comme l'a remarqué Saint-Marc, la date se trouve dans le sonnet, puisque Louis XIII eut vingt ans au mois de septembre 1621, et que les deux étés dont parle Malherbe nous amènent jusqu'à la fin de 1623, après la guerre contre les huguenots.
 6. — Sur cette expression, voy. XVIII, 4.
 15. — Il avait dit d'Henri IV (LVIII) :

   Plus Mars que Mars de la Thrace.

C

A MONSEIGNEUR LE CARDINAL DE RICHELIEU

SONNET

1624

A ce coup nos frayeurs n'auront plus de raison,
Grande âme aux grands travaux sans repos adonnée :
Puisque par vos conseils la France est gouvernée,
Tout ce qui la travaille aura sa guérison.

Tel que fut rajeuni le vieil âge d'Éson, 5
Telle cette princesse, en vos mains résignée,
Vaincra de ses destins la rigueur obstinée,
Et reprendra le teint de sa verte saison.

C. — Saint-Marc, avec raison, a daté cette pièce de l'année où le cardinal prit la direction des affaires. Ce sonnet, dit M. Lalanne, après avoir paru en feuille volante, fut imprimé, en 1627, dans le *Recueil des plus beaux vers*.

2. — Voyez le premier vers de la pièce CXXI.

4. — Après avoir lu cette première strophe, on ne peut s'empêcher de remarquer avec Sainte-Beuve (*C. du L.*, VIII, p. 59) combien « le sonnet, la chanson même, chez Malherbe, ont de la tournure et de la fierté : cela dure peu, la voix chez lui se casse vite, mais le ton est donné. »

5. — Éson, rajeuni par les enchantements de Médée.

6. — *Cette princesse*, c'est la France. C'est avec cette même expression : « O princesse... » que Ronsard s'adresse à l'idole de la France, dans la *Continuation du Discours des misères de ce temps*.

— *Résignée*. Les anciennes éditions de Malherbe donnent *résinée*, parce que, comme le remarque M. Littré, d'après Théodore de Bèze, au seizième siècle, ce mot se prononçait *résiné*. Dans quelques mots, tels que *digne*, *signe*, etc., où l'*n* n'était pas mouillée, le *g* jouait le rôle de lettre dormante ; Voy. Livet, *Gram et gr.*, p. 527.

Le bon sens de mon roi m'a toujours fait prédire
Que les fruits de la paix combleroient son empire, 10
Et comme un demi-dieu le feroient adorer ;

Mais voyant que le vôtre aujourd'hui le seconde,
Je ne lui promets pas ce qu'il doit espérer,
Si je ne lui promets la conquête du monde.

CI

AU ROI LOUIS XIII

SONNET

1624

Qu'avec une valeur à nulle autre seconde,
Et qui seule est fatale à notre guérison,
Votre courage, mûr en sa verte saison,
Nous ait acquis la paix sur la terre et sur l'onde ;

Que l'hydre de la France, en révoltes féconde, 5
Par vous soit du tout morte ou n'ait plus de poison,

14. — Voyez la pièce suivante, vers 8.

CI. — Composé en 1624, au dire de Racan, et publié en 1627 dans le *Recueil des plus beaux vers*.

2. — Exemple remarquable de l'emploi du mot *fatale* au sens latin ; il signifie ici *destinée*.

5. — Cf. IX, 6.

6. — *Du tout*, complétement, absolument. « Emploi affirmatif qui a vieilli, » dit M. Littré (*Tout*, 27°). « Cet emploi est ancien dans la

Certes, c'est un bonheur dont la juste raison
Promet à votre front la couronne du monde.

Mais qu'en de si beaux faits vous m'ayez pour témoin,
Connoissez-le, mon roi, c'est le comble du soin   10
Que de vous obliger ont eu les Destinées.

Tous vous savent louer, mais non également;
Les ouvrages communs vivent quelques années,
Ce que Malherbe écrit dure éternellement.

CII.

A M. LE MARQUIS DE LA VIEUVILLE

SURINTENDANT DES FINANCES

SONNET

1624

Il est vrai, la Vieuville, et quiconque le nie
Condamne impudemment le bon goût de mon roi,

langue et fréquent jusqu'à la fin du dix-septième siècle, » dit
M. Godefroy, *Lexique de Corneille*, II, p. 368-369. Le Dictionnaire
de M. Littré donne un exemple du onzième siècle et un du douzième.

14. — Comparer avec la dernière strophe de la pièce LVII.

CII. — Publié en 1627 dans le *Recueil des plus beaux vers*, mais
d'abord en feuille volante, ajoute M. Lalanne. Saint-Marc a daté ce
sonnet de 1624, parce que le marquis de la Vieuville, nommé en
1623, ne resta pas deux ans surintendant des finances.

Nous devons des autels à la sincère foi
Dont ta dextérité nos affaires manie.

Tes soins laborieux, et ton libre génie 5
Qui hors de la raison ne connoît point de loi,
Ont mis fin aux malheurs qu'attiroit après soi
De nos profusions l'effroyable manie.

Tout ce qu'à tes vertus il reste à désirer,
C'est que les beaux esprits les veuillent honorer, 10
Et qu'en l'éternité la Muse les imprime.

J'en ai bien le dessein dans mon âme formé ;
Mais je suis généreux, et tiens cette maxime,
Qu'il ne faut point aimer quand on n'est point aimé.

CIII

POUR LA MARQUISE DE RAMBOUILLET

FRAGMENT

VERS 1624

Et maintenant encore en cet âge penchant,
Où mon peu de lumière est si près du couchant,

4. — *Dont*, avec laquelle.
CIII. — Ce fragment est extrait d'une lettre de Malherbe à Racan (voy. édit. 1862, tome IV, p. 51 ; cf. p. 25) ; ce sont les seuls vers en rimes plates que l'on connaisse de Malherbe. Ils furent publiés, dit M. Lalanne, en 1627, dans un *Recueil de lettres nouvelles*.
1. — *Penchant*, inclinant.

Quand je verrois Hélène, au monde revenue
En l'état glorieux où Paris l'a connue,
Faire à toute la terre adorer ses appas,
N'en étant point aimé, je ne l'aimerois pas.
Cette belle bergère, à qui les Destinées
Sembloient avoir gardé mes dernières années,
Eut en perfection tous les rares trésors
Qui parent un esprit et font aimer un corps.
Ce ne furent qu'attraits, ce ne furent que charmes ;
Sitôt que je la vis, je lui rendis les armes,
Un objet si puissant ébranla ma raison.
Je voulus être sien, j'entrai dans sa prison,
Et de tout mon pouvoir essayai de lui plaire
Tant que ma servitude espéra du salaire.
Mais, comme j'aperçus l'infaillible danger
Où, si je poursuivois, je m'allois engager,
Le soin de mon salut m'ôta cette pensée ;
J'eus honte de brûler pour une âme glacée,
Et sans me travailler à lui faire pitié,
Restreignis mon amour aux termes d'amitié.

CIV

POUR METTRE AU-DEVANT
DE LA SOMME THÉOLOGIQUE DU PÈRE GARASSE

ÉPIGRAMME

1625

Esprits qui cherchez à médire,
Adressez-vous en autre lieu ;
Cette œuvre est une œuvre de Dieu.
Garasse n'a fait que l'écrire.

CV

SUR LE MÊME SUJET

ÉPIGRAMME

1625

En vain, mon Garasse, la rage
De quelques profanes esprits

CIV. — Cette épigramme a été réunie aux œuvres de Malherbe par M. Lalanne, dans l'édition de 1862.

3 et 4. — Voyez la même pensée dans le second quatrain du sonnet à la Ceppède, LXIV.

CV. — Réunie aux œuvres de Malherbe par M. Lalanne, dans l'édition de 1862.

Pense diminuer le prix
De ton incomparable ouvrage.
Mes vers mourront avecque moi, 5
Ou ton nom au nom de mon roi
Donnera de la jalousie ;
Et dira la postérité
Que son bras défit l'hérésie,
Et ton savoir l'impiété. 10

CVI

A M. LE PRÉSIDENT DE VERDUN

SUR LA MORT DE SA FEMME

STANCES

1626

Sacré ministre de Thémis,
Verdun, en qui le ciel a mis

10. — Cependant le livre du P. Garasse fut condamné par la Sorbonne.

CVI. — Ces vers furent publiés dans le *Recueil des plus beaux vers*, en 1627, l'année même de la mort du premier président Nicolas de Verdun. Sa première femme était morte, non pas en 1621, comme l'avait dit Racan, mais, selon M. Lalanne, en 1626. Remarié presque aussitôt, le premier président mourut bientôt, de sorte que Malherbe n'eut pas le temps de terminer, avant son second mariage et peut-être même avant sa mort, les stances qu'il avait composées pour le consoler de la perte de sa première femme, Charlotte du Gué. Voyez Tallemant des Réaux.

Une sagesse non commune ;
Sera-ce pour jamais que ton cœur abattu
  Laissera sous une infortune,
Au mépris de ta gloire, accabler ta vertu ?

  Toi, de qui les avis prudents
  En toute sorte d'accidents
  Sont loués même de l'envie,
Perdras-tu la raison, jusqu'à te figurer   10
  Que les morts reviennent en vie,
Et qu'on leur rende l'âme à force de pleurer ?

  Tel qu'au soir on voit le soleil
  Se jeter aux bras du sommeil,
  Tel au matin il sort de l'onde.   15
Les affaires de l'homme ont un autre destin :
  Après qu'il est parti du monde,
La nuit qui lui survient n'a jamais de matin.

  Jupiter, ami des mortels,
  Ne rejette de ses autels   20

18. — Imité de Catulle, V :
> Soles occidere et redire possunt :
> Nobis, quum semel occidit brevis lux,
> Nox est perpetua una dormienda.

Comme le remarque Ménage, Ronsard avait déjà imité ces vers ainsi (*Odes*, II, v) :
> La lune est coutumière
> De naistre tous les mois :
> Mais quand notre lumière
> Est éteinte une fois,
> Sans nos yeux réveiller
> Faut longtemps sommeiller.

19-36. — Ménage signale ici une imitation de Ronsard, *Odes*, IV, v :
> Jupiter ne demande
> Que des bœufs pour offrande,

Ni requêtes ni sacrifices ;
Il reçoit en ses bras ceux qu'il a menacés ;
Et qui s'est nettoyé de vices
Ne lui fait point de vœux qui ne soient exaucés.

Neptune, en la fureur des flots 25
Invoqué par les matelots,
Remet l'espoir en leurs courages ;
Et ce pouvoir si grand, dont il est renommé,
N'est connu que par les naufrages
Dont il a garanti ceux qui l'ont réclamé. 30

Pluton est seul entre les dieux
Dénué d'oreilles et d'yeux
A quiconque le sollicite ;
Il dévore sa proie aussitôt qu'il la prend ;
Et quoi qu'on lise d'Hippolyte, 35
Ce qu'une fois il tient, jamais il ne le rend.

S'il étoit vrai que la pitié
De voir un excès d'amitié
Lui fit faire ce qu'on désire,
Qui devoit le fléchir avec plus de couleur 40
Que ce fameux joueur de lyre
Qui fut jusqu'aux enfers lui montrer sa douleur ?

Mais son frère Pluton
Nous demande nous hommes,
Qui la victime sommes
De son enfer glouton.

Ici Malherbe n'a pas de peine à triompher de Ronsard.
32. — *Dénué de*, privé de, « plus fort que *dépourvu de*, » dit M. Littré. Cf. XIII, 50.
40. — *Couleur*, apparence de raison.

Cependant il eut beau chanter,
Beau prier, presser et flatter,
Il s'en revint sans Eurydice ; 45
Et la vaine faveur dont il fut obligé
Fut une si noire malice,
Qu'un absolu refus l'auroit moins affligé.

Mais quand tu pourrois obtenir
Que la mort laissât revenir 50
Celle dont tu pleures l'absence,
La voudrois-tu remettre en un siècle effronté
Qui, plein d'une extrême licence,
Ne feroit que troubler son extrême bonté ?

Que voyons-nous que des Titans, 55
De bras et de jambes luttans
Contre les pouvoirs légitimes ;
Infâmes rejetons de ces audacieux,
Qui, dédaignant les petits crimes,
Pour en faire un illustre attaquèrent les cieux ? 60

Quelle horreur de flamme et de fer
N'est éparse, comme en enfer,
Aux plus beaux lieux de cet empire ?
Et les moins travaillés des injures du sort

---

55. — *Que voyons-nous que*, si ce n'est.
55-60. — Ronsard s'est servi plusieurs fois de cette image des Titans, entre autres dans le *Tombeau de Charles IX* :

> Il se vit assailli des superbes Titans
> Qui combattaient ce prince en ses propres entrailles.

61. — Voy. LI, 20.

Peuvent-ils pas justement dire
Qu'un homme dans la tombe est un navire au port?

Crois-moi, ton deuil a trop duré,
Tes plaintes ont trop murmuré ;
Chasse l'ennui qui te possède,
Sans t'irriter en vain contre une adversité
Que tu sais bien qui n'a remède
Autre que d'obéir à la nécessité.

Rends à ton âme le repos
Qu'elle s'ôte mal à propos,
Jusqu'à te dégoûter de vivre ;
Et, si tu n'as l'amour que chacun a pour soi,
Aime ton prince, et le délivre
Du regret qu'il aura s'il est privé de toi.

Quelque jour ce jeune lion
Choquera la rébellion,
En sorte qu'il en sera maître ;
Mais quiconque voit clair ne connoît-il pas bien
Que, pour l'empêcher de renaître,
Il faut que ton labeur accompagne le sien?

La Justice le glaive en main
Est un pouvoir autre qu'humain

66. — Pensée commune aux anciens, remarque avec raison Ménage. Lamartine a dit dans *le Chrétien mourant:*

> Vous pleurez ! et déjà dans la coupe sacrée
> J'ai bu l'oubli des maux, et mon âme enivrée
> Entre au céleste port.

80. — *Choquera,* brisera.
86. — André Chénier, *l'Aveugle,* pour *divin:*

> Et le sang *plus qu'humain* venant rougir la terre.

Contre les révoltes civiles.
Elle seule fait l'ordre, et les sceptres des rois
    N'ont que des pompes inutiles,
S'ils ne sont appuyés de la force des lois. 90

CVII

POUR M. LE CARDINAL DE RICHELIEU

SONNET

1626

Peuples, çà, de l'encens ; peuples, çà, des victimes
A ce grand Cardinal, grand chef-d'œuvre des cieux,
Qui n'a but que la gloire, et n'est ambitieux
Que de faire mourir l'insolence des crimes.

A quoi sont employés tant de soins magnanimes 5
Où son esprit travaille et fait veiller ses yeux,
Qu'à tromper les complots de nos séditieux,
Et soumettre leur rage aux pouvoirs légitimes ?

CVII. — Ce sonnet, publié en 1635, dans un recueil de vers composés en l'honneur du cardinal et intitulé : *le Sacrifice des Muses*, fut réuni par Saint-Marc aux œuvres de Malherbe. Malherbe l'envoya à Peiresc dans une lettre du 19 décembre 1626, ce qui en fixe la date, ainsi que l'a remarqué M. Lalanne.
2. — Cf. XCIV, 1.

Le mérite d'un homme, ou savant, ou guerrier,
Trouve sa récompense aux chapeaux de laurier,   10
Dont la vanité grecque a donné les exemples.

Le sien, je l'ose dire, est si grand et si haut,
Que si, comme nos dieux, il n'a place en nos temples,
Tout ce qu'on lui peut faire est moins qu'il ne lui faut.

CVIII

PARAPHRASE DU PSAUME CXLV

STANCES

1626

N'espérons plus, mon âme, aux promesses du monde ;
Sa lumière est un verre, et sa faveur une onde

---

10. — *Chapeaux*, couronnes. Ronsard, dans un sonnet à Henri II réclame pour les poëtes :

Des chappeaux de laurier, de myrte et de lierre.

CVII. — Ces stances furent publiées en 1627, a dit M. Lalanne dans le *Recueil des plus beaux vers*. C'est le psaume : *Lauda anima mea, Dominum*, etc., que Racan a traduit aussi (éd. Jannet, II, p. 577). Il est curieux de lire dans les Observations de Ménage à quelles vaines subtilités descend la critique de Costar et du P. Bouhours. — « Malherbe était religieux comme lyrique, sinon comme homme, a dit Sainte-Beuve (*N. L.*, XIII, p. 415). Il est entré, non sans grandeur, dans l'impétueux essor vers Dieu et dans l'ardente aspiration du Psalmiste ; et même, si l'on compare, on verra qu'ici il a prêté au texte sacré des ailes. Ces stances, d'un plein souffle et d'une entière perfection, ont été mises en musique, de

Que toujours quelque vent empêche de calmer.
Quittons ces vanités, lassons-nous de les suivre :
  C'est Dieu qui nous fait vivre,   5
  C'est Dieu qu'il faut aimer.

En vain, pour satisfaire à nos lâches envies,
Nous passons près des rois tout le temps de nos vies
A souffrir des mépris et ployer les genoux :
Ce qu'ils peuvent n'est rien ; ils sont, comme nous sommes,
  Véritablement hommes,
  Et meurent comme nous.

Ont-ils rendu l'esprit, ce n'est plus que poussière
Que cette majesté si pompeuse et si fière,
Dont l'éclat orgueilleux étonnoit l'univers ;   15
Et dans ces grands tombeaux, où leurs âmes hautaines
  Font encore les vaines,
  Ils sont mangés des vers.

---

nos jours, par M. Reber, et sont d'un grand effet. » Après avoir cité une partie de ces stances, Sainte-Beuve ajoute : « Quelques strophes de ce ton suffisent pour réparer une langue et pour monter une lyre ; » et il cite la belle expression de M. Nisard : « Certaines paraphrases des Psaumes ne sont pas seulement des modèles de poésie, ce sont, en quelque sorte, des institutions de langage. »

5. — Publius Syrus :

  Fortuna vitrea est : tum cum splendit frangitur.

Corneille, dans *Polyeucte*, en parlant aussi de la fortune :

  Et comme elle a l'éclat du verre
  Elle en la fragilité.

La Fontaine a comme paraphrasé le troisième vers dans sa touchante élégie *aux Nymphes de Vaux*.

18. — Cette image, empruntée aux réalités de la mort, et sur laquelle Malherbe revient souvent, ne semble-t-elle pas évoquer le souvenir du *Triomphe de la Mort* d'Orcagna, au Campo-Santo de Pise ?

Là se perdent ces noms de maîtres de la terre,
D'arbitres de la paix, de foudres de la guerre ; 20
Comme ils n'ont plus de sceptre, ils n'ont plus de flatteurs ;
Et tombent avec eux, d'une chute commune,
  Tous ceux que leur fortune
  Faisoit leurs serviteurs.

CIX

ÉPITAPHE POUR UN GENTILHOMME DE SES AMIS

QUI MOURUT AGÉ DE CENT ANS

1626 ?

N'attends, passant, que de ma gloire
Je te fasse une longue histoire,
Pleine de langage indiscret.
Qui se loue irrite l'envie.
Juge de moi par le regret   5
Qu'eut la Mort de m'ôter la vie.

---

19. — André Chénier, *le Jeu de Paume :*

  Il faudra comparaître et répondre vous-même,
  Nus, sans flatteurs, sans cour, sans diadème,
  Sans gardes hérissés de fer.

CIX. — On ne sait pour quelle personne Malherbe composa cette épitaphe, qui parut, en 1627, dit M. Lalanne, dans le *Recueil des plus beaux vers.*

CX

SUR LA MORT DE SON FILS

SONNET

1627

Que mon fils ait perdu sa dépouille mortelle,
Ce fils qui fut si brave, et que j'aimai si fort,
Je ne l'impute point à l'injure du sort,
Puisque finir à l'homme est chose naturelle.

Mais que de deux marauds la surprise infidèle 5
Ait terminé ses jours d'une tragique mort,
En cela ma douleur n'a point de réconfort,
Et tous mes sentiments sont d'accord avec elle.

O mon Dieu, mon Sauveur, puisque, par la raison,
Le trouble de mon âme étant sans guérison, 10
Le vœu de la vengeance est un vœu légitime,

Fais que de ton appui je sois fortifié ;
Ta justice t'en prie, et les auteurs du crime
Sont fils de ces bourreaux qui t'ont crucifié.

CX. — Ce sonnet, sur la mort de son fils, tué à la suite d'une querelle, en juillet 1627, fut imprimé, en 1628, avec les deux pièces qui suivent. Ce fut Ménage qui le joignit aux œuvres de Malherbe.

5. — Gaspard de Bovet, baron de Bormes et Paul de Fortia, seigneur de Piles.

14. — Ce Fortia de Piles avait déjà eu une affaire avec le fils de Malherbe, quelques années auparavant, en 1622, et Malherbe

CXI

AU ROI LOUIS XIII

ALLANT CHATIER LA RÉBELLION DES ROCHELOIS,
ET CHASSER LES ANGLOIS,
QUI, EN LEUR FAVEUR, ÉTOIENT DESCENDUS DANS L'ÎLE DE RÉ

ODE

1627

Donc un nouveau labeur à tes armes s'apprête
Prends ta foudre, Louis, et va, comme un lion,
Donner le dernier coup à la dernière tête
 De la rébellion.

écrivait alors à un de ses amis (édit. 1862, tome IV, p. 75) : « Mes amis me disent que c'est un juif à qui j'ai affaire, et je ne dois pas trouver étrange que mon fils soit persécuté par ceux-mêmes qui ont crucifié le Fils de Dieu. »

CXI. — Cette ode fut composée en 1627, alors que les Anglais s'étaient emparés de l'île de Ré, et que le roi se disposait à aller prendre le commandement de l'armée qui assiégeait la Rochelle. Elle n'était pas encore terminée à la fin de cette année et parut en 1628, jointe à la lettre qu'au sujet de la mort de son fils Malherbe adressa au roi Louis XIII. Le poëte avait soixante-douze ans passés quand il fit cette ode. « Mouvement, éclat, élévation, sensibilité même, rien n'y manque, dit Sainte-Beuve (*Poésie française au seizième siècle*, éd. in-12, p. 160) : c'est la vieillesse du talent dans toute sa verdeur. » Richelieu, après avoir lu cette pièce, répondit à Malherbe : « Je prie Dieu que d'ici à trente ans vous nous puissiez donner de semblables témoignages de la verdeur de votre esprit, que les années n'ont pu vieillir qu'autant qu'il fallait pour l'épurer entièrement. »

1. — Sur la brusque rapidité de ce début, voy. la note de Sainte-Beuve, LXXII, 1. — C'est un art que Malherbe doit sans doute à Ronsard, dont plusieurs pièces commencent aussi par ce même mot

Fais choir en sacrifice au démon de la France 5
Les fronts trop élevés de ces âmes d'enfer,
Et n'épargne contre eux, pour notre délivrance,
    Ni le feu ni le fer.

Assez de leurs complots l'infidèle malice
A nourri le désordre et la sédition ; 10
Quitte le nom de Juste, ou fais voir ta justice
    En leur punition.

Le centième décembre a les plaines ternies,
Et le centième avril les a peintes de fleurs,
Depuis que parmi nous leurs brutales manies 15
    Ne causent que des pleurs.

Dans toutes les fureurs des siècles de nos pères,
Les monstres les plus noirs firent-ils jamais rien
Que l'inhumanité de ces cœurs de vipères
    Ne renouvelle au tien ? 20

Par qui sont aujourd'hui tant de villes désertes,
Tant de grands bâtiments en masures changés,

Donc (*Amours, Pièces retr.*, son. XLVII ; *Odes retranchées*, à R. Belleau et à la Forest de Gastine; *Tombeau de Charles IX*). Sur des débuts d'A. Chénier et de Racine, voy. A. Chénier, *Élégies*, III, II, p. 287. — Au troisième vers, Malherbe revient encore à l'image de l'hydre, dont il a fait usage plusieurs fois ; voy. IX, 6.

5. — « Il faudrait : au *Génie* de la France, dit avec raison Sainte-Beuve (*N. L.*, XIII, p. 397); le mot *démon*, pris en bonne part et opposé à des *âmes d'enfer*, à des démons pris dans le sens ordinaire, fait une légère confusion. »

8. — Sur la violence de cette invective contre les rebelles, voy. Sainte-Beuve, *N. L.*, XIII, p. 395-398.

13. — Périphrase dont Ménage cite des exemples dans Horace. Voy. la sixième strophe de la pièce XVI.

Et de tant de chardons les campagnes couvertes,
    Que par ces enragés ?

Les sceptres devant eux n'ont point de priviléges,
Les immortels eux-même en sont persécutés ;
Et c'est aux plus saints lieux que leurs mains sacriléges
    Font plus d'impiétés.

Marche, va les détruire, éteins-en la semence,
Et suis jusqu'à leur fin ton courroux généreux,
Sans jamais écouter ni pitié ni clémence
    Qui te parle pour eux.

Ils ont beau vers le ciel leurs murailles accroître,
Beau d'un soin assidu travailler à leurs forts,
Et creuser leurs fossés jusqu'à faire paroitre
    Le jour entre les morts :

Laisse-les espérer, laisse-les entreprendre..
Il suffit que ta cause est la cause de Dieu,
Et qu'avecque ton bras elle a pour la défendre
    Les soins de Richelieu :

Richelieu, ce prélat de qui toute l'envie
Est de voir ta grandeur aux Indes se borner,

---

28. — *Plus* pour *le plus*. Voy ci-dessus, LV, 42.
29. — Cf. A. Chénier, *Ep. à Le Brun et à Brazais*, vers 29.
36. — Ménage cite la même image plus fortement exprimée dans Virgile, *Énéide*, VIII, 246 :

    . . . Trepidentque immisso lumine Manes.

Et dans Ovide, *Mét.*, V, 358 :

    Immissusque dies trepidantes terreat umbras.

42. — « Ceci est moins hyperbolique qu'il ne semble, » dit Sainte-

Et qui visiblement ne fait cas de sa vie
    Que pour te la donner.

Rien que ton intérêt n'occupe sa pensée,   45
Nuls divertissements ne l'appellent ailleurs ;
Et de quelques bons yeux qu'on ait vanté Lyncée,
    Il en a de meilleurs.

Son âme toute grande est une âme hardie,
Qui pratique si bien l'art de nous secourir,   50
Que, pourvu qu'il soit cru, nous n'avons maladie
    Qu'il ne sache guérir.

Le ciel, qui doit le bien selon qu'on le mérite,
Si de ce grand oracle il ne t'eût assisté,
Par un autre présent n'eût jamais été quitte   55
    Envers ta piété.

Va, ne diffère plus tes bonnes destinées ;
Mon Apollon t'assure et t'engage sa foi
Qu'employant ce Typhis, Syrtes et Cyanées
    Seront havres pour toi.   60

Certes, ou je me trompe, ou déjà la Victoire,
Qui son plus grand honneur de tes palmes attend,

Beuve, qui rappelle la prise de possession de Madagascar sur la fin de la vie de Richelieu.

52. — Dans une lettre, écrite en 1627, et adressée à M. Mentin (éd. 1862, tome IV, p. 104), Malherbe dit : « Nos maladies, que chacun estimait incurables, ont trouvé leur Esculape en notre incomparable cardinal. »

58. — *Mon Apollon*, le dieu qui m'inspire. Ménage relève la même expression dans Ronsard, *épitaphe d'A. Chasteigner*.

59. — *Ce Typhis*, ce pilote. Typhis était le pilote du navire *Argo*.

Est aux bords de Charente en son habit de gloire,
  Pour te rendre content.

Je la vois qui t'appelle, et qui semble te dire :
Roi, le plus grand des rois et qui m'es le plus cher,
Si tu veux que je t'aide à sauver ton empire,
  Il est temps de marcher.

Que sa façon est brave et sa mine assurée !
Qu'elle a fait richement son armure étoffer !
Et qu'il se connoît bien à la voir si parée,
  Que tu vas triompher !

Telle, en ce grand assaut où des fils de la Terre
La rage ambitieuse à leur honte parut,
Elle sauva le ciel, et rua le tonnerre
  Dont Briare mourut.

 63. — Sainte-Beuve (*loc. cit.*) : « On se rappelle le beau vers (LXI, 46).

   Hymen en robe d'or te la vint amener.

Là-bas le vers tout nuptial : ici le vers triomphal et victorieux. »
 65. — Comme Balzac (*Entretien* XXXI) l'a remarqué, Valerius Flaccus, dans ses *Argonautiques*, 1, 76, avait montré la Gloire en personne appelant, aux bords du Phase, Jason et la jeunesse thessalienne :

   ...Tu sola animos mentemque peruris,
  Gloria ! te viridem videam immunemque senectæ
  Phasidis in ripa stantem, juvenesque vocantem.

 70. — « Comme c'est riche et flottant, dit Sainte-Beuve (*loc. cit.*) ; on voit frissonner la draperie entremêlée à l'acier. Les anciens en sont pleins de ces vers pittoresques de son ou de lumière ; les langues alors étaient plus jeunes et voisines des sensations. »
 71. — *Et qu'il se connoît bien*, impersonnellement, pour : et qu'on connaît bien, et qu'on voit bien.
 75. — *Ruer*, à l'actif, jeter avec impétuosité ; « sens qui a vieilli, » dit M. Littré. Cet emploi très-heureux de *ruer* est ancien dans la langue ; voy. dans le *Dictionnaire* de Littré, à l'historique du mot, les exemples des douzième, treizième et quatorzième siècles. Cf. Génin, *Lexique de Molière*, p. 364.

Déjà de tous côtés s'avançoient les approches ;
Ici couroit Mimas, là Tiphon se battoit,
Et là suoit Euryte à détacher les roches
    Qu'Encelade jetoit. 80

A peine cette vierge eut l'affaire embrassée,
Qu'aussitôt Jupiter, en son trône remis,
Vit, selon son désir, la tempête cessée,
    Et n'eut plus d'ennemis.

Ces colosses d'orgueil furent tous mis en poudre, 85
Et tous couverts des monts qu'ils avoient arrachés ;
Phlègre, qui les reçut, put encore la foudre
    Dont ils furent touchés.

77. — [Magnifique tableau, plein de chaleur et de mouvement. A. Chénier.] Ménage rappelle des tableaux semblables dans Claudien et Sidoine Apollinaire, et, supposant que Malherbe les a imités, il ajoute avec raison : « Il faut avouer que la copie surpasse de beaucoup l'original. »

80. — Imité d'Horace, *Odes*, III, IV :

    . . . . Evulsisque truncis.
    Enceladus jaculator audax.

81. — *Eut l'affaire embrassée*, non pas *eut envisagé l'état des choses*, comme dit M. Regnier fils, dans le Lexique, mais *eut pris l'affaire entre ses mains, s'en fût chargé*. A peine la victoire eut-elle embrassé la défense de Jupiter, qu'aussitôt... Cette intervention de la victoire, remarque M. Lalanne, est due à un souvenir de la *Théogonie* d'Hésiode, 588.

85. — Expression imitée par A. Chénier dans *le Jeu de Paume*, 586 :

    Et vous, usurpateurs du monde,
    Rois, colosses d'orgueil, en délices noyés.

87. — *Phlègre*, ville de Macédoine, d'où le nom de plaines phlégréennes, où avait eu lieu la bataille des géants. — *Put*. Littré : « Autrefois on disait *puer* ou *puir* ; Richelet et Furetière les admettent dans leurs Dictionnaires, en disant que ce sont deux verbes défectueux ; que *puir* n'est pas usité à l'infinitif, mais seulement *puer*, et qu'au présent on conjugue *je pus, tu pus, il put*. » Ronsard, dans un exemple cité par Ménage, a dit (*Odes*, I, x) :

    . . . . La poudre
    Qui put par les champs Phlégréans.

L'exemple de leur race, à jamais abolie,
Devoit sous ta merci les rebelles ployer ; 90
Mais seroit-ce raison qu'une même folie
    N'eût pas même loyer?

Déjà l'étonnement leur fait la couleur blême ;
Et ce lâche voisin qu'ils sont allés querir,
Misérable qu'il est, se condamne lui-même 95
    A fuir ou mourir.

Sa faute le remord : Mégère le regarde,
Et lui porte l'esprit à ce vrai sentiment,
Que d'une injuste offense il aura, quoiqu'il tarde,
    Le juste châtiment. 100

Bien semble être la mer une barre assez forte
Pour nous ôter l'espoir qu'il puisse être battu ;
Mais est-il rien de clos dont ne t'ouvre la porte
    Ton heur et ta vertu?

Neptune, importuné de ses voiles infâmes, 105
Comme tu paroîtras au passage des flots,
Voudra que ses Tritons mettent la main aux rames,
    Et soient tes matelots.

92. — *Loyer*, prix, récompense.
94. — Les Anglais, qui s'étaient emparés de l'île de Ré.
96. — Littré : « *Fuir*, qui est présentement monosyllabe, ne l'a pas été d'une manière constante. Malherbe l'a fait de deux syllabes » En effet, mais, comme le remarque Ménage, à l'infinitif seulement.
96. — Le *remord*, lui cause des remords.
101. — *Bien semble être*, voy. LXXIX, 13 et LXVII, 25.

Là rendront tes guerriers tant de sortes de preuves,
Et d'une telle ardeur pousseront leurs efforts, 110
Que le sang étranger fera monter nos fleuves
  Au-dessus de leurs bords.

Par cet exploit fatal en tous lieux va renaître
La bonne opinion des courages françois ;
Et le monde croira, s'il doit avoir un maître, 115
  Qu'il faut que tu le sois.

O que, pour avoir part en si belle aventure,
Je me souhaiterois la fortune d'Éson,
Qui, vieil comme je suis, revint contre nature
  En sa jeune saison ! 120

De quel péril extrême est la guerre suivie,
Où je ne fisse voir que tout l'or du Levant
N'a rien que je compare aux honneurs d'une vie
  Perdue en te servant ?

Toutes les autres morts n'ont mérite ni marque ; 125
Celle-ci porte seule un éclat radieux,
Qui fait revivre l'homme et le met de la barque
  A la table des dieux.

Mais quoi ! tous les pensers dont les âmes bien nées
Excitent leur valeur et flattent leur devoir, 130

---

118. — Voy. C, 5.
119. — *Vieil.* « J'ai observé, dit Ménage, que Ronsard et Malherbe disaient souvent *vieil* devant une consonne, et que M. de Balzac, au contraire, disait souvent *vieux* devant une voyelle. » M. Littré remarque que « les écrivains de la première moitié du dix-septième siècle avaient de l'inclination à dire partout *vieil.* »

Que sont-ce que regrets, quand le nombre d'années
    Leur ôte le pouvoir ?

Ceux à qui la chaleur ne bout plus dans les veines
En vain dans les combats ont des soins diligents ;
Mars est comme l'Amour : ses travaux et ses peines   135
    Veulent de jeunes gens.

Je suis vaincu du temps, je cède à ses outrages ;
Mon esprit seulement, exempt de sa rigueur,
A de quoi témoigner en ses derniers ouvrages
    Sa première vigueur.   140

Les puissantes faveurs dont Parnasse m'honore
Non loin de mon berceau commencèrent leur cours ;
Je les possédai jeune, et les possède encore,
    A la fin de mes jours.

Ce que j'en ai reçu, je veux te le produire ;   145
Tu verras mon adresse ; et ton front cette fois
Sera ceint de rayons qu'on ne vit jamais luire
    Sur la tête des rois.

Soit que de tes lauriers ma lyre s'entretienne,
Soit que de tes bontés je la fasse parler,   150
Quel rival assez vain prétendra que la sienne
    Ait de quoi m'égaler ?

---

135. — C'est, remarque Ménage, la pensée d'Ovide, *Am.*, I, ix :

    Quæ bello est habilis, Veneri quoque convenit ætas.

145. — *Produire*, faire voir.

Le fameux Amphion, dont la voix nonpareille,
Bâtissant une ville, étonna l'univers,
Quelque bruit qu'il ait eu, n'a point fait de merveille 155
  Que ne fassent mes vers.

Par eux de tes beaux faits la terre sera pleine;
Et les peuples du Nil, qui les auront ouïs,
Donneront de l'encens, comme ceux de la Seine,
  Aux autels de Louis.   160

CXII

SUR LA PRISE PROCHAINE DE LA ROCHELLE

FRAGMENT

1628

Enfin mon roi les a mis bas,
 Ces murs qui de tant de combats
 Furent les tragiques matières;
La Rochelle est en poudre, et ses champs désertés
 N'ont face que de cimetières,   5
Où gisent les Titans qui les ont habités.

CXII. — Ce fragment, tiré de la même lettre que les deux pièces précédentes, fut réuni par Saint-Marc aux Œuvres de Malherbe.
5. — *Face*, aspect.

CXIII

A M. DE LA GARDE

AU SUJET DE SON HISTOIRE SAINTE

ODE

1628

La Garde, tes doctes écrits
Montrent le soin que tu as pris
A savoir toutes belles choses ;
Et ta prestance et tes discours
Étalent un heureux concours 5
De toutes les grâces écloses.

Davantage tes actions
Captivent les affections
Des cœurs, des yeux et des oreilles ;
Forçant les personnes d'honneur 10

CXIII. — Composée après son voyage à la Rochelle, cette ode fut une des dernières pièces que composa Malherbe; le poëte n'eut pas le temps d'y mettre la dernière main et de la corriger à loisir; aussi présente-t-elle de nombreuses négligences. Elle fut publiée en 1726, dans le tome Ier de la *Continuation des Mémoires de littérature de M. de Salengre*, d'après une copie des manuscrits de Peiresc qui sont à Carpentras. M. de la Garde de Villeneuve appartenait à la noblesse de Provence; on ne sait pas si son *Histoire sainte* a été publiée.

[Cette pièce est détestable ; la marche, les pensées, le style, tout est également indigne, je ne dis pas de Malherbe, mais du rimailleur le plus médiocre. A. Chénier.]

2. — Hiatus.

De te souhaiter tout bonheur
Pour tes qualités nonpareilles.

Tu sais bien que je suis de ceux
Qui ne sont jamais paresseux
A louer les vertus des hommes ; 15
Et dans Paris, en mes vieux ans,
Je passe en ce devoir mon temps,
Au malheureux siècle où nous sommes.

Mais, las ! la perte de mon fils,
Ses assassins d'orgueil bouffis, 20
Ont toute ma vigueur ravie ;
L'ingratitude et peu de soin
Que montrent les grands au besoin
De douleur accablent ma vie.

Je ne désiste pas pourtant 25
D'être dans moi-même content
D'avoir bien vécu dans le monde,
Prisé (quoique vieil abattu)
Des gens de bien et de vertu ;
Et voilà le bien qui m'abonde. 30

Nos jours passent comme le vent ;
Les plaisirs nous vont décevant,
Et toutes les faveurs humaines
Sont hémérocalles d'un jour :

30. — C'est-à-dire : et voilà le genre de bien (l'estime des gens de bien et de vertu) que j'ai en abondance.
34. — *Hémérocalles*, fleurs qui ne sont belles, c'est-à-dire qui ne s'épanouissent que le jour ; belles de jour, qui ne durent qu'un

Grandeurs, richesses et l'amour 55
Sont fleurs périssables et vaines.

Nous avons tant perdu d'amis,
Et de biens par le sort transmis
Au pouvoir de nos adversaires ;
Néanmoins nous voyons du port 40
D'autrui le débris et la mort,
En nous éloignant des corsaires.

Ainsi puissions-nous voir longtemps
Nos esprits libres et contents
Sous l'influence d'un bon astre ! 45
Que vive et meure qui voudra !
La constance nous résoudra
Contre l'effort de tout désastre.

Le soldat remis par son chef,
Pour se garantir de méchef, 50
En état de faire sa garde,
N'oseroit pas en déloger
Sans congé, pour se soulager,
Nonobstant que trop il lui tarde ;

Car s'il procédoit autrement, 55
Il seroit puni promptement
Aux dépens de sa propre vie.
Le parfait chrétien, tout ainsi,

jour, dit Malherbe ; il n'y a donc point rigoureusement de pléonasme.
50. — *Méchef*, terme vieilli, mésaventure, malheur.

    Créé pour obéir ici,
    Y tient sa fortune asservie.   60

    Il ne doit pas quitter ce lieu
    Ordonné par la loi de Dieu ;
    Car l'âme qui lui est commise
    Félonne ne doit pas fuir
    Pour sa damnation n'encourir,   65
    Et n'être en l'Érèbe remise.

    Désolé, je tiens ce propos,
    Voyant approcher Atropos
    Pour couper le nœud de ma trame ;
    Et ne puis ni veux l'éviter,   70
    Moins aussi la précipiter ;
    Car Dieu seul commande à mon âme.

    Non, Malherbe n'est pas de ceux
    Que l'esprit d'enfer a déceus
    Pour acquérir la renommée   75
    De s'être affranchis de prison
    Par une lame, ou par poison,
    Ou par une rage animée.

60. — *Y,* c'est-à-dire ici, ici-bas.

63. — Hiatus.

65. — *Damnation* est ici de trois syllabes. Dans tous les mots de cette terminaison, *tion* est de deux syllabes, règle à laquelle ne manque jamais Malherbe.

74. — *Déceus,* archaïque pour *déçus.* Mais *déçu* se prononçait *déçu,* et rimait généralement avec les mots en *u.* Cependant par une licence permise dont les poëtes du seizième siècle offrent de nombreux exemples, *eu,* sonnant régulièrement *u* depuis la fin du quinzième siècle, rimait avec les diphthongues *eu* et *œu.* V. Quicherat, *Traité de versification,* p. 555.

Au seul point que Dieu prescrira,
Mon âme du corps partira ·   80
Sans contrainte ni violence ;
De l'enfer les tentations,
Ni toutes mes afflictions
Ne forceront point ma constance.

Mais, La Garde, voyez comment   85
On se divague doucement,
Et comme notre esprit agrée
De s'entretenir près et loin,
Encor qu'il n'en soit pas besoin,
Avec l'objet qui le récrée.   90

J'avois mis ma plume à la main,
Avec l'honorable dessein
De louer votre sainte Histoire ;
Mais l'amitié que je vous dois,
Par delà ce que je voulois,   95
A fait débaucher ma mémoire.

Vous m'étiez présent en l'esprit
En voulant tracer cet écrit ;
Et me sembloit vous voir paroître
Brave et galant en cette cour,   100
Où les plus huppés à leur tour
Tâchoient de vous voir et connoître.

86. — Ce vers offre l'exemple, unique je crois, de la forme réfléchie *se divaguer*. M. Littré ne l'a pas enregistré.
96. — *Débaucher*, pour *se débaucher*.

Mais ores à moi revenu,
Comme d'un doux songe advenu
Qui tous nos sentiments cajolé, 105
Je veux vous dire franchement,
Et de ma façon librement,
Que votre Histoire est une école.

Pour moi, dans ce que j'en ai veu,
J'assure qu'elle aura l'aveu 110
De tout excellent personnage ;
Et puisque Malherbe le dit,
Cela sera sans contredit,
Car c'est un très-juste présage.

Toute la France sait fort bien 115
Que je n'estime ou reprends rien
Que par raison et par bon titre,
Et que les doctes de mon temps
Ont toujours été très-contents
De m'élire pour leur arbitre. 120

La Garde, vous m'en croirez donc,
Que si gentilhomme fut onc
Digne d'éternelle mémoire,
Par vos vertus vous le serez,
Et votre los rehausserez 125
Par votre docte et sainte Histoire.

105. — *Ores*, archaïque, maintenant. Voy. V, 2.
109. — *Veu*, archaïque, pour *vu*. Voyez ci-dessus au vers 74 de la même pièce.
122. — *Onc*, terme vieilli, pour jamais.
125. — *Los*, vieux mot qui signifie *louange*.

CXIV

A M. DE LA MORELLE

SUR LA PASTORALE DE L'AMOUR CONTRAIRE

SONNET

1628

Si l'on peut acquérir par la plume la gloire
D'un des plus beaux esprits qui soit en l'univers,
Je veux laisser juger aux filles de Mémoire
La grâce et le parler de tes amoureux vers :

Il semble en les voyant que l'on lise une histoire
Traversée en amour d'accidents tous divers,
Dont le discours parfait à tout chacun fait croire
Que la prose n'est rien au prix de tes beaux vers.

Quand elles auront vu ce sujet qui ravi,
Si doctement dépeint, si dignement suivi,
Sans doute elles diront, ainsi que je le pense,

Que pour favoriser les hommes et les dieux
Et purger d'ignorants tout ce qu'on voit des cieux,
Il te faut marier avecque l'Éloquence.

CXIV. — Publié en tête de *Philine, ou l'Amour contraire, pastorale*, par le sieur de la Morelle (Paris, 1630), ce sonnet a été réuni aux Œuvres de Malherbe, en 1862, par M. Lalanne.

CXV

A M. COLLETET

SUR LA MORT DE SA SŒUR

ÉPIGRAMME

En vain, mon Colletet, tu conjures la Parque
De repasser ta sœur dans la fatale barque :
Elle ne rend jamais un trésor qu'elle a pris.
Ce que l'on dit d'Orphée est bien peu véritable ;
Son chant n'a point forcé l'empire des Esprits,   5
Puisqu'on sait que l'arrêt en est irrévocable.
Certes, si les beaux vers faisoient ce bel effet,
Tu ferois mieux que lui ce qu'on dit qu'il a fait.

CXV. — Joint par Ménage aux *Œuvres de Malherbe*.
3. — Cf. CVI, 36.
4. — Cf. CVI, 41 et suiv.

CXVI

POUR UNE MASCARADE

STANCES

Ceux-ci, de qui vos yeux admirent la venue,
Pour un fameux honneur qu'ils brûlent d'acquérir,
Partis des bords lointains d'une terre inconnue,
S'en vont au gré d'Amour tout le monde courir.
    Ce grand démon qui se déplaît 5
    D'être profané comme il est,
    Par eux veut repurger son temple ;
    Et croit qu'ils auront ce pouvoir,
    Que ce qu'on ne fait par devoir,
    On le fera par leur exemple. 10

Ce ne sont point esprits qu'une vague licence
Porte inconsidérés à leurs contentements ;
L'or de cet âge vieil, où régnoit l'innocence,

CXVI. — Les commentateurs ne fournissent aucune indication sur le sujet, l'occasion et la date de ces vers, publiés dans l'édition de 1630.

1. — Cette pièce débute comme une tragédie grecque (Voy. le début des *Perses* d'Eschyle) ; mais il ne faut point voir là une intention du poëte. — *La venue*, l'arrivée sur la scène. Il s'agit sans doute d'un ballet dansé à la cour. Les personnages pourraient être, il semble, la troupe des amants fidèles, ou mieux des bergers fidèles, tels que Daphnis, Tityre, Tircis, etc., dont la poésie pastorale a célébré les amours et chanté la constance.

5. — *Démon*, génie favorable. Voy XLVII, 68.

13. — *L'or de cet âge vieil*, pour *le vieil âge d'or*.

26.

N'est pas moins en leurs mœurs qu'en leurs accoutrements.
>La foi, l'honneur et la raison 15
>Gardent la clef de leur prison ;
>Penser au change leur est crime ;
>Leurs paroles n'ont point de fard,
>Et faire les choses sans art
>Est l'art dont ils font plus d'estime. 20

Composez-vous sur eux, âmes belles et hautes ;
Retirez votre humeur de l'infidélité ;
Lassez-vous d'abuser les jeunesses peu cautes,
Et de vous prévaloir de leur crédulité.
>N'ayez jamais impression 25
>Que d'une seule passion,
>A quoi que l'espoir vous convie.
>Bien aimer soit votre vrai bien,
>Et, bien aimés, n'estimez rien
>Si doux qu'une si douce vie. 30

On tient que ce plaisir est fertile de peines,
Et qu'un mauvais succès l'accompagne souvent ;
Mais n'est-ce pas la loi des fortunes humaines,
Qu'elles n'ont point de havre à l'abri de tout vent ?
>Puis cela n'advient qu'aux amours, 35
>Où les désirs, comme vautours,

16. — La prison de leur amour.
25. — *Cautes*, prudentes. Mot qui n'était déjà plus en usage du temps de Ménage. Dans l'historique des mots *caut* et *cautelle*, M. Littré aurait pu avantageusement citer quelques exemples de Ronsard, chez qui ces mots sont excessivement fréquents.
31. — *Fertile de peines.* « Latinisme, » dit Ménage.

Se paissent de sales rapines ;
Ce qui les forme les détruit ;
Celles que la vertu produit
Sont roses qui n'ont point d'épines.   40

CXVII

CHANSON

Est-ce à jamais, folle Espérance,
Que tes infidèles appas
M'empêcheront la délivrance
Que me propose le trépas ?

La raison veut, et la nature,   5
Qu'après le mal vienne le bien ;
Mais en ma funeste aventure,
Leurs règles ne servent de rien.

C'est fait de moi, quoi que je fasse.
J'ai beau plaindre et beau soupirer,   10
Le seul remède en ma disgrâce,
C'est qu'il n'en faut point espérer.

37. — *Sales.* Voy. IV, 534.

CXVII. — Publiée dans l'édition de 1630.
12. — « Malherbe a visé, dit Ménage, ce vers de Virgile, *Én.*, II, 354 :
   Una salus victis, nullam sperare salutem.
Cf. Ronsard, *Amours*, I, xi.

Une résistance mortelle
Ne m'empêche point son retour ;
Quelque dieu qui brûle pour elle   15
Fait cette injure à mon amour.

Ainsi trompé de mon attente,
Je me consume vainement,
Et les remèdes que je tente
Demeurent sans événement.   20

Toute nuit enfin se termine ;
La mienne seule a ce destin,
Que d'autant plus qu'elle chemine,
Moins elle approche du matin.

Adieu donc, importune peste,   25
A qui j'ai trop donné de foi.
Le meilleur avis qui me reste,
C'est de me séparer de toi.

Sors de mon âme, et t'en va suivre
Ceux qui désirent de guérir.   30
Plus tu me conseilles de vivre,
Plus je me résous de mourir.

---

13. — *Mortelle*, d'un mortel. Ce n'est pas un mortel qui fait obstacle à son retour, c'est quelque dieu. André Chénier a dit de même, *Hymnes et Odes*, V :

    Il reste inébranlable à tout effort mortel.

14. — Sur *empêcher* suivi du régime direct de la chose et du régime indirect de la personne, voy. Littré. Aux exemples opposés par M. Littré à la critique de Voltaire, en ajouter un grand nombre d'autres rassemblés par M. Godefroy dans le *Lexique de Corneille*.

17. — *Trompé de*, pour *trompé dans*. Les exemples n'en sont point rares. Voy. le *Lexique de Corneille* de M. Godefroy. M. Littré fournit un exemple de Racine.

CXVIII

STANCES

Quoi donc ! ma lâcheté sera si criminelle,
Et les vœux que j'ai faits pourront si peu sur moi,
Que je quitte ma dame, et démente la foi
Dont je lui promettois une amour éternelle ?

Que ferons-nous, mon cœur ? Avec quelle science 5
Vaincrons-nous les malheurs qui nous sont préparés ?
Courrons-nous le hasard comme désespérés,
Ou nous résoudrons-nous à prendre patience ?

Non, non, quelques assauts que me donne l'envie,
Et quelques vains respects qu'allègue mon devoir, 10
Je ne céderai point que, du même pouvoir
Dont on m'ôte ma dame, on ne m'ôte la vie.

Mais où va ma fureur ? Quelle erreur me transporte,
De vouloir en géant aux astres commander ?
Ai-je perdu l'esprit, de me persuader 15
Que la nécessité ne soit pas la plus forte ?

Achille, à qui la Grèce a donné cette marque,
D'avoir eu le courage aussi haut que les cieux,

CXVIII. — Publiées dans l'édition de 1630.
13-16. — Cf. la septième strophe de la pièce XLI.

Fut en la même peine, et ne put faire mieux
Que soupirer neuf ans dans le fond d'une barque. 20

Je veux, du même esprit que ce miracle d'armes,
Chercher en quelque part un séjour écarté,
Où ma douleur et moi soyons en liberté,
Sans que rien qui m'approche interrompe mes larmes.

Bien sera-ce à jamais renoncer à la joie, 25
D'être sans la beauté dont l'objet m'est si doux ;
Mais qui m'empêchera qu'en dépit des jaloux,
Avecque le penser mon âme ne la voie ?

Le temps, qui toujours vole et sous qui tout succombe,
Fléchira cependant l'injustice du sort ; 30
Ou d'un pas insensible avancera la mort,
Qui bornera ma peine au repos de la tombe.

La fortune en tous lieux à l'homme est dangereuse ;
Quelque chemin qu'il tienne, il trouve des combats ;
Mais des conditions où l'on vit ici-bas, 35
Certes celle d'aimer est la plus malheureuse.

20. — Malherbe a dit *neuf ans*, comme si l'*Iliade* d'Homère embrassait toute la durée du siége de Troie. Comme le remarque Ménage, Sarrasin a commis la même inadvertance dans des vers adressés au duc d'Enghien.

22 et 23. — Molière s'est peut-être souvenu de ce vers dans le *Misanthrope*, V, viii :

> Je vais sortir d'un gouffre où triomphent les vices ;
> Et chercher, sur la terre, un endroit écarté,
> Où d'être homme d'honneur on ait la liberté.

24. — *Rien*, quiconque soit.
35 et 36. — « Imité de Properce, II, xvii, » dit Ménage.

> Durius in terris nihil est, quod vivat, amante,
> Nec, modo si sapias, quod minus esse velis.

CXIX

CHANSON

C'est faussement qu'on estime
Qu'il ne soit point de beautés,
Où ne se trouve le crime
De se plaire aux nouveautés.

Si ma dame avoit envie 5
D'aimer des objets divers,
Seroit-elle pas suivie
Des yeux de tout l'univers?

Est-il courage si brave
Qui pût avecque raison 10
Fuir d'être son esclave
Et de vivre en sa prison?

Toutefois cette belle âme,
A qui l'honneur sert de loi,
Ne hait rien tant que le blâme 15
D'aimer un autre que moi.

CXIX. — Publiée dans l'édition de 1630.
2. — C'est l'indicatif qu'il faudrait.
11. — [Le mot *fuir* aujourd'hui est toujours un monosyllabe. Malherbe en fait toujours un mot de deux syllabes. A. Chénier.] Voy. XCI, 96.

Tous ces charmes de langage,
Dont on s'offre à la servir,
Me l'assurent davantage,
Au lieu de me la ravir.   20

Aussi ma gloire est si grande
D'un trésor si précieux,
Que je ne sais quelle offrande
M'en peut acquitter aux cieux.

Tout le soin qui me demeure   25
N'est que d'obtenir du sort
Que ce qu'elle est à cette heure
Elle soit jusqu'à la mort.

De moi, c'est chose sans doute
Que l'astre qui fait les jours   30
Luira dans une autre voûte,
Quand j'aurai d'autres amours.

21. — *A* pour *envers*. M. Littré n'a pas relevé l'expression de *s'acquitter à*; cependant, dans l'historique du mot, il cite ce passage de Froissart. « Il s'en vouloit acquitter à Dieu et au monde. »
29. — *De moi*, pour moi. — *Chose sans doute*, chose qui ne fait pas de doute.

CXX

ÉPIGRAMME

Tu dis, Colin, de tous côtés,
Que mes vers, à les ouïr lire,
Te font venir des crudités,
Et penses qu'on en doive rire.
Cocu de long et de travers, 5
Sot au delà de toutes bornes,
Comme te plains-tu de mes vers,
Toi qui souffres si bien les cornes?

CXXI

SUR LA MORT D'UN GENTILHOMME

QUI FUT ASSASSINÉ

SONNET

Belle âme, aux beaux travaux sans repos adonnée,
Si, parmi tant de gloire et de contentement,

CXX. — [Il n'y a rien au monde de plus bête que cette épigramme. A. Chénier.]
7. — *Comme*, comment.

CXXI. — Publié dans l'édition de 1630. On ignore quel est ce gentilhomme.

27

Rien te fâche là-bas, c'est l'ennui seulement
Qu'un indigne trépas ait clos ta destinée.

Tu penses que d'Ivry la fatale journée, 5
Où ta belle vertu parut si clairement,
Avecque plus d'honneur et plus heureusement
Auroit de tes beaux jours la carrière bornée.

Toutefois, bel esprit, console ta douleur ;
Il faut par la raison adoucir le malheur, 10
Et telle qu'elle vient prendre son aventure.

Il ne se fit jamais un acte si cruel ;
Mais c'est un témoignage à la race future,
Qu'on ne t'auroit su vaincre en un juste duel.

CXXII

CONTRE LES MIGNONS DE HENRI III

FRAGMENT

Les peuples, pipés de leur mine,
Les voyant ainsi renfermer,

3. — Exemple remarquable de l'emploi de *rien* signifiant quelque chose.

CXXII. — Imprimé dans l'édition de 1630. Racan tenait de Malherbe lui-même que cette invective était dirigée contre les mignons d'Henri III.

1. — *Pipés*, pris au piége. Ronsard, *Odes retranchées :*
   Pipé des ruses d'Amour, etc.

2. — *Renfermer*, pour *se renfermer*.

Jugeoient qu'ils parloient de s'armer
Pour conquérir la Palestine,
Et borner de Tyr à Calis 5
L'empire de la fleur de lis ;
Et toutefois leur entreprise
Étoit le parfum d'un collet,
Le point coupé d'une chemise,
Et la figure d'un ballet. 10

De leur mollesse léthargique,
Le Discord, sortant des enfers,
Des maux que nous avons soufferts
Nous ourdit la toile tragique.
La Justice n'eut plus de poids, 15
L'Impunité chassa les lois,
Et le taon des guerres civiles
Piqua les âmes des méchants,
Qui firent avoir à nos villes
La face déserte des champs. 20

5. *Calis*, Cadix.
12. — M. Littré, après un grand nombre d'exemples, ajoute cette remarque au sujet du mot *discord* : « L'Académie dit que ce mot vieillit ; les exemples ci-dessus prouvent qu'il n'en est rien ; et ce mot reste très-bien dans la poésie et dans la prose élevée. »

CXXIII

A M. LE CARDINAL DE RICHELIEU

FRAGMENT

Grand et grand prince de l'Église,
Richelieu, jusques à la mort,
Quelque chemin que l'homme élise,
Il est à la merci du sort.
Nos jours filés de toutes soies
Ont des ennuis comme des joies ;
Et de ce mélange divers
Se composent nos destinées,
Comme on voit le cours des années
Composé d'étés et d'hivers.   10

Tantôt une molle bonace
Nous laisse jouer sur les flots,

CXXIII. — D'après Racan et Ménage, ces vers, imprimés pour la première fois dans l'édition de 1630, auraient été composés plus de trente ans avant que le cardinal de Richelieu fût cardinal, sauf modification postérieure pour les premiers vers.

6. — [Élégant et pur. A. Chénier.]
10. — [Rousseau :

> Ainsi que le cours des années
> Se forme de jours et de nuits,
> Le cercle de nos destinées
> Est marqué de joie et d'ennuis.
>   A. Chénier.]

Tantôt un péril nous menace,
Plus grand que l'art des matelots :
Et cette sagesse profonde, 15.
Qui donne aux fortunes du monde
Leur fatale nécessité,
N'a fait loi qui moins se révoque
Que celle du flux réciproque
De l'heur et de l'adversité. 20.

CXXIV

SUR L'ALBUM DE MADAME DES LOGES

ÉPIGRAMME

Ce livre est comme un sacré temple,
Où chacun doit, à mon exemple,
Offrir quelque chose de prix.
Cette offrande est due à la gloire
D'une dame que l'on doit croire 5
L'ornement des plus beaux esprits.

14. — [Précision dans le goût d'Horace. A. Chénier.]

CXXIV. — Dans une notice sur madame des Loges, tirée des manuscrits de Conrard et publiée par M. Paulin Paris, dans les notes de son édition des *Historiettes* de Tallemant des Réaux, il est dit : « Il a été fait une infinité de vers et autres pièces à sa louange, et il y a un livre tout entier, écrit à la main, rempli des vers des plus beaux esprits de ce temps, au frontispice duquel sont écrits ceux-ci, qui ont été faits et écrits par feu M. de Malherbe. » M. Lalanne les a insérés dans les pièces attribuées à Malherbe, I, p. CXXII.

27.

CXXV

MADRIGAL

Le soleil ici-bas ne voit que vanité ;
De vices et d'erreurs tout l'univers abonde ;
Mais aimer tendrement une jeune beauté
Est la plus douce erreur des vanités du monde.

CXXVI

FRAGMENT

Elle étoit jusqu'au nombril
Sur les ondes paroissante,
Telle que l'aube naissante
Peint les roses en avril.

CXXV. — Publié par M. Lalanne (I, p. CXXII), d'après un recueil intitulé : *l'Élite des poésies fugitives*, 1769, où ce madrigal est signé : « Malherbe. »
CXXVI. — Publié pour la première fois (?) dans l'édition de 1642.

CXXVII

FRAGMENT D'UNE ODE D'HORACE

Voici venir le temps que je vous avois dit.
Vos yeux, pauvre Caliste, ont perdu leur crédit,
Et leur piteux état aujourd'hui me fait honte
    D'en avoir tenu compte.

CXXVIII

FRAGMENT

Vous avez beau, mon berger,
Me déguiser le danger,
Je sais bien que par mes larmes
Le jeu se terminera ;
Mais vos prières sont charmes ;   5
Faites ce qu'il vous plaira.

CXXVII. — Fragment joint aux Œuvres de Malherbe, dans l'édition de 1862, par M. Lalanne, qui l'a retrouvé, ainsi que le fragment suivant, dans les papiers de Baluze, dont le manuscrit est à la Bibliothèque de Paris. « L'ode d'Horace que Malherbe aurait voulu imiter est peut-être, dit M. Lalanne, la treizième du livre IV. »

CXXVIII. — Voyez la note de la pièce précédente.

CXXIX

A M. DE LA CHESNÉE

SUR SON LIVRE INTITULÉ LE FLORISTE FRANÇOIS

ÉPIGRAMME

    Tout est si beau dans ce recueil,
    Qu'Adam relevant du cercueil,
    Voyant ces merveilles paroître,
    Douteroit s'il parle du lieu
    Où la voix puissante de Dieu   5
    Lui donna premièrement l'être.

CXXIX. — Retrouvée par M. P. Lacroix (voy. *Bulletin du bouquiniste*, 15 août 1863). Cette épigramme, signée : « De Malherbe, » était placée en tête d'un ouvrage in-8° intitulé : *le Floriste françois, traittant de l'origine des tulipes*, etc., par le sieur de la Chesnée-Monstereul, Caen, 1654. Il est probable que cet ouvrage est resté plusieurs années manuscrit, puisque Malherbe est mort en 1628, à moins que les vers de Malherbe n'aient été composés avant que l'ouvrage fût achevé. Voy. édit. de 1862, tome IV, p. V.

INDEX

DES MOTS EXPLIQUÉS DANS LES NOTES

A, LV, 12; LXXIII, 3; CXIX, 24.
Absinthe, XCII, 1.
Absolu, XVII, 30.
Accouplement, XXXI, 123.
Accoutumance, IV, 313.
Acquitter (S') à, CXIX, 24.
Adresser, LXXXI, 2.
Age, fém., IV, 14.
Ailleurs, LVII, 90.
Alcyons, LXII, 5.
Amazone, LXV, 2.
Amorce, X, 49.
Amour, fém., XVII, 17.
Apollon (Mon), CXI, 58.
Appui (Sous l'), IX, 12.
Article (Ellipse de l'), VI, 32; LXVIII, 214.
Ascendant, XC, 4.
Assauter, IV, 50.
Assemblement, LXXVII, 55.
Assurer, LIX, 5.
Atterrer, XXIII, 129.
Autrui (L'), XXXI, 92.
Avecque, XIII, 12.
Aventure, XLI, 39.
Aventure (D'), LXIII, 15.

Bailler, LXXVII, 50.
Bander, LXVIII, 5.

Bas, IV, 30.
Bas (Il est), VII, 25.
Bassement, XVII, 58; LXI, 25.
Bâtir, XXXIII, 1.
Berlan, II, 10.
Bien, LXVII, 25; CXI, 101.
Blême, XI, 27.
Bord (A), XIV, 170.
Bout, X, 6.
Braise, XIV, 201.
Brave, VIII, 1; XXXI, 11.
Bruit, X, 44.

Capital, LXVIII, 131.
Captiver, XXV, 8.
Caut, CXVI, 23.
Cave, XIV, 55.
Caver, VII, 24.
Change, XXI, 12, 65; LXXXV, 33.
Chanter de, LXVIII, 42.
Chapeau, CVII, 10.
Charme, LVII, 51.
Charmer, XXVI, 15; XXXI, 27.
Chétif, IV, 271.
Choquer, CVI, 80.
Cimetière, XV, 15.
Combien que, LXXXII, 29.
Comme, XXXV, 1; XCVIII, 14; CXX, 7.
Compas (Avoir peu de), IV, 111.

INDEX.

Concerter (Voir), LXIX, 4.
Connaît (Il se), CXI, 71.
Conquêter, LXVIII, 163.
Conseil, IV, 118.
Consulter, XLIX, 70.
Contemptible, LV, 66.
Corsage, XXXI, 141.
Couleur, XXXI, 165; CVI, 40.
Cour, à la rime, XXXI, 108.
Couronner d'amarante, XXIII, 218.
Course, IV, 194.
Coutumier, IV, 158.
Cracher, IV, 80.
Crins, LVII, 91.

Dam, XIV, 217.
Damnation, CXIII, 65.
Débattre, LXI, 11.
Débaucher, pour se déb., CXIII, 96.
Déborder, LVI, 23.
De çà (Au), XI, 27; LXVIII, 490.
Déceu, CXIII, 74.
Deconfire, XX, 123.
Dédaigner, IV, 131.
Demeurant (Le), XCVII, 14.
De moi, XVII, 13; XC, 29; CXIX, 29.
Démon, XXXVIII, 7; LVII, 62; CXI, 5; CXVI, 5.
Dénué, CVI, 52.
Départie, XXXIII, 4.
Dépendre de, XXII, 36.
Déplorer, LVII, 117.
De quoi, LXXX, 54.
-Dernier, LXVIII, 67.
Déserter, XLVI, 21.
Dessus, XII, 6.
Devant, LXIV, 13.
Die, pour dise, LXXVII, 11.
Dire mal, LV, 90
Discord, XX, 124; CXXII, 12.
Dispense, LXXIII, 11.
Divertir (Se), XXXI, 195; XXXVI, 4.
Dolent, IV, 283.
Donc, CXI, 1.
Dont, L, 16; CII, 4.
Doute, fém., X, 10; XIV, 15; XXXVII, 7.
Doute (Sans), CXIX, 29.
Du depuis, IV, 159.

E, muet, comptant pour une syllabe, II, 5.
Échapper, pour s'échapper, LV, 36.
Éclairer, X, 21; XX, 51.
Éclater (S'), IV, 301.
Écumer sa rage, XXI, 91.
Effroyable, XXVII, 4
Égaler, LXVIII, 207.
Égarer, XVI, 3.
Élection, LV, 21.
Éloigné, IX, 14.
Embrasser, CXI, 81.
Éloigner q.q., IV, 368.
Émerveillable, XXI, 65,
Émerveiller, pour s'ém., XV, 3.
Empêcher, CXVII, 14.
Ennuyé, IV, 386.
Envieillir, XX, 57.
Environner, XVIII, 59.
Épais, XLVI, 22.
Erreur, XLVIII, 13.
Espace, IV, 191.
Étoiles (Avoir le front dans les), XXXI, 254.
Étude, XIV, 18.
Excepter, LXVIII, 137.
Exemplaire, XX, 97.
Extrême, VI, 17.
Extrémité (A l'), XV, 6.

Fâcher, IV, 244.
Face, CXII, 5.
Faillir, XXXIV, 29; XCI, 1; LIS, 15.
Faire, IV, 516.
Fantaisie, XXI, 86.
Fatal, XX, 121 ; XXI, 155; XXXI, 123; CI, 2.
Fatalement, LXIII, 56.
Ferré, IV, 14.
Fertile de, CXVI, 51.
Ficher, IV, 307.
Flamboyant, XLV, 46.
Fléau, monosyllabe, LXX, 4.
Flétrir, pour se flétrir, III, 15.
Franchise, VII, 46.
Fuir, disyllabe, CXI, 96; CXIX, 11.
Funérailles, XXIII, 23.

Général, LXXXIX, 8.

INDEX.

Gent, xiv, 112.
Glaive, iv, 224.
Glisser, pour se glisser, xx, 25.
Gn, c, 6.
Goutte (Ne voir), xxiii, 88.
Gracieux, xxxi, 236.
Grief, monosyllabe, xiii, 69.

Hautain, lxviii, 161.
Hémérocalles, cxiii, 54.
Heur, vi, 29.
Heure (A l'), iii, 26.
Huis, iii, 12.
Hydre, fém., ii, 7 ; ix, 6.

Idée, lxviii, 89.
Iez, ier, monosyllabe, iv, 256.
Ignorant de, iv, 375.
Ignorer, xx, 120 ; lxviii, 130.
Inévitable, xxi, 211.
Insensible, xli, 33.
Ire, ix, 2.

Jeune, lxviii, 22 ; xcvi, 19.

Le cœur, pour du cœur, xx, 56.
Leur (Le), xxxi, 83.
Lieu, xxxiii, 9 ; xlvii, 35.
Lieu (N'avoir pas de), xli, 52.
Los, cxiii, 125.
Louange, xviii, 38 ; xx, 4 ; xlvi, 21.
Loyer, cxi, 92.
Lumières, iv, 92 ; xi, 69.

Maison, xlviii, 14.
Malice, lxviii, 97.
Malheure, lxx, 1 ; lxxxiv, 1.
Marques, lxxxii, 9.
Marri, xxvi, 7.
Matière, xxiii, 7.
Méchef, cxiii, 50.
Même (La), lxxvii, 4.
Mémoire, lv, 18.
Merveille, xx, 86.
Mille, liii, 5.
Misérable, iv, 209.
Moins que (A), lxviii, 174.
Mon, xiii, 25.
Mortel, cxvii, 15.

Navire, fém., iv, 70 ; lvii, 75 ; lxvii, 74.
Neuvaine, xcviii, 7.
Ni, xviii, 49.
Noise, lv, 82.
Nom, xlvii, 72.
Non, ix, 17.
Nu de, iv, 58.

Obliger (S'), xxxi, 20.
Ocieux, xxiii, 165.
Ombrage, xvi, 71 ; lvi, 11.
Onc, cxiii, 122.
Oppresser, lxxxv, 10.
Or, v, 2.
Ores, iv, 320 ; cxiii, 105.
Où, pour à quoi, xxxvii, 9.
Ouïr, xx, 66 ; lx, 8 ; lxxxv, 15.
Outre, xxxi, 213.

Parentage, xxxi, 61.
Part, iv, 392 ; xiv, 157 ; xxxiii, 9.
Partement, xlviii, 52.
Passé, xv, 1.
Paver, ix, 4 ; xxxi, 212.
Pêle-mêle, xv, 10.
Penchant, ciii, 1.
Permanent, lxxv, 4.
Peuple, x, 25.
Piége, lxvii, 16.
Pipé, cxxii, 1.
Plaindre, au neutre, xi, 35.
Plaindre quelque chose, iv, 285.
Plaindre, p. se plaindre, lxxxvi, 2.
Planter des lauriers, xviii, 4.
Plur. des termes abstraits, xi, 10.
Plus, xiv, 161 ; lv, 42 ; cxi, 28.
Point, iv, 237, 379 ; xxi, 91.
Poison, fém., lxxxi, 25.
Poitrine, iv, 49.
Porter, lxvii, 20.
Pource que, xix, 10.
Pour moi, xcvi, 15.
Pourtraire, xci, 1.
Premier que, iv, 255.
Produire, cxi, 145.
Profiter, lxviii, 48.
Pronom personnel (Ellipse du), lxxxi, 2.

Proposer, LV, 49.
Prospère, XXI, 11 ; LXIII, 3.
Public, XLVI, 5.
Pucelles, VIII, 9.
Puer, CXI, 87.

Quantes fois, XIV. 51.
Que, LXVIII, 150 ; CVI, 55.
Que fais-tu que, XXIII, 145.
Que veut-il dire que, LXXVIII, 7.
Quitter, IV, 132.

Ramentevoir, XVI, 78.
Rancueur, XXIII, 82.
Rebailler, IV, 173.
Rebeller, L, 5.
Reboucher, pour se reboucher, XLV, 56.
Rechercher, LI, 10.
Réconfort, XI, 7.
Reclus, III, 14.
Reconnu, XLVIII, 3.
Reliques, XXIII, 206.
Remise, XCVIII, 1.
Remordre, CXI, 96.
Rendre, XVI, 5.
Renfermer, CXXII, 2.
Renverser, XLVI, 3.
Résigner, pron. résiner, C, 6.
Ressembler quelqu'un, IV, 304.
Restreindre, XLIX, 64.
Rien, XXXIV, 9 ; LVI, 64 ; CXVIII, 24 ; CXXI, 3.
Robe, XVI, 32.
Rompre, LXVII, 16.
Rond, XVIII, 185.
Rondeur, XXXI, 256.
Ruer, CXI, 75.

S (Ellipse de l') à la 1ʳᵉ personne, LI, 28.

Safran, IV, 360.
Sale, IV, 334 ; CXVII, 37.
Sec, XXXIX, 11.
Secrétaire, LV, 4.
Séjour, LXIII, 1.
Seoir, LXI, 9.
Si, LXXXVIII, 3.
Sien (Le), LXVIII, 140.
Soi, XLVII, 15.
Soin, XLIX, 14 ; LVII, 71.
Soleils, XVI, 6.
Sorte, LXXXIX, 29.
Souci, XII, 1.
Soupirer que, XL, 3.
Succès, LXXXI, 15.
Sur, XXXI, 23.
Surmonter, XXI, 6 ; LVII, 115.
Sus, LXXVI, 1.

Tandis, IV, 358.
Terme, IV, 166 ; XLVII, 69.
Tirer, I, 2.
Tirer, XLV, 15.
Ton, pour de toi, XX, 75.
Tout (Du), CI, 6.
Trait, IV, 256.
Tremper, XXXV, 10.
Treuve, XVI, 28.
Trompé de, CXVII, 17.

Vagabond, IV, 276.
Vergogne, XX, 91.
Vers, XLVII, 14.
Veu, pour vu, CXIII, 109.
Vieil, CXI, 119.
Vitupère, XX, 121.
Vivre, LXV, 5.
Voisin, LVII, 40.

INDEX

DU COMMENTAIRE D'ANDRÉ CHÉNIER

ET DES REMARQUES DE SAINTE-BEUVE

ANDRÉ CHÉNIER

III, 15 (*Jeunes beautés; fletrir*). IV (Sur la versific. des *Larmes de St-P.*); *Ib.*, 28 (Vers rappr. d'un v. de Corneille); *Ib.*, 70 (Lourd); *Ib.*, 144 (Métaphores incohérentes); *Ib.*, 156 (Divin); *Ib.*, 158 (*Coutumière*); *Ib.*, 189 (M. né à la poésie franç.); *Ib.*, 216 (Beaux vers); *Ib.*, 240 (*Assurgere*); *Ib.*, 247 (M. rapproché de la Font., de Pétr. et de lui); *Ib.*, 306 (Harmonieux); *Ib.*, 360 (*Safran*); *Ib.*, 364 (Beau vers); *Ib.*, 375 (*Ignorant de*); *Ib.*, 396 (Recherche de traits d'esprit). VI, 3 (Obscur). VII, 1 (Belle ode); *Ib.*, 11 (Image antique); *Ib.*, 20 (Image retrouvée dans Martial); *Ib.*, 21 (Sur le style de M.); *Ib.*, 24 (*Caver*); *Ib.*, 30 (Divin); *Ib.*, 40 (Strophe philosophique imitée par Racan); *Ib.*, 51 (Art des détails géographiques); *Ib.*, 57 (cite Racine). VIII (*Brave; riche de*); *Ib.*, 9 (*Pucelle*). IX, 3 (Image du foudre); *Ib.*, 6 (*Hydre civile*); *Ib.*, 21 (M. comparé à Racine). X, 4 (Strophes à rimes plates); *Ib.*, 7 (Cite Racine); *Ib.*, 15 (Heureux). XIV (Sur l'art de traiter l'ode à la manière de Pindare); *Ib.*, 1 (Beau début); *Ib.*, 5 (Chargé); *Ib.*, 7 (Cite la Font.); *Ib.*, 111 (Pourquoi M. n'est lyrique que par intervalles); *Ib.*, 113 (Images dont se moque Boileau); *Ib.*, 126 (Obscur); *Ib.*, 151 (Sur les images obscènes); *Ib.*, 155 (Divin); *Ib.*, 163 (*Ferreus imber*); *Ib.*, 169 (Élégant); *Ib.*, 229 (Cite Racine et Rousseau). XX (Accord de la pensée au sujet et de l'expression à la pensée); *Ib.*, 6 (Ingénieux); *Ib.*, 25 (Élégant); *Ib.*, 34 (Comp. M. à Racine); *Ib.*, 43 (Vide); *Ib.*, 61 (Strophe excellente); *Ib.*, 66 (*Orra*); *Ib.*, 67 (Rien de plus parfait dans notre langue); *Ib.*, 75 (Difficile); *Ib.*, 78 (Équivoque); *Ib.*, 79 (Virgilien); *Ib.*, 84 (Divin); *Ib.*, 86 (*Merveille*); *Ib.*, 91 (Du ton sur lequel M. parle à Henri IV); *Ib.*, 120 (*Stesich. grav. camenæ*). XXI, 4 (Chaleur dont manque M.); *Ib.*, 11 (*Prospère*); *Ib.*, 26 (Tournure bouffonne); *Ib.*, 30 (Gaucherie); *Ib.*, 59 (Rime parasite); *Ib.*, 70 (Strophe pathétique); *Ib.*, 75 (Froid); *Ib.*, 81 (Burlesque); *Ib.*, 94 (Sur l'évocation des dieux de la Seine); *Ib.*, 111 (Charmant, mais mal préparé); *Ib.*, 121 (Lent); *Ib.*, 133 (*Fatal*); *Ib.*,

151 (Prolixité commune à M. et à Rousseau); *Ib.*, 171 (Tour heureux); *Ib.*, 198 (Belle image); *Ib.*, 203 (M. se répète souvent); *Ib.*, 211 (*L'inévitable espérance*). XXIII, 206 (*Reliques*), XXIV (Sur les vanteries poétiques dans M.). XXXVIII (Sur le sonnet); *Ib.*, 7 (*Démons*). LI (La lyre entremetteuse). LVII (Une des plus belles odes); *Ib.*, 1 (Belle apostrophe); *Ib.*, 10 (M. a peu de grâce dans la louange); *Ib.*, 11 (A inspiré Racan); *Ib.*, 14 (cite Horace); *Ib.*, 21 (Image flatteuse); *Ib.*, 30 (Heureux); *Ib.*, 40 (Belle tournure); *Ib.*, 45 (Heureux); *Ib.*, 51 (*Charmes*); *Ib.*, 55 (Image qui rappelle les médailles); *Ib.*, 62 (*Démon*); *Ib.*, 69 (Cite Racine); *Ib.*, 71 (Transition heureuse); *Ib.*, 78 (Sens noyé); *Ib.*, 81 (Chaud, au-dessus d'Horace et de Corneille); *Ib.*, 90 (Précis); *Ib.*, 91 (*Crins*); *Ib.*, 97 (Belle tournure); *Ib.*, 100 (Tour à imiter); *Ib.*, 101 (Sur le tableau de la paix dans M. et dans Tibulle); *Ib.*, 114 (Belle image); *Ib.*, 115 (*Surmontant*); *Ib.*, 117 (*Déploré*); *Ib.*, 122 (Cite Horace et Boileau); *Ib.*, 130 (Belle tournure); *Ib.*, 133 (Comparaison qui rappelle Pindare); *Ib.*, 135 (Sur les brouillons des poëtes). LXVIII (Image molle et naïve); *Ib.*, 145 (Aurait préféré un autre tour); *Ib.*, 211 (Désignation des événements par leurs circonstances); *Ib.*, 220 (Divin. Cite Horace). LXXIX, 53 (Racan moins original). LXXXI (M. entremetteur). LXXXIV (M. insulte à la disgrâce); *Ib.*, 1 (Cite la Font.); *Ib.*, 8 (Bien fait); *Ib.*, 10 (Bien); *Ib.*, 11 (Cite Claudien et un v. grec); CXI, 77 (Magnifique tableau). CXIII (Pièce détestable). CXIX, 11 (*Fuir*). CXX (Rien de plus bête). CXXIII, 6 Élégant); *Ib.*, 10 (Cite Rousseau); *Ib.*, 14 (Précision dans le goût d'Horace).

SAINTE-BEUVE

IV (Sur le style et le ton des *Larmes de St-P.*); *Ib.*, 156 (Sur le commentaire d'A. C.). VII, 1 (Sur la strophe de 10 v.); *Ib.*, 51 (Sur les images d'emprunt). XIII (Sur la *Cons. à du Périer*); *Ib.*, 32 (De l'abus de la myth.). XIV (Sur les conditions de l'ode dans M.). XVI, 1 (Sur le sentiment de la nature). XX (Du patriotisme dans M.); *Ib.*, 25 (Éloge du grand sens et du patr. de M.). XXIII (Sur la strophe de 10 v. de 7 syl.); *Ib.*, 110 (Légèreté martiale de M.). XXXI, 14 (Élévation de caractère dans M.). XLVIII, 24 (Douceur d'harmonie). LVI, 53 (Témoignage moral de M. en faveur de Marie de Méd.); *Ib.*, 46 (Vers nuptial). LVII, 110 (Sur le tableau de la Paix); *Ib.*, 150 (Sentiment du sublime). LXXI (Sur les strophes d'attente dans M.). LXXII, 1 (Sur les beaux débuts de M.). LXXVI, 5 (Vers printanier). LXXIX, 31 (Vers un peu gaillard); *Ib.*, 55 (Vers mélancolique). C, 4 (Tournure du sonnet dans M.). CVIII (Sur le psaume CXLV). CXI (Verdeur de la vieillesse de M.); *Ib.*, 5 (Sur le mot *Démon*); *Ib.*, 8 (De l'invective); *Ib.*, 42 (Vœu poét. réalisé); *Ib.*, 63 (Vers triomphal); *Ib.*, 70 (Vers pittoresque).

TABLE

Introduction.. . . . . ɪ
Vie de Malherbe, par Racan. . . . . xɪɪɪ
Extraits de Tallemant des Réaux, de Balzac, etc. xxxv
Extraits des lettres de Malherbe. . . . . xlvɪɪɪ

POÉSIES

    I. Sur le portrait d'Étienne Pasquier. Épigramme. 1585. .   1
   II. A monsieur Perrache. Sonnet. 1585.   2
  III. A une dame de Provence. Stances. 1586.   3
  IV. Les larmes de saint Pierre. Poëme. 1587.   5
   V. Épitaphe de monsieur d'Is. 1589. 25
  VI. Pour monsieur de Montpensier, à Madame, devant son mariage. Stances. 1591-1592. 26
 VII. Au roi Henri le Grand, sur la prise de Marseille. Ode. 1596. 29
VIII. Sur le même sujet. Fragment. 1596. 33
  IX. Sur le même sujet. Ode. 1596. 34
   X. Victoire de la constance. Stances. Av. 1597. 37
  XI. Consolation à Caritée. Stances. 1599. 41
 XII. A une dame qui ne le contentait que de promesses. Stances. Av. 1599. 45
XIII. Consolation à M. du Périer. Stances. 1599. 47
XIV. A la reine Marie de Médicis, sur sa bienvenue en France. Ode. 1600. 52
 XV. Prosopopée d'Ostende. Stances. 1604. 65
XVI. Aux ombres de Damon. Stances. Av. 1605. 67
XVII. Paraphrase du psaume VIII. Stances. Av. 1605. 72

XVIII. Pour les paladins de France, assaillants dans un combat de barrière. Stances. 1605........ 74
XIX. A madame la princesse douairière Charlotte de la Trémouille. Sonnet. 1605............ 77
XX. Prière pour le roi Henri le Grand, allant en Limousin. Stances. 1605............... 79
XXI. Sur l'attentat commis en la personne de Henri le Grand, le 19 décembre 1605. Ode. 1606..... 87
XXII. Aux dames, pour les demi-dieux marins conduits par Neptune. Stances. 1606........... 98
XXIII. Au roi Henri le Grand, sur l'heureux succès du voyage de Sedan. Ode. 1606............ 100
XXIV. Fin d'une ode pour le roi. Fragment. 1606..... 111
XXV. Chanson. 1606...................... 112
XXVI. Pour M. de Bellegarde. Stances. 1606........ 114
XXVII. Au roi Henri le Grand. Sonnet. 1607........ 116
XXVIII. Au roi Henri le Grand. Sonnet. 1607........ 118
XXIX. Au roi Henri le Grand, pour le premier ballet de Monseigneur le dauphin. Sonnet. 1608...... 119
XXX. Pour le portrait de Montaigne. Épigramme. 1608.. 120
XXXI. A M. de Bellegarde, grand écuyer de France. Ode. 1608......................... 120
XXXII. A M. de Flurance, sur son *Art d'embellir*. Sonnet. 1608......................... 133
XXXIII. Sur l'absence de la vicomtesse d'Auchy. Sonnet. 1608......................... 134
XXXIV. Pour la même. Stances. 1608............ 135
XXXV. Pour la même. Sonnet. 1608............. 138
XXXVI. Sur l'éloignement prochain d'une dame. Stances. 1608......................... 139
XXXVII. A la vicomtesse d'Auchy. Sonnet. 1608....... 142
XXXVIII. Sur l'absence de la même. Sonnet. 1608...... 143
XXXIX. Sur le même sujet. Sonnet. 1608.......... 144
XL. Pour la même. Sonnet. 1608............. 145
XLI. A madame la princesse de Conti, pour M. de Bellegarde. Stances. 1608................ 146
XLII. A Caliste, pour mettre devant ses heures. Épigramme. Av. 1615........................ 149
XLIII. Sur le même sujet. Épigramme. Av. 1615...... 149
XLIV. Au sujet de la goutte du roi. Sonnet. 1609..... 150
XLV. Pour le ballet de la reine. Stances. 1609...... 151
XLVI. Pour le ballet de Madame. Stances. 1609...... 154

XLVII. Pour Alcandre. Stances. 1609. 156
XLVIII. Pour Alcandre. Stances. 1609. 161
XLIX. Plainte d'Alcandre, sur la captivité de sa maîtresse.
   Stances. 1609. 164
L. Sur le même sujet. Chanson. 1610. 168
LI. Sur le même sujet. Stances. 1610. 171
LII. Pour mademoiselle de Conti. Épigramme. 1610. . . 174
LIII. Épitaphe pour mademoiselle de Conti. Sonnet. 1610. 175
LIV. A Monseigneur le dauphin. Sonnet. Av. 1610. . . . 176
LV. Sur une absence. Stances. Av. 1610. 177
LVI. Sur la mort de Henri le Grand. Stances. 1610. . . 182
LVII. A la reine, mère du roi, sur les heureux succès de
   sa régence. Ode. 1610. 186
LVIII. Épitaphe de feu Monseigneur le duc d'Orléans. Sonnet. 1611. 196
LIX. A la reine Marie de Médicis, sur la mort de Monseigneur le duc d'Orléans. Sonnet. 1611. 197
LX. A M. du Maine, sur ses *Œuvres spirituelles*. Sonnet. 1611. 198
LXI. A la reine Marie de Médicis, pendant sa régence. Stances. 1611. 199
LXII. Les sibylles. Sur la fête des alliances de France et d'Espagne. Stances. 1612. 202
LXIII. Sur le même sujet. Stances. 1612. 206
LXIV. A la reine, pour M. de la Ceppède. Sonnet. 1612. . . 209
LXV. Sur la pucelle d'Orléans. Épigramme. 1613. . . . 211
LXVI. Pour la statue de la pucelle d'Orléans. Épigramme. 1613. 211
LXVII. Paraphrase du psaume cxxviii. Stances. 1614. . . . 212
LXVIII. A la reine Marie de Médicis, pendant sa régence. Ode. 1614. 214
LXIX. Au sujet de la guerre des princes. Fragment. 1614. . 225
LXX. Prédiction de la Meuse aux princes révoltés. Fragment. 1614. 226
LXXI. Sur la même guerre. Fragment. 1614. 227
LXXII. Chanson. 1614. 228
LXXIII. Épitaphe de la femme de M. Puget. Sonnet. 1614. . 230
LXXIV. Dédicace de l'épitaphe précédente. 1614. 231
LXXV. Pour une fontaine. Inscription. 1614. 231
LXXVI. Chanson. 1614. 232
LXXVII. Pour le ballet de Madame, princesse d'Espagne. Stances. 1615. 234

LXXVIII.	Pour le même ballet. Chanson. 1615..	239
LXXIX.	Sur le mariage du roi, avec Anne d'Autriche. Stances. 1615.	240
LXXX.	Pour M. de Bellegarde. Chanson. Ap. 1616.	242
LXXXI.	Pour le même. Chanson. Ap. 1616.	244
LXXXII.	Pour la guérison de Chrysanthe. Stances. Ap. 1616.	247
LXXXIII.	Pour mettre au-devant du livre du sieur de Lortigues. Épigramme. 1617.	249
LXXXIV.	Prophétie du dieu de Seine. Stances. 1617.	250
LXXXV.	Pour le comte de Charny. Stances. 1619.	251
LXXXVI.	Sur une image de sainte Catherine. Épigramme. 1619.	253
LXXXVII.	Imité de Martial. Épigramme. 1619.	254
LXXXVIII.	A madame la princesse de Conti. Sonnet. 1619.	255
LXXXIX.	Stances spirituelles. 1619.	256
XC.	Pour la marquise de Rambouillet. Chanson. 1619.	257
XCI.	A monsieur du Pré, sur son *Portrait de l'éloquence française*. Épigramme. 1620.	260
XCII.	Pour servir d'épitaphe au connétable de Luynes. Épigramme. 1621.	261
XCIII.	Pour le portrait de Cassandre, maitresse de Ronsard. Épigramme. 1622.	262
XCIV.	Pour l'entrée du roi Louis XIII à Aix. Inscription. 1622.	263
XCV.	Sur le même sujet. Inscription. 1622.	264
XCVI.	Pour le comte de Soissons. Stances. 1622.	265
XCVII.	A Rabel, peintre, sur un livre de fleurs. Sonnet. 1624.	267
XCVIII.	A Monseigneur le duc d'Orléans. Sonnet. Vers 1621.	268
XCIX.	Au roi Louis XIII. Sonnet. 1624.	269
C.	A Monseigneur le cardinal de Richelieu. Sonnet. 1624.	271
CI.	Au roi Louis XIII. Sonnet. 1624.	272
CII.	A M. le marquis de la Vieuville, surintendant des finances. Sonnet. 1624.	273
CIII.	Pour la marquise de Rambouillet. Fragment. Vers 1624	274
CIV.	Pour mettre au-devant de la *Somme théologique* du père Garasse. Épigramme. 1625.	276
CV.	Sur le même sujet. Épigramme. 1625.	276
CVI.	A M. le président de Verdun, sur la mort de sa femme. Stances. 1626.	277
CVII.	Pour M. le cardinal de Richelieu. Sonnet. 1626.	282

TABLE.

CVIII.	Paraphrase du psaume cxlv. Stances. 1626.	283
CIX.	Épitaphe pour un gentilhomme de ses amis, qui mourut à l'âge de cent ans. 1626.	285
CX.	Sur la mort de son fils. Sonnet. 1627.	286
CXI.	Au roi Louis XIII, allant châtier la rébellion des Rochelois. Ode. 1627.	287
CXII.	Sur la prise prochaine de la Rochelle. Fragment. 1628.	296
CXIII.	A M. de la Garde, au sujet de son *Histoire sainte*. Ode. 1628.	297
CXIV.	A M. de la Morelle, sur la *Pastorale de l'Amour contraire*. Sonnet. 1628.	303
CXV.	A M. Colletet, sur la mort de sa sœur. Épigramme.	304
CXVI.	Pour une mascarade. Stances.	305
CXVII.	Chanson.	307
CXVIII.	Stances.	309
CXIX.	Chanson.	311
CXX.	Épigramme.	313
CXXI.	Sur la mort d'un gentilhomme qui fut assassiné. Sonnet.	313
CXXII.	Contre les mignons de Henri III. Fragment.	314
CXXIII.	A M. le cardinal de Richelieu. Fragment.	316
CXXIV.	Sur l'album de madame des Loges. Épigramme.	317
CXXV.	Madrigal.	318
CXXVI.	Fragment.	318
CXXVII.	Fragment d'une ode d'Horace.	319
CXXVIII.	Fragment.	319
CXXIX.	A M. de la Chesnée, sur son livre intitulé *le Floriste français*. Épigramme.	320

Index des mots expliqués dans les notes 521
Index du commentaire d'André Chénier et des remarques de Sainte-Beuve. 525
Table. 527

PARIS. — IMP. SIMON RAÇON ET COMP., RUE D'ERFURTH, 1.

www.ingramcontent.com/pod-product-compliance
Lightning Source LLC
Chambersburg PA
CBHW050436170426
43201CB00008B/700